凤凰文库
PHOENIX LIBRARY

凤凰出版传媒集团
PHOENIX PUBLISHING & MEDIA GROUP

凤凰文库·政治学前沿系列

项目总监　韩　鑫
项目执行　石　路

Pursuing Equal Opportunities

凤凰文库
政治学前沿系列

寻求平等机会
平等主义正义的理论与实践

【加】莱斯利·雅各布斯 著
刘宏斌 方秋明 译

CAMBRIDGE
PHOENIX LIBRARY

江苏人民出版社

图书在版编目(CIP)数据

寻求平等机会——平等主义正义的理论与实践/(加)莱斯利·雅各布斯著;刘宏斌,方秋明译.—南京:江苏人民出版社,2018.8

(凤凰文库.政治学前沿系列)

书名原文:Pursuing Equal Opportunities

ISBN 978-7-214-21818-6

Ⅰ.①寻… Ⅱ.①莱…②刘… Ⅲ.①平等-研究 Ⅳ.①D081

中国版本图书馆 CIP 数据核字(2018)第 007753 号

This is an English edition of the following title published by CAMBRIDGE UNIVERSITY PRESS:
Pursuing Equal Opportunities: The Theory and Practice of Egalitarian Justice
ISBN:978-0-521-53021-7
Lesley A. Jacobs

This simplified Chinese edition for the People's Republic of China (excluding Hong Kong, Macau and Taiwan) is published by arrangement with the Press Syndicate of the University of Cambridge, Cambridge, United Kingdom.

© Cambridge University Press and Jiangsu People's Publishing House 2018

This simplified Chinese edition is authorized for sale in the People's Republic of China (excluding Hong Kong, Macau and Taiwan) only. Unauthorised export of this simplified Chinese edition is a violation of the Copyright Act. No part of this publication may be reproduced or distributed by any means, or stored in a database or retrieval system, without the prior written permission of Cambridge University Press and Jiangsu People's Publishing House.

此版本仅限在中华人民共和国境内(不包括香港、澳门特别行政区及台湾省)销售。

江苏省版权局著作权合同登记号:图字 10-2018-011 号

书　　　名	寻求平等机会——平等主义正义的理论与实践
著　　者	[加]莱斯利·雅各布斯
译　　者	刘宏斌　方秋明
责 任 编 辑	石　路
装 帧 设 计	许文菲
出 版 发 行	江苏人民出版社
出版社地址	南京市湖南路 1 号 A 楼,邮编:210009
出版社网址	http://www.jspph.com
照　　排	江苏凤凰制版有限公司
印　　刷	江苏凤凰通达印刷有限公司
开　　本	652 毫米×960 毫米　1/16
印　　张	15.75　插页 4
字　　数	210 千字
版　　次	2018 年 8 月第 1 版　2018 年 8 月第 1 次印刷
标 准 书 号	ISBN 978-7-214-21818-6
定　　价	45.00 元

(江苏人民出版社图书凡印装错误可向承印厂调换)

出版说明

要支撑起一个强大的现代化国家,除了经济、政治、社会、制度等力量之外,还需要先进的、强有力的文化力量。凤凰文库的出版宗旨是:忠实记载当代国内外尤其是中国改革开放以来的学术、思想和理论成果,促进中外文化的交流,为推动我国先进文化建设和中国特色社会主义建设,提供丰富的实践总结、珍贵的价值理念、有益的学术参考和创新的思想理论资源。

凤凰文库将致力于人类文化的高端和前沿,放眼世界,具有全球胸怀和国际视野。经济全球化的背后是不同文化的冲撞与交融,是不同思想的激荡与扬弃,是不同文明的竞争和共存。从历史进化的角度来看,交融、扬弃、共存是大趋势,一个民族、一个国家总是在坚持自我特质的同时,向其他民族、其他国家吸取异质文化的养分,从而与时俱进,发展壮大。文库将积极采撷当今世界优秀文化成果,成为中外文化交流的桥梁。

凤凰文库将致力于中国特色社会主义和现代化的建设,面向全国,具有时代精神和中国气派。中国工业化、城市化、市场化、国际化的背后是国民素质的现代化,是现代文明的培育,是先进文化的发展。在建设中国特色社会主义的伟大进程中,中华民族必将展示新的实践,产生新的经验,形成新的学术、思想和理论成果。文库将展现中国现代化的新实践和新总结,成为中国学术界、思想界和理论界创新平台。

凤凰文库的基本特征是:围绕建设中国特色社会主义,实现社会主义现代化这个中心,立足传播新知识,介绍新思潮,树立新观念,建设新学科,着力出版当代国内外社会科学、人文学科的最新成果,同时也注重推出以新的形式、新的观念呈现我国传统思想文化和历史的优秀作品,从而把引进吸收和自主创新结合起来,并促进传统优秀文化的现代转型。

凤凰文库努力实现知识学术传播和思想理论创新的融合,以若干主题系列的形式呈现,并且是一个开放式的结构。它将围绕马克思主义研究及其中国化、政治学、哲学、宗教、人文与社会、海外中国研究、当代思想前沿、教育理论、艺术理论等领域设计规划主题系列,并不断在内容上加以充实;同时,文库还将围绕社会科学、人文学科、科学文化领域的新问题、新动向,分批设计规划出新的主题系列,增强文库思想的活力和学术的丰富性。

从中国由农业文明向工业文明转型、由传统社会走向现代社会这样一个大视角出发,从中国现代化在世界现代化浪潮中的独特性出发,中国已经并将更加鲜明地表现自己特有的实践、经验和路径,形成独特的学术和创新的思想、理论,这是我们出版凤凰文库的信心之所在。因此,我们相信,在全国学术界、思想界、理论界的支持和参与下,在广大读者的帮助和关心下,凤凰文库一定会成为深为社会各界欢迎的大型丛书,在中国经济建设、政治建设、文化建设、社会建设中,实现凤凰出版人的历史责任和使命。

目 录

第一部分　拯救机会平等

第一章　绪论　3

第二章　作为调节性理想的多种平等机会　10
　　第一节　导论　10
　　第二节　三维模式概述　13
　　第三节　何种平等机会？　21
　　第四节　背景公平与地位平等　27
　　第五节　风险公平　35
　　第六节　结论　44

第三章　平等机会：与自然不平等无关　45
　　第一节　导论　45
　　第二节　假想的自然不平等　48
　　第三节　自然不平等的神话　50
　　第四节　人为安排的不平等：从智商争论得来的认识　58
　　第五节　有关自然和正义的另外两个问题　67
　　第六节　无关自然不平等的平等主义正义　69
　　第七节　弱势群体的视角　70
　　第八节　结论　75

第二部分　种族

第四章　平等机会与公民权利：优长、标准化考试和高等教育　79
第一节　导言　79
第二节　美国大学的标准化考试　82
第三节　平等机会下的精英制　84
第四节　公民权利的含义　97
第五节　对平权法案的担忧　106
第六节　结论　109

第五章　一体化，多样性与平权法案　111
第一节　导言　111
第二节　何种多样性？谁的多样性？　117
第三节　重估一体化理由　119
第四节　多样性与一体化的价值　124
第五节　支持平权法案的理由　128
第六节　结论　135

第三部分　阶层

第六章　为工作福利制度正名　139
第一节　导论　139
第二节　审视工作福利制　143
第三节　工作福利与风险公平的相关性　154
第四节　结论　161

第七章　医疗保健的普遍机会　163
第一节　导论　163
第二节　普遍机会的含义　164
第三节　两种平等主义的策略　170
第四节　结论　193

第四部分 性别

第八章 职业场所中的性别不平等 197
    第一节 导论 197
    第二节 认识职业场所中的性别差距 200
    第三节 第二班对女性不公平吗？ 205
    第四节 为什么家庭在平等机会规则之外 210
    第五节 结论 215

第九章 离婚后的平等机会 216
    第一节 导论 216
    第二节 过错离婚法有什么问题？ 220
    第三节 结论 238

译后记 239

第一部分

拯救机会平等

第一章　绪论

对我们许多人而言,追求平等是现代社会和政府最崇高、最重要的努力目标之一。然而这种努力面临着一系列理论和实践上的挑战。理论上的挑战反映在应该追求何种平等、对谁的平等的哲学分歧上。实践上的挑战则牵涉到何种法律和政治制度是实现平等正义最合适的手段,以及怎样有效地实施平等的社会政策。

这些辩论构成了本书的大致范围。我认为追求平等所面临的理论和实践上的挑战紧密相关,只考虑其中一方,就不能应对任何一方的挑战。这意味着没有某种如何处理有关实现和落实平等的实践问题的陈述,仅阐述抽象的平等正义理论对哲学家无所助益。同样,分析法律和公共政策不能无视新近微妙的围绕什么是平等的哲学讨论。本书的主要观点结合了当代政治哲学、法学和社会学知识。这些观点对应当追求何种平等的理论挑战提供了一种回应,同时通过考量一系列法官、立法者和公共政策制定者在争论有关追求平等问题时所采取的立场,也部分回应了追求平等在实践上面临的挑战。

本书的理论框架在后两章展开。其中我首先论证了为什么对平等正义的关注需要有特殊类型或模式的机会平等。广义而言,我努力从批判的角度梳理机会平等的概念并表明即使是对这一概念最严肃的哲学批判都是错谬的。① 这种对机会平等概念的检讨是更广泛重估和详尽阐释平等正义观念倾向的一部分,我提出的理论框架意在对这一检讨提供两点重要的贡献。

在第二章,我详细阐明了一种与众不同的机会平等理论(可称之为作为调节性理想的机会平等的三维模式),它清楚地表明为什么对平等机会的追求不仅涉及形式不平等而且也涉及实质不平等。我认为,机会平等是调控社会中宝贵机会的分配竞争的一种理想规范,清晰地区分指导这一公平调控规范的三个维度是可能的。程序公平关注支配一场竞争、包括如何确定获胜者的基本程序规则。背景公平则探讨如何使所有竞争者都处于同一水平的竞争场上。风险公平(Stakes fairness)聚焦于竞争中的奖赏和风险是什么。传统的机会平等概念是单维的,仅仅关注程序公平。

二维的平等观念不仅强调程序公平也强调背景公平。对平等主义而言,其超越传统观点的主要进步在于它对受社会—经济背景因素影响的机会分配产生敏感。二维的平等观主导着现有的机会平等概念。我提出的作为调节性理想的机会平等的三维模式(three-dimensional model of equal opportunities as a regulative ideal)②,其创新之处在于增加了风险公平的维度。

第三章审视了现有的自然不平等(natural inequalities)信念,以及它在平等主义对机会平等影响颇深的批评中所起的关键作用。这一批评认为机会平等是一种欺骗性的理想,因为它夸大了自然的不平等,最终使机会平等变成不平等。我拒绝这种自然不平等的信念,而主张所有不

---

① 这一观点可追溯至著名的 C. B. 麦克弗逊,《民主的理论:论文选要》(牛津:牛津大学出版社,1973)。
② 这是全书的核心概念,以下译文除特别注明外,一般简称为"三维模式"。——译者注

平等都是社会安排的结果(a function of social design)。这将机会平等概念从欺骗性理想的指责中拯救出来,突出了它作为一种调控社会机构和实践中不平等安排的规范性理想的重要作用。

针对加拿大和美国在法律、社会政策方面平等正义的某些实践,此后六章运用这种理论框架进行了评析。直到二十世纪中期,平等的诉求主要在于寻求政治平等——即寻求在政治决策及其实施方面的平等,它关注投票权、政治表达、政党制度、选举限制等。

此后寻求平等的范围一直在引人注目地扩展,政治平等不再是惟一领域。平等主义的领地已经扩大、涵盖了现代社会的诸多方面。尽管对全体公民来说,追求政治平等依然令人困惑且充满争议,但本书的重点还是放在我所称公民社会的追求平等的现实挑战上。① 就运用法律制度和社会政策寻求平等而言,公民社会恰是"行动之所"。②

公民社会对许多人而言是一个既熟悉而又费解的概念。我们可以设想,现代社会成员的生活分为三个相互交叉而又仍有明显区别的领域——国家、私人领域和公民社会。③ 国家是正式的政治

---

① 我在别处也讨论过这一点,例如,莱斯利·雅各布,《政治的民主愿景》(Upper Saddle River, NJ: Prentice-Hall, 1997)。
② 我所借用的这一短语,与原上下文稍有差别,来自于在政治哲学、法学与社会学领域富有影响的两篇论文,分别是:G. A. 科恩,"从何处行动:分配正义的场所",《哲学与公共事务》,第26卷(1997年冬季号),及大卫·特鲁贝克,"从何处行动:对法学研究及经验主义的批评",《斯坦福法学评论》,第34卷(1984)。
③ 查尔斯·泰勒,《"诉诸公民社会"在哲学上的根据》(剑桥,麻省:哈佛大学出版社,1995),第218—224页。我对公民社会的关注应区别于罗尔斯在他作为公平的正义理论中对所谓社会"基本结构"的关注。虽然基本结构的确切范围是有争议的,但罗尔斯认为通常它包括主要的政治、社会和经济制度,它影响一个社会中公民的生活机会,见《正义论》(剑桥:哈佛大学出版社,1971),第7页及《政治自由主义》(纽约:哥伦比亚大学出版社,1993),第257—289页。罗尔斯基本结构的观念的困难最近又遭到科恩的抨击,"从何处行动",第3—30页,苏珊·莫莱·奥肯也持相同态度,《正义,性别与家庭》(纽约,贝斯科书店,1989),第89—97页,以及"政治自由主义,正义和性别",《伦理学》,第105卷(1995),第23—24页。相比之下,公民社会的特征在于它是介于私人领域与国家领域之间的一个功能空间,从而可以成为一个调控理想的主题,像机会平等。

决策的场所和借助强制力威胁制定法律的领域,它包括人们所熟知的一系列公共机构,如立法机关、法庭、公共服务与官僚机构、军队等。

另一方面,私人领域可界定为某种意义上国家权力之外的个人生活。私人领域的边界很难精确界定,而非常讽刺的是,它通常在一定程度上是政治决策的反映。对许多人而言,涉及宗教良知和基于成人间同意的亲密性关系的问题,直观上是典型地应属于私人领域的观念和行为,恰如法国哲学家蒙田约五百年前所指出的,政府无法动用强制力来对这些事情施加影响。

公民社会是我们大量日常社会生活与相互交往的领域,并且它是私人生活与政府之间的中介。最为人们所熟知的公民社会机构包括市场、逐利企业、家庭、工会、医院、大学、学校、慈善团体、社区、教会与宗教团体等。与私人领域不同,对公民社会机构的国家干预和法律调控是一个广为认可的事实,争议只是集中于其干预的性质与精确范围而非干预的合法性。

在制度和实践的功能与构成上,本书所描述的公民社会具有鲜明的差异性、多元性和异质性特征。这些制度与实践服务于复杂而又相互关联的目的,这些目的的变化范围包括从满足个体的物质需要到提供为个人赋予人生意义与主旨的文化资源。此外,公民社会的机构很少能独立于其他公民社会的影响,并往往卷入到全球化和世界性浪潮之中。天主教会就是带有这种公民社会特征的一个突出例子。与之类似,一个公民社会的说词往往与其他公民社会的说词有重叠,同样明显的是,以商品为核心的市场经济往往从一个公民社会延伸到另一个公民社会。还值得注意的是,公民社会在结构上不是静态的,其制度和实践具有很大的动态发展的特征。

公民社会的这些特征制约了我们能在多大程度上接近公民社会的规范性标准。尽管哲学家们往往试图寻求一个单一的构成所有公民社会制度基础的规范。① 但公民社会的复杂性和持续演化的结构使我认识到,这是一个错误的方案。在本书中我采取了较少从整体,而是更侧重于从具体制度与实践方面的角度来思考公民社会的规范性标准。在接下来的一章我指出,机会平等的任务是,对公民社会中分配稀缺资源或利益的竞争程序进行规范性调控。关键问题在于我称之为竞争性机会的程序方面。劳动力市场、大学升学计划、离婚诉讼等都属于分配竞争性机会的竞争典型。尽管现代社会竞争无处不在,从而使机会平等的适用范围相当广泛,但在本书中我还是对讨论什么是分配非竞争性机会的调控性理想留下了余地。我所描绘的平等主义宏大设想中的公民社会,在分配社会生活的福利与负担方面的竞争上具有巨大的异质性,而这些竞争受制于程序公平、背景公平、风险公平的三维要求。

对多数人而言,公民社会规定了我们身置其中而常常会面临的不平等的社会背景。例如,对那些生活在工业的民主制国家中的人而言,从投票权看不出有政治不平等,尽管它实际存在。然而,在我们每天的生活中,很难说不会遭遇明显的因公民社会制度和实践建构所导致的不平等。我对平等正义实践的检视围绕着种族、阶层和性别来思考。种族、阶层和性别被社会科学家广泛视为公民社会中最重要的不平等的场所。而令人瞩目的是这一点也反映在美国和加拿大在立法、法庭和其他机构制定公共政策的传统中。

什么是种族、阶层和性别的准确含义？与近来大量学术著作一样,我在根深蒂固的怀疑主义基础上来使用种族、阶层和性别范畴,这种怀疑主义质疑这些范畴是人们之间自然差异的反映。相反,这些范畴的重要性在于它们是一种社会差别和社会分层的模式。因而,它们可被视为

---

① 例如,见伊丽莎白·安德森:《伦理学与经济学中的价值》(剑桥,麻省:哈佛大学出版社,1993),第147页。杰夫·夏皮勒,《公民的范围》(巴尔的摩:约翰霍普金斯大学出版社,1994),第44页。

一种社会性事实的指征,而不是生物学或科学性事实的指征。① 因此,种族、阶层、性别是社会差别的模式,这意味着它们确认人们之间的某种社会关系,而不是人的某种自然属性。② 换言之,种族、阶层和性别是人们之间不同社会关系的反映,而并不是基于人的本性的事实命题或不确定的生物学理论,由这一分析可得出三点:第一,种族、阶层或性别的分类在公民社会中不是普遍的,它们是社会需要的产物,与公民社会一样总体上具有发展演化的特征。第二,种族、阶层和性别取决于比较点或比较的标准,尤其是在少数与多数之间。像玛泽·米诺(Martha Minow)所说,"'差异'仅仅意味着一种比较……法律面前的有差别对待趋于想当然地始自某种比较:女人与模糊的男人相对,少数种族与白人相对,残疾人与健全人相对,而少数人的宗教与多数人的宗教相对"。③ 第三,在公民社会的制度和实践中,这些比较性的标准构成分配大量社会生活利益和负担的竞争的尺度和规则。正如我在第三章进一步所分析的,不平等是社会安排的结果,虽然说不总是人们蓄意所为,对有关弱势少数人的比较标准的设计就引发了对程序、背景和风险因素的关注,而这正是三维模式的核心。④

书中所列 21 世纪最初几年平等正义实践的部分特征,也体现在以往五十多年美国和加拿大立法机构和法庭一系列的尝试中,这些尝试力图消除公民社会中种族、阶层和性别的不平等。它们构成了我讨论公民

---

① 这种比较可参见麦克·欧米尼,"种族身份与国家",《法律与不平等》,第 15 卷(1997),第 7 页。
② 这种区别来自马泽·米诺,"与日俱增的正义",《哈佛法律评论》(1987),罗伯特·E. 古丁和菲利普·佩蒂特,《当代政治哲学:文选》,重印本(Oxford: Basil Blackwell, 1997),第 512 页。
③ 同上,第 505 页。
④ 显然,种族、性别和阶层并不是这里唯一相关的社会差别模式,其他的模式包括性取向、种族、宗教和残疾。其他的这些模式对追求平等正义而言并非不重要,正如我在其他地方所指出的,例如,残疾问题就是任何一种恰当的平等理论绝对至关重要的检验场。见莱斯利·A. 雅各布,《权利和剥夺》(牛津:牛津大学出版社,1993),第 173 页。为确保围绕核心来论证,我把主要重点放在种族、阶层和性别问题上。

社会中与不平等相关的一些具体问题的背景。第四章与第五章审视了运用法律消除美国种族不平等的两个核心问题:(1)依靠标准化考试分数决定大学录取与否;(2)针对明确的少数人的平权法案;我阐述了对有关种族背景和公民社会的一般问题,程序公平、背景公平和风险公平的三维考量能够提供新的洞见。第六章和第七章聚焦于社会政策,它与应对阶层不平等、对穷人的公共援助以及医疗保健普遍机会相联系。这里的重点更多以加拿大为背景。目的在于检验作为调控性理想的三维模式的适用性。第八章和第九章考量了两种政策,涉及性别不平等、平权法案、薪酬平等及家庭法中离婚后的经济分割等问题。这两章显示,平等机会的视角如何提供了对公民社会制度与实践中性别角色的完美分析,从而引发了政治哲学、社会政策和女权主义评价上的众多睿智讨论。

虽然在本书中我对平等正义实践的检讨限定于一系列挑选出来的法律和社会政策问题,但它全面阐述了机会平等理论作为公民社会一般规范性调控规则的作用。这种作为调控性理想的三维模式意在发挥独立评判公民社会制度和实践的道德评判功能。更重要的信念就是,追求平等社会需要稳妥而行,寻求平等机会不是一种要么全有要么全无的努力。平等主义的范围是不断扩展的,平等机会的规范性标准支配着公民社会里不断扩展的竞争。随着规范性规则和政治统治的改变而改变是公民社会发展特征的一个重要方面。由于不同社会和公民社会的不同部门对应着不同的制度与实践,一个满足平等正义要求的规范性竞争规则对其他规则是开放的,以便所有人都可有一个成功获取平等机会的梦想。

第二章 作为调节性理想的多种平等机会

第一节 导论

我们应该注意追求何种平等？如何判断我们社会的制度和实践在多大程度上是平等的？在本章中，我提出了一种机会平等理论来回答这两个问题。机会平等就其一般形式而言，也许是平等主义的正义最为人所熟知的解释。我认为，机会平等的核心思想即通过设计好的竞争程序分配稀有资源和社会生活的利益与负担，这些程序应该由与竞争中得失攸关的特定利益相关联的标准来主导，而不应该取决于对其他不相关因素的考虑，如种族、宗教、阶层、性别、残障、性取向、民族或其他可能阻碍竞争者成功机会的因素。机会平等是一个宽泛的普遍理想，其实际内涵需要清晰的解释。不同的机会平等模式其实都是对这一理想的特定解释，它们可以随着对机会平等主要因素和对其实质所指究竟是什么的考虑而发生变化。本书的前三章目的在于对宽泛的机会平等理想提出一种特定解释并为之辩护（即作为调节性理念的机会平等的三维模式），余下的内容则是将此理论框架应用于对公民社会里种族、阶层和性别等社会政策及法律问题的分析。

第二章 作为调节性理想的多种平等机会

过去三十年里,虽然在多数民主国家的公民中间,机会平等概念仍广泛流行,但在致力于平等正义理论的哲学家和那些呼唤法律变革、推动社会政策发展的人们中间,视机会平等是一个平等社会的目的的观点已被边缘化,且往往遭到明确拒绝。机会平等有什么错?在平等主义者中间,有两种强有力的批评深具影响。第一种批评认为机会平等只是一个形式平等的理想,它对真正或实质的平等的承诺是空洞的。作为立法和法律原则的机会平等一般只针对歧视行为,它在这样的前提下发挥作用,即:除了歧视,人与人之间没有差别。问题是在人与人之间,根据种族界线、阶层、性别或其他因素,确实存在着真正的实质性不平等,而机会平等在实践中对这些真实的不平等似乎视而不见。① 第二种批评坚持机会平等是有缺陷的,正如托马斯·内格尔所说,它"让出身和才能这类(自然的)无关道德的偶然性发挥了太大的影响。"②由于在分配稀缺资源、利益与负担过程中承认这种自然影响的存在,机会平等被指责为依赖于和夸大了自然不平等。

在本章和下一章,我将说明为什么这两种批评中的任何一种都没能为平等主义提供拒绝追求机会平等的强有力的理由,至少像我所描述的那种对机会平等的追求。在这一章里,我提供了一种不止是形式上的而且也是实质上的机会平等模式。这一理论与较早宽泛的机会平等概念的核心思想相一致,且吸收了有关平等正义著作的最新观点和洞见。此后的一章,通过将其运用于有关种族和智商的争论,我讨论了指责机会平等依赖于和放大了自然不平等的观点。我意在说明:这种对机会平等批评中所隐含的前提——存在着自然不平等——是大有问题的,事实上所有的不平等最好都被视为是社会性的。

---

① 例如,见凯瑟琳·麦金农,"弗朗西斯·比德尔姐妹",《未加修正的女权主义》(剑桥,麻省:哈佛大学出版社),第106—107页。
② 托马斯·内格尔,"罗尔斯论正义",罗曼·丹尼尔编,《解读罗尔斯》,新版(斯坦福:斯坦福大学,1989),第4页。

我这里的讨论有助于修复作为平等主义正义的一种重要解释的机会平等观念。① 哲学家对机会平等重新发生兴趣，主要是为了回应对下述问题的关切，即，对平等的追求忽视了个体责任的重要性。平等主义正义的辩护者们最近则一直在关注，各种不同的分配平等理论如何容纳这一道德常识，即一个人所享有的社会稀缺资源应当部分取决于他或她的个人选择。② 一些有影响的平等主义者，特别像理查德·阿尼森和约翰·罗默，结合某种个人责任概念而提出了若干机会平等理论。譬如，阿尼森说"一个机会分配的标准应该容纳这一点，即最终的结果正好决定于由个体负责的个人选择。"③与此类似，罗默声称"社会在机会平等政策下应向其成员提供平等的机遇；但个人对通过努力将这种机遇转变为实际的利益负有责任。"④虽然我同意多数平等主义者的观点，即个人责任应在任何公平分担利益与社会生活负担的陈述中占有重要的一席之地，但我质疑这种方法——平等主义的或其他类型的——对待个人责任过于简单和直率，无论是在理论上还是实践中。因此我质疑主张与责任相关联的对机会平等的辩护，而我在本书中所陈述的另一种观点就是，挽救平等主义的机会平等要看它在公民社会多种制度与实践中，调节现有不平等的独特能力。

---

① 见，理查德·安德森，"平等与福利的平等机会"，《哲学研究》，第 56 卷（1989），第 77—93 页；G. A. 科恩，"论流行的平等主义正义"，《伦理学》，第 99 卷（1989），第 906—944 页；理查德·安德森，"自由主义，分配的主观主义与福利机会平等"，《哲学与公共事务》，第 19 卷（1990），第 158—194 页；理查德·安德森，"对福利平等机会的辩护"，《哲学研究》，第 62 卷（1991），第 187—195 页；约翰·E. 罗默，《平等的观点》（剑桥，麻省：哈佛大学出版社，1996）；约翰·E. 罗默，《机会平等》（剑桥，麻省：哈佛大学出版社，1998）；希勒尔·施泰纳，"选择与环境"，安德鲁·梅森编，《平等的理想》（牛津：布莱克维尔，1998）；乔纳森·沃尔夫，"公平，尊严和平等主义思潮"，《哲学与公共事务》，第 27 卷（1998），第 101 页。
② 开创性的阐述来自罗纳德·德沃金，"什么是平等？"第二部分：资源平等，《哲学与公共事务》，第 10 卷（1981），第 283—345 页。该文已重印，罗纳德·德沃金，《至上的美德》（剑桥，麻省：哈佛大学出版社，2000），第 2 章。
③ 阿尼森，"自由主义，分配的主观主义和对福利的机会平等"，第 175 页。
④ 罗默，《机会平等》，第 24 页。

第二节 三维模式概述

机会平等的三维模式作为一种调节性理想,其核心是竞争程序的公平使用,以保证平等分配某些稀缺资源或利益。如同多数游戏一样,竞争程序意味着有赢者和输者,赢者取得资源或利益,输者则要么全无,要么所得极为有限。正如我在本章稍后深入解释的一样,主张机会平等主要作为一个调节竞争手段的理想,意味着某些利益与资源——例如,医疗保险、初等与中等教育——不应该通过满足我这里所陈述的机会平等规则的程序来分配。虽然有时机会平等的竞争性维度没有得到重视,但在我看来,机会平等概念突出的优点就是它能够精确地适用于分配的竞争性机制。尽管机会平等的非竞争性模式并非是难以想象的,但公平竞争的平等机会模式至少作为一种平等主义的正义形式,呈现了最为有力和最为合理的希望。[①]

一旦高度关注其竞争性的一面,机会平等就具有三个令人瞩目、紧密相联的特征。第一个特征涉及主要从程序和规则上来思考平等正义。[②] 这里重要的是——对正义的诉求——通常以规则和程序的形式表达出来。第二个特征是机会平等并不预设结果或输赢。打个恰当的比方,让我们看看有关游戏规则的描述,如足球,没人能说这些规则把握了游戏的全部理念,但它们确实体现了其中某一方面。规则的重要性是当游戏开始后,胜者就是这些规则作用的结果。因此,竞争性机会平等(competitive equality of opportunity)之下的竞争规则,是平等正义理论

[①] 例如,见大卫·劳埃德-托马斯,"竞争的机会平等",《心灵》,第86卷(1977),第288—404页;及 S. J. D. 戈林,竞争机会平等:一种辩护,《伦理学》,第100卷(1989),第5—32页。

[②] 还值得注意的是,并非所有的比赛都是竞争。有些比赛是无规则约束的,而所有的竞争都包涵规则。这可以从不受限制的搏斗与拳击比赛的鲜明对比中看出来,拳击比赛是受昆斯伯里规则约束的竞争,而前者根本就没有规则约束。见 J. P. Day,"公平与财富",《比较》,第19卷(1977),第77—78页。

中任何机会平等模式最重要的核心。第三个特征是机会平等原则上是调控某些竞争类型的规范准则。

一个机会平等的竞争模型的规则与程序该如何组成？主要有两种不同的方法。① 一种方法是考量前景的机会平等，它坚持两人之中每一方都有同样的可能性或是同等得到这一机会的可能性。每人拥有同样卷面数字的彩票抽奖就是一个满足这种机会平等标准的典型竞争事例。另一种方法是根据同一水平领域来展开竞争的机会平等，其主要观点是，机会平等要求每个人能在大致相同的起点上开始竞争。我所提出的平等机会模式就采用了这种方法。

该模式确定了对竞争予以规范性调控的三个维度，这是机会平等所需要的。② 这三个维度（我在第一章界定为程序公平、背景公平和风险公平）可以参照拳击比赛的例子来说明。拳击比赛典型地受特定常见规则的约束，即所谓标准拳击规则。③ 它其中的一些规则反映了程序公平，如，不得攻击对手腰部以下部位，不得用头部撞击，终场铃声响后不得挥拳攻击等。同样，公平的比赛并不是从认定胜者开始，相反，胜出者是根据谁被击倒或谁在比赛中被记最多点数的规则来决定的。在这个意义上，程序公平的因素一般为人所熟知。但是拳击比赛也典型地关涉到公平的另一维度。如在奥运会拳击竞赛中，拳击手按照其体重分类，并与同等级别的对手比赛。这种做法根源于这一直觉，即一场在125磅轻量级选手与200磅重量级选手之间的比赛存在某种根本的不公。假设重量级选手赢得了这一场比赛，即使拳击手没有违反诸如终场响铃后不得

---

① 这里所描述的区分类似于（但不完全一致）前景考量和手段考量的机会平等。见道格拉斯·雷，道格拉斯·耶茨，詹妮弗·霍斯歇，约瑟夫·默里和卡罗·费斯勒，《平等》（剑桥，麻省：哈佛大学出版社，1981），第81—82页。
② 程序公平和背景公平的思想反映出罗尔斯在《正义论》中所描述的公正的机会平等的深刻影响（剑桥，麻省：哈佛大学出版社，1971），第73—76页；布朗·贝瑞对程序正义的讨论，《政治论争》，再版本（布莱顿，英国：哈弗斯特/威特希夫，1990），尤见第102—106页。另见詹姆斯·S.费希肯，《正义，平等机会与家庭》（纽黑文：耶鲁大学出版社，1983），第3章。
③ 该规则于1869年由英国的昆士贝利侯爵八世所创。——译者注

攻击等规则,其结果仍然会被说成是不公平的。背景公平反映了对拳击手在涉及体重等同等条件下参与比赛的关心。换言之,当所有竞争者处在同一水平线的竞争领域时,背景公平就达到了。公平的第三个维度关心拳击比赛中的奖金或风险是什么。例如,职业拳击的报酬是奖金分配,惯例是胜者拿75%,而败者拿25%,它突出的合理性就是这样比胜者拿走全部奖金更公平。这里所描述的公平的这一维度我称之为风险公平。

机会平等的三维模式对理解平等主义正义中的机会平等概念来说,是一种全新的发展。传统的机会平等观点是单维的,关注的是程序公平。上世纪六十年代,一大批富有影响的自由主义政治哲学家——最突出的有罗尔斯和布莱恩·巴利(Brian Barry)——提出了二维的机会平等观点。这种观点不仅强调程序公平,也强调背景公平。这导致了超越单维机会平等观点的一个重大进步,因为它密切关注这一问题:机会分配部分取决于个人之间的社会—经济背景差异。二维的观点为确保背景公平而具有重要的再分配意味,它往往必须再分配某些社会的稀缺资源。二维的观点现在仍主导着对机会平等概念的理解,而我所提出的三维的机会平等模式更彻底,因为它增加了风险公平的维度。①

公平的这三个维度根据什么标准?虽然稍后部分(2.4节和2.5节)我将更为精确地详细阐述我所说背景公平和风险公平的内容,但这里请允许我扼要描述一下区分公平三个维度所依据的标准。程序公平的标准一般明确针对特定的竞争,何谓程序公平往往与竞争中的风险是什么相联系。在许多竞争中,程序公平的基本要求并无深刻的争议,这些要求往往反映了基本且已日臻成熟的共识。有时规则或规章控制下的竞争被发现是不公平和违背程序公平的,违背程序公平最明显的就是排斥

---

① 将机会平等区分为一维、二维、三维的做法模仿了史蒂文·卢克对权力的划分方法,见《激进观点》(伦敦:麦克米兰,1974)。

特定阶层的人参与竞争,众所周知,历史上在法律、医疗和教育等职业中有许多这样的典型事例。①

风险公平反映了对竞争中利益与负担分配的关心。这里的问题是,譬如,让赢者通吃的方案是否公平。想象一下,用这种方法来安排离婚协议,我们多数人会反对,因为如此高的风险对其中一方是不公平的;让胜者得到较多利益可以接受,而当输者全无所得时它就不公平。类似的,在第五章,我从这种角度考量了劳动力市场。人们往往从这种角度观察劳动力竞争市场上的雇佣行为,那些得到工作的人才能拿到工资和其他额外利益。但一种看待从失业保险到工作福利的一系列政府计划的方式是,与其说它们将全部利益归于劳动力竞争市场上的优胜者,不如说它们是促进风险公平的机制。我的基本观点是,机会平等作为调节性理想,并不意图为往往是不规则竞争之结果的特权和不平等提供正当辩护,而是作为一个程序与风险公平的规范标准,从而可以检讨那些结构性特权和不平等。

背景公平现在也许是关心公平竞争的人最熟悉的机会平等的话题。这一公平维度关注初始位置或那些可能卷入竞争的人的背景。其基本的考量就是初始位置的结构将会影响竞争者及竞争中的行为。从机会平等竞争的角度看,由于早先存在的不平等会影响竞争过程的公平,因此就有必要对这些不平等作微妙的矫正。

以上对风险和背景公平性质的初步考察,使人想到三维模式如何应对这样一种反对意见,即所有机会平等的模式都遵循一种形式化的或空洞的平等主义标准。这种意见明确坚持反对仅考虑程序公平的单维模式,但它似乎误解了承认背景公平的二维模式,更不能理解增加了风险公平的三维模式。这两种模式都支持这一主张,即:在现存社会中,对财

---

① 例如,见有关加拿大法律行业对妇女的排斥的讨论,康斯·巴克豪斯,《裙子与偏见:妇女与十九世纪加拿大法律》(多伦多:奥斯古德协会,1991),第10章。

富和其他资源实际总量的再分配需要确保对所有人真正的机会平等。

让我们看一下伯纳德·威廉姆斯(Bernard Williams)有关武士社会的著名假设,它用以说明机会平等隐含的空洞性。① 设想有这么一个社会,它赋予武士阶层的成员以崇高声望,但前提是只有展示强健的体力才能成为其中一员,但到目前为止,这一阶层都只从最富裕的家庭中吸收成员。为适应机会平等的需要,现将成员的吸纳扩大到社会所有阶层。然而,这一改变没有产生多大作用,实际上所有武士仍继续来自最富裕的家庭,因为只有他们才享有良好营养而能够展示优良的体能,其余的人由于营养不足而体能受到损害。此例的关键是尽管假设中的武士社会体现了程序公平,但机会平等徒具平等主义的形式。威廉姆斯推论说:"被期望的机会平等是十分空泛的——的确,有人也许会说那并非真实的存在——除非它可以比这做得更有成效。"②但背景公平的理念通过让更多穷人成为武士,不必要求机会平等更"有效",就可以处理武士社会的情况。在我看来,武士社会的不公平并不在于武士阶层的成员构成没有反映全部社会广泛的差异性,而是成为其中一员的竞争不处在同一水平的竞争领域,那些起点来自较为贫穷家庭的人远远落后于那些来自富裕家庭的人。③ 在作为调节性理想的三维模式里,假设的武士社会可替代的选择在于,用罗尔斯的话说就是:"那些拥有同等才能和能力,且有同样意愿使用它们的人,应该具有同样成功的前景而不必考虑他们在社会体系中的初始位置,即无关乎他们出生时的收入阶层。"④

在多数机会平等模式里,指责机会平等过于形式化的反对意见却与

---

① 伯纳德·威廉姆斯,《平等的观念》(1962),重印本,根据罗伯特·R. E. 古丁与菲利普·佩蒂特编辑,《当代政治哲学:文选》(牛津:布莱克维尔,1997),第473页,费希肯也以很大篇幅讨论了这一例子,《正义、平等机会与家庭》。
② 威廉姆斯,《平等的观念》,第473页。
③ 这里我不同意贝瑞有关背景公平的特征描述,他认为背景公平依赖于一种有关竞争"正确结果"的预设概念。见贝瑞,《政治论争》,第103页。
④ 罗尔斯,《正义论》,第73页,我忽略了罗尔斯这里所言的确切含义是否与他在其他地方的陈述一致。参看托马斯·博格,《认识罗尔斯》(伊萨卡:康奈尔大学出版社,1989)。

对法律障碍的关注联系在一起,这些机会平等理论对法律的强调揭示了这样一个前提,即法律妨碍和羁绊是不平等的主要根源。但(它所依据的)那种前提是成问题的,社会中多数不平等有其社会—经济结构或文化结构的根源,而不在于法律。对于这种批评路径我所面临的主要困难在于,它诉求的是相当狭隘和过于简单化的实证主义法律概念。这一概念不同于更宽范围内的各种法律概念,后者从罗纳德·德沃金(Ronald Dworkin)富于影响的"法律即法庭上可捍卫的权利"①观点到罗伯特·昂格尔(Roberto Unger)"法律规则与条文界定社会的基本制度安排"的主张,②直至艾伦·哈钦森(Allan Hutchinson)的后现代立场:"法律是难以兑现的不确定性。"③由于对法律概念没有共识,因此似乎很难令人信服地反驳任何机会平等模式,因为机会平等承认法律的重要性。

本书中我对法律的真正兴趣不在于在多大程度上它是不平等的根源,而在于它如何可以用来矫正公民社会中的机会不平等,毕竟法律是国家用来调控竞争的主要工具。接下来七章所讨论的实质问题全都围绕法律变更而思考,这些变更由法庭判决或立法与公共政策引起。尽管那些分析并非一直都令人乐观,但还是有个一般前提(体现在我分析的一些个案和事例中),即:法律变更能够促进公民社会的平等。可以说,我在应用三维模式时考虑到了法律变革的可能性。④

---

① 罗纳德·德沃金,《法律的帝国》(剑桥,麻省:哈佛大学出版社,1986),第401页。
② 罗伯托·曼加贝拉·昂格尔,《批判法学研究运动》(剑桥,麻省:哈佛大学出版社,1983),第21页。
③ 艾伦·C.哈钦森,《等待戈多:对法律和权利的批评》(多伦多:多伦多大学出版社,1995),第56页。
④ 另见德鲁西拉·康奈尔,《虚构的领域》(纽约:劳特利奇,1995),第236页,和凯瑟琳·麦金农,《未加修正的女权主义》(剑桥,麻省:哈佛大学出版社,1987),第116页。虽说我同意法律具有变革的潜能,但我也与批判法学者有一致观点,如邓肯·肯尼迪就强调法律引发社会变革能力的有限性,特别是因为它缺乏核心的决策权。见《裁定书批判》中肯尼迪的声明(剑桥,麻省:哈佛大学出版社,1998):"立法权的分散降低了意识形态组织多数人——无论是自由主义者还是保守主义者——在法律牢固控制着的任何重要领域来进行重大变革的能力。"第2页。

迄今为止,我在描述三维模式时还没提及优长(merit)或英才机制(meritocracy)。这或许令人吃惊,因为机会平等往往与某种英才机制相等同,其中个人所处的社会地位和所享受的利益完全取决于其优长。例如,罗尔斯评论道,英才机制"遵循职业对才能开放的原则,并将机会平等作为激发人们追求经济繁荣和政治统治的方式……机会平等意味着人们在追求影响力和社会地位的过程中享有同等机会而较少运气的作用",①运用类似的推论,艾里斯·玛丽恩·杨(Iris Marion Young)说:"今天的机会平等已只是意味着没有人会被阻止参加竞争相对较少的特权职位……优长原则承认存在较少的高额回报职位与多数既定的回报较少的职位之间的分工,但它断言只有当无人因为出身或特权而接受特权职位时,这种分工才是公正的。"②同样,威尔·金里卡(Will Kymlicka)解释说:"在存在机会平等的社会里,收入不平等是公平的,因为成功意味着'应得的',它属于那些'值得'它的人"。③

我认为机会平等与英才机制之间的紧密联系根源于一个误解,即机会平等是一个公平调节所有不同竞争类型的调节性理想。英才机制是一种特定类型的竞争,其重点在于优长的理念。④ 但并非所有的竞争都是英才机制的版本,有些竞争并不围绕优长标准来展开。至少,像在三维模型中所呈现的那样,机会平等对调控这种类型的竞争提供了一个规范标准,而且它提供一个独立的正义标准来评估和检讨英才机制,而不是成为它的组成部分。第四章阐明了区分机会平等与英才机制的作用,其讨论的背景是美国的民权组织发起的反对某些做法的立法提案,这些

---

① 罗尔斯,《正义论》,第106—107页。
② 艾里斯·玛丽恩·杨,《正义与政治差异》(普林斯顿:普林斯顿出版社,1990),第214—215页。
③ 威尔·金里卡,《当代政治哲学》(牛津:牛津大学出版社,1990)第56页。
④ 优长本身,正如我在第四章所解释的那样,很大程度上是一个反映将社会中多数人的利益最大化的标准。

做法包括大学和其他高等教育机构在 SAT① 和 LSAT② 这类标准化测试中使用考试分数来决定升学录取和奖学金发放。尽管这些考试分数的使用已经对某些少数种族或女性产生了一种消极的影响,但对考试分数的依赖仍典型地从优长的角度得到辩护,虽然目前有一些相关案件的判例,但某些个人权利诉讼的基础仍不清楚。将三维模式作为一种规范性理想运用于调控基于成绩的大学录取和奖学金竞争,将表明为什么公民权利有些时候应该超越或减少对标准化考试分数的依赖,以及这一作用如何隐含在民权诉讼领域业已裁决的判例中。

市场体制与机会平等之间可以找到一个相似点。市场不应与英才机制或任何类似的纯粹基于优长的竞争相混淆,市场价格机制往往导致源于个人运气的分配,而不是谁应得的分配。历史上,一些强烈支持某种机会平等的人就将他们的理由与对市场经济的赞同联系起来,最近甚至还产生了试图将市场价格机制置于平等主义正义理论核心的精心尝试。③ 用平等主义正义的简要公式来说,重要的问题在于市场的作用究竟是界定什么是平等份额,还是仅仅是获得平等份额的有用工具。④

我在本书中分析市场的焦点有所不同,我主要关注为特定利益与资源的竞争提供场所的现实市场。我所追问的是三维模式对这些市场的意义。第六章和第八章分析了劳动力市场。我的兴趣在于探讨劳动力市场中某些政策议案和干预的规范性基础。第六章着眼于工作福利,第八章分析反性别歧视及薪酬平等。我将阐明这些富于争议的政策是如何源于有关劳动力市场的作为调节性理想的平等机会模式———尤其是在风险和背景公平方面。

---

① Scholastic Aptitude Test,"学术能力测验"——译者注。
② Law School Admissions Test,"法学院入学考试"——译者注。
③ 最有影响的是德沃金,《什么是平等?》第二部分:资源平等,第 283—345 页。
④ 见我在莱斯利·雅各布的讨论,《权利和剥夺》(牛津:牛津大学出版社,1993),第 92—98 页。

第三节 何种平等机会？

我有关机会平等模式的构想中有一点很重要,即它强调多种平等机会,而不是单一的平等机会。① 这一变化类似于自由主义政治哲学家广泛认同的有关自由概念的变化。② 在二十世纪 50 至 60 年代,自由主义者之间常常争论的问题是,个人应该享有平等的自由权还是应该享有平等的自由。③ 然而,在一些对自由主义理论基础所作的重大修正中,几个重要的著名自由主义者如约翰·罗尔斯和罗纳德·德沃金认为,一种普遍的自由权或同等的自由的观念是一种误解。④ 真正重要的不是自由本身,而毋宁说是某些基本自由,如言论自由、宗教自由、信仰自由、结社自由和性取向自由。与其提平等的自由权,不如转而捍卫对某些基本自由的平等权利。我认为机会平等概念也应作类似的转换,即从笼统的机会平等模式转向各种机会的机会平等模式。

理由十分简单,对机会平等概念的批判性反思已经表明,依靠这一规范性标准来调节社会生活的所有方面是错误的。例如,英国社会学家理查德·亨利·托尼(R. H. Tawney)在二十世纪三十年代的作品中曾写道:

> 机会平等确立了[向社会大众]开放的条件……在两个方面……一是市场竞争所提供的机会,一是人们竞争成功所得的回

---

① 作者主张不能抽象地、笼统地主张机会平等,而应该区分不同条件下的各种机会及其机会平等调节原则。所以,他使用复数的多种平等机会 equal opportunities 和单数的平等机会 equal opportunity 来作区分。这是全书的一个核心观点——译者注。
② 这种相似性是由皮特·威斯顿提出的,"平等机会的概念",《伦理学》,第 95 卷(1985 年),第 849 页。
③ 对现代政治哲学中的这一发展,我已细心地进行了解释和辩护,见《现代政治哲学导论:政治学的民主版本》(Upper Saddle River, NJ: Prentice-Hall, 1997)第 5 章。
④ 见罗尔斯,"基本自由及其优先性",《政治自由主义》(纽约:哥伦比亚大学出版社,1993);罗纳德·德沃金,"我们享有什么样的权利?",《认真对待权利》,新版(剑桥,麻省:哈佛大学出版社,1978)。

报,还包括尽管不乏赞誉但却难以在竞争过程中完美展示的才能。准确地说,它意味着,不仅通常所说的人生回报应该向所有人开放,而且还应该使所有人都不会承受不合理的损失;不仅杰出人物可以自由发挥他们的超常能力,而且常人也能自由地竭尽所能。①

托尼所建议的是,在其最好的意义上,机会平等假设某些社会生活的利益与负担不受竞争的影响,因此就不必用这一理想来调控。迈克尔·沃尔泽(Michael Walzer)也有类似的论述:"机会平等是分配某些工作的一个标准,并非所有工作……这些工作的存在为那些不需要资格认定的人们开辟了走向成功的道路——毋需资格——从而也就约束了资格认定机构的权力。某些社会经济生活领域不由他们号令,区分这些领域的精确界限总是成问题的,但它们确实存在却不容置疑。"②沃尔泽与托尼二人所做区分的基础是,机会不是同质和单一的,毋宁说有各种不同类型的机会。我认为,一个可为之辩护的机会平等模式必须承认这种机会种类的多样性,并确认它们应该受到机会平等理念的调节。

这一主张至少在两个重要方面阐明了追求机会平等的理论与实践。首先,对于思考和批评公民社会中制度与实践的不平等,它可以说明为什么机会平等的概念是一个强有力的分析工具。公民社会的特点是它提供广泛多样的、多元性的机会,而组成公民社会的制度和实践似乎也缺乏明确的本质特征,因而,当平等主义为公民社会设想一个调节理想时,这一理想必须对机会的这种多元性和差异性保持敏感。从单一机会平等向各种机会的机会平等的转换满足了这一要求。在公民社会中,追求平等意味着要关注特定制度和实践及其所提供的多种机遇。尽管随后的各章连贯而系统地运用了三维模式,但每章关注一种特定的竞争以及平等机会模式对其所具有的意义还是很重要的。每一章具体而严格

---

① R. H. 托尼,《平等》,新版(伦敦:艾伦和昂温,1964),第 108 页。
② 米歇尔·瓦尔泽,《正义诸领域:为多元主义和平等辩护》(纽约:贝斯科书屋,1983),第 163—164 页。

的讨论都是在为寻求公民社会中的平等正义提供方案:关注特定的个别的竞争及其中的风险机遇。毫无疑问,一个应被调控的关键因素就是一场竞争的结果对另一场竞争的影响——例如,父亲在劳务市场上的失败对其子女高等教育前景的影响(这里的部分要点正是风险公平概念所关心的)。对具体竞争的关注鲜明地体现了这样一种信念,即追求一个平等社会需要积小成大,而不能毕其功于一役。我设想追求平等是一个范围持续扩展的过程,其中各种机会平等的规范性标准支配着公民社会里不断扩大的各种竞争。三维模式的每一次扩展都必须注意不同竞争的特定细节和特征,且在一定程度上有所发展。

从平等机会向各种平等机会转换所提出的第二个重要问题是,是否有一些机会在机会平等概念的调控范围之外。区分各种机会的基础是什么?我将机会区分为竞争性机会与非竞争性机会。竞争性的机会是那些应该通过竞争来分配的机会,而非竞争性的机会应该是通过其他程序来分配的机会,三维模式仅仅调控竞争性的机会。如何确认非竞争性机会呢?在第七章我尽力回答了这一问题,其中我讨论了医疗保健机会的分配。像西方发达民主国家大多数人一样,我相信所有的公民,无论其社会—经济阶层、种族或性别如何,都应该享有某种基本的或"医疗上必需"的保健服务和产品。这就是通常所称的医疗保健的普遍机会或者说普遍的保健医疗,多数宏观医疗保健政策的制定,甚至在美国,都暗含着对它的承诺。现代平等主义正义理论家普遍认为这种承诺正产生于他们对平等主义正义的阐述,而且最近已有了将其一般理论应用于医疗保健的重要尝试。然而,当他们采用强调竞争的机会平等方法或某些其他方法时,我认为这些努力总体上不能成功地解释医疗保健的普遍机会或为之提供理由。我在第七章中并不是要质疑对医疗保健普遍机会的承诺,而是要阐明应用若干机会平等模式(包括我自己的三维模式)的局限性。基本水准的医疗保健机会是一种非竞争性机会,因此不应该在输、赢的竞争基础上来分配,也毋需考虑这一竞争是否受制于某一规范理想、如机会平等的支配。为平等机会辩护的教训就是要承认应用那种平等主义理想的限度,托尼大约在半个世纪之前就表达了这一点,我仅仅是重复了这一点,因为它仍然还没有引起足够的重视。

在公民社会中,区分机会平等在竞争性和非竞争性的机会之间的应用界限在其他政策领域也有相当强的潜在解释力。在第八章和第九章,我关注两种政策领域——劳务市场干预和离婚的经济后果。在那里我结合对性别的分析,主张家庭内部不公严重影响到妇女在劳务市场上和离婚后的机会。诸如干预劳动力市场的反歧视行动和薪酬平等等措施就可被理解为是对家庭内部不公的政策回应。与之类似,围绕财产分割和子女抚养费的离婚经济分割的法律变化,同样可以视为对家庭内部不公日益增长的敏感回应。值得注意的是,这里我不支持任何直接干预家庭欲使其更为公正的政策举措,我关注的政策仅只是限制这些不公正对妇女在家庭之外的机会的影响。在我较早关于性别劣势的著作中,我敏感地意识到这种紧张关系,但将其留作分析中一个令人困惑的方面。①有人因此而批评我,认为这是"一种主流政治学",②但追本溯源,现在很清楚,把机会平等理想应用于劳务市场和离婚中,而不是家庭中的妇女身上,具有可靠的原则性根据。与劳务市场类似,婚姻的解体——离婚——也可以视为一个竞争过程,因此也应该受到机会平等的调节性理想的支配。③ 家庭不是一个竞争场所,因而不应该受竞争性的机会平等理念的调控。这种观点与某些自由主义的女权主义者的观点形成鲜明对比,像苏珊·摩勒·奥肯(Susan Moller Okin)就欣然号召将机会平等

---

① 例如,见莱斯利·雅各布,"平等机会和性别劣势",《加拿大法律与法理学》,第 7 卷(1994),第 66 页。
② 卡罗琳·安德鲁斯,"巧妙的界线——变化的策略",弗朗格斯·皮埃尔·金格拉斯编辑,《当代加拿大的性别与政治》(多伦多:牛津大学出版社,1995),第 253 页。
③ 这意味着离婚就必定是对抗性的。相当一致的是,在多数离婚案件中,人们宁愿选择其他途径如调解而不是视彼此为竞争对手的诉讼来解决纠纷。

运用到家庭之中。① 这种口号反映出对机会平等作为一种调节性理想调控竞争程序和制度的特定范围的错误认识。如果机会平等是针对性别劣势规范性反应的一部分,它作为调节性理想的作用就存在于男人与女人作为个人的竞争当中,而不是在家庭中。②

我这里所提倡的向多种平等机会的转换,可与其他机会平等模式作一个重要的比较,包括理查德·阿尼森的福利机会平等理论。按照阿尼森的观点,"在一群人中要达到福利的机会平等意味着,在它所提供的偏好满足的前景方面,每个人都有一批与任何其他人同等的选择机会。"③ 这里的主要观点是,设想一幅向每个人展示他或她要面对的各种生活选择的示意图,随之是那些选择将要面临的不同的选择机会,其中,每种机会都按照偏好满足的福利前景进行分类,那么这种理论就会制定等价的示意图,以便"所有人都能获得许多同等的选择机会"。④ 批评阿尼森的多数理论和其他类似的理论都集中于这样一个事实,即阿尼森将福利作为平等正义的通用币。⑤ 这些批评质疑这一方法的正当性,它根据主观偏好满意度所理解的福利来决定个人应当承受的社会利益与负担。阿尼森则一直在致力于应对这种批评。⑥

但是另外一种批评转而关注阿尼森的机会观而不是福利观。对阿尼森来说,"谈论'机会'其实就是要承认,任何影响我们确定偏好结构的

---

① 苏珊·摩勒·奥肯,《正义、性别与家庭》(纽约:贝斯科书屋,1989),第 16—17 页,第 180—186 页。
② 在这里我同意强调个人而非家庭,以回应德鲁西拉·科勒对奥肯观点的发展,《自由的核心》(普林斯顿:普林斯顿大学出版社,1998),第 3 章。
③ 阿尼森,《平等与福利机会平等》,第 85 页。
④ 同上,第 86 页。
⑤ 罗纳德·德沃金,"什么是平等? 第一部分:福利平等",《哲学与公共事务》,第 10 卷(1981),第 185—246 页;罗尔斯,社会个体与主要的善日,阿玛蒂亚·森与贝纳姆·威廉姆斯编辑,《功利主义及其超越》(剑桥,英国:剑桥大学出版社,1982);科恩,"论流行的平等主义正义";托马斯·克瑞斯蒂,"福利机会平等原则的困难",《哲学研究》,第 62 卷;罗曼·丹尼尔,"什么之平等:福利、资源或能力?",见《正义与正当化》(纽约:剑桥大学出版社,1996)。
⑥ 例如,见阿尼森,《自由主义,分配的主观主义和平等的福利机会》和《对平等福利机会的辩护》。

因素都应被视为是个人责任的事",①因而对他来说,"机会就是心想事成"。② 他的观点是,相比于一种要求福利平等的理论,福利机会平等允许个人责任影响分配平等的结果。在我看来,一旦认识到机会的差异性,阿尼森的理论中机会平等化的前景就大有问题。这里的问题是,为将两人或更多个人的所有机会平等化,必须将所有机会进行估量并因此按照某种标准进行比较。阿尼森似乎认为,福利或偏好满足在下述意义上能达到这一目的,即,如果每个机会都含有潜在的福利,那么这就能为机会比较提供基础。

然而,这一步骤并没有十分认真地对待机会的差异性,因为这里的风险不仅仅在于不同机会中潜在福利的差异,还有按其他标准可能产生的差异,如个人所倚重的东西以及因此而导致的与其他人福利的紧张关系。③

虽然阿尼森有时提各种机会的平等而不是单一机会的平等,为避免所谓的指标问题,④我怀疑他反对我所主张的一般性转换。当平等主义的分配正义理论承认一系列不同的和不可归约的善,并视其为个人公平分配社会福利与负担中的构成要素时,这一问题就出现了。指标问题关心我们如何合计这些不同的善以确保每个人所得份额的大小。阿尼森认为指标问题无法解决。⑤ 如果在他的平等主义正义理论中允许机会的差异性存在,他的理论将面临一个无法解决的难题。

三维模式以不同的方法避免了指标问题,它诉诸平等机会的规范标准,它基于正义的标准以调控个人对稀缺资源和利益的竞争。该模式并

---

① 阿尼森,《自由主义,分配的主观主义和平等的福利机会》,第175页。
② 阿尼森,《平等和福利机会平等》,第85页。
③ 见有关差别的重要性的观点,阿马蒂亚·森,《重估不平等》(剑桥,麻省:哈佛大学出版社,1992),第4章。森没将重点放在各种机会的差别上,但他的立场逻辑上隐含着这一点。特别是如果一个人同意阿尼森所说"[森]能力平等是机会平等家族的一个概念,这一家族也包括我一直在努力捍卫的平等机会的观念"。见《平等和福利机会平等》,第91页。
④ 例如,见阿尼森,《自由主义,分配主观主义和平等的福利机会》,第159页。
⑤ 阿尼森,"主要的善目再探",《常识》,第24卷(1990),第445页。

不要求总计个人在公民社会里或生命全程中的所有竞争机会,因此,合计多种机会的问题不会出现。确实,在竞争性的机会平等模式里,弄清楚一个人一生中的平等份额意味着要将个人的一生看成一场宏大的竞争,我相信这种想法是荒谬的。

作为规范调节性理想的多种平等机会的模式的前提是,确实存在分配社会生活利益与负担的特定的竞争。公民社会的这些竞争性机会是这种平等主义所探讨的主题,因而机会平等主要被视为处理这些竞争的调节性理想。当然,仅仅承认这些给定的竞争,三维模式就不能对公民社会现状保持足够的距离和批评,从而不能真正地阐释正义。正如罗纳德·德沃金优雅地提出,"如果还有什么是我们的评判者而不是传声筒的话,那就是正义,它是我们共同政治生活的一部分"。① 机会平等模式不是它所调控的竞争的传声筒,而是独立于这些竞争实践的道德评判者。承认公民社会制度与实践的演化特征也是重要的;公民社会随着政治统治和规范规则的变化而变化。② 社会正义理论的部分挑战就是要适应正义要求与社会制度和实践结构之间的动态关系。③

第四节 背景公平与地位平等

将本章我一直在探讨的机会平等模式合成一个整体,那就是三个方面,即程序公平、背景公平和风险公平。背景公平和风险公平将机会平等模式从它只是一种形式或空洞的平等主义正义理论的指责中拯救出来。背景公平反映了个人从初始位置开始竞争时所处平等状态的重要性。人们从起点开始公平竞争时切实需要的是什么?公民社会的制度和实践什么时候确保了平等的竞争环境?作为调节性理想的三维模式

---

① 罗纳德·德沃金,"正义不是什么",《原则问题》(剑桥,麻省:哈佛大学出版社,1985),第219页。
② 查尔斯·泰勒,《呼唤公民社会》,第77页。
③ 这是罗尔斯修正作为公平的正义的部分基本动机,见《政治自由主义》导论。

使用何种原则指导我们来作有关背景公平的判断呢？

贯穿本书讨论始终的有关背景公平的唯一原则是：当所有人享有平等地位时，在任何竞争中个人的初始位置就是公平的。① 地位平等原则不必要求所有人都享有同等数量的财富或经济资源才开始竞争，它也不必要求所有人有同等水平的身体机能或某个其他客观的福利标准。它也不意味着每个人具有影响结果的同等权力。地位一词来源于拉丁语，字面意义是在社会中"所处位置"。② 作为背景公平的一个原则，地位平等因此要求所有人在竞争中都站在同样的位置上。

在更详尽地说明这一要求之前，用一个具体的地位平等的例子来说明这一基本观点或有助益。刑事审判中的无罪推定，我认为就是一例。英美刑事审判的真正基础是这样一种推定：每个面临刑事审判的被告享有无罪的同等地位，直至在法庭上无可怀疑地被证明为有罪。个人所享有的这种地位和财富、阶层、种族、残障、宗教、信条、性别和民族等无关，而即使被告有犯罪前科，在新的审判中也同样享有所有面临刑事审判的其他被告所享有的同等地位。就此而言，无罪推定是神圣不可侵犯的；这种地位不能无故地被侵害或剥夺。③ 无罪推定所反映的地位平等塑造了我们对公正审判及其有关举证责任、揭发、证据规则等程序的判断。换言之，当刑事审判被视为被告与政府之间的竞争时，地位平等起到了调节背景公平的作用。本书所采用的地位平等原则可以说是从无罪推定中抽象而来。

这种地位概念可以与身份相比较而得到进一步阐明。正像查尔

---

① 我对地位平等观念的发展尤其受到托马斯·内格尔的影响，"个人权利与公共空间"，《哲学与公共事务》，第 24 卷(1995)，弗朗西斯·卡姆，《道德，命运》，第二卷：权利，义务和地位(牛津：牛津大学出版社，1996)；和德博拉·莎茨，妇女的性工作市场，《伦理学》，第 106 卷(1995)，第 63—85 页，及"地位不平等与市场社会主义模式"，见埃里克·奥林·赖特编辑，《平等份额》(纽约：费尔索，1996)。
② 布赖·S. 特纳，《地位》(明尼阿波利斯：明尼苏达大学出版社，1988)，第 2 页。
③ 不容侵犯的地位是内格尔的一个重要主题，见"个人权利和公共空间"。

斯·泰勒所说,身份"指明了作为人的某些基本特征,如个人对其自身的理解等"。① 因此身份就其是个人自身所理解的结果而言是个人主观的东西,即使这种理解可能部分是由他人造成的。相比之下,地位是排除了个人自我理解因素的结果,事关他人的承认。例如,无罪推定之所以是一种地位,是因为它是法庭如何看待被告的结果。

现在让我们区别一下道德地位与社会地位。历史上,社会学家一直将社会地位与社会分层联系在一起,即社会可根据许多不同标准而对占据不同位置的个人进行区分,这些标准最为人熟知的有收入、拥有的生产资料、种族和民族、宗教、性与性别、性取向、教育和残障等。社会地位是社会分层的一种方式,它反映了一个人在社会中所处的位置。因此一个人的社会地位是这个人在这种社会分层体系中所处的位置。② 对许多社会学家来说,由于社会地位与社会分层的概念相联系,谈论社会地位平等是没有意义的。

这提供了与道德地位进行比较的极佳视角。对我们来说,一个人的道德地位是个人在道德世界中所处的位置。在伦理学史上,道德世界过去常被哲学家认为是分等级的,就像社会学家解释当今的社会分层一样。然而过去两百年来,在康德道德哲学的影响下,支配道德世界的观点(至少在世俗道德和政治哲学中是如此)一直是:所有人都有共同的人性并具有同等地位,任何人都不得享有更高的道德地位。③ 在这一世界

---

① 查尔斯·泰勒,"承认的政治",见艾米·古特曼编,《文化多元主义与承认的政治》(普林斯顿:普林斯顿大学出版社,1992),第 25 页。
② 触及有关社会分层理论和研究中复杂问题的风险,对我而言似乎就是无法解释为什么有关社会地位的阐述不能适用于群体。
③ J. B. 希尼温(J. B. Schneewind)就康德全新的道德世界观写道,"他惊人的主张是,只要我们是平等地制定了我们所服从的法则,那上帝与我们都是一个道德共同体的成员……"然而,对康德而言,并非是独立的知识和永恒的道德真理,而是我们的制定和根据道德法则来生活的能力将我们与上帝置于道德共同体的平等基础上。有关在与神共享的世界里人类的地位问题,自律的能力让康德想到了惟一道德上令人满意的理论,见《自律的能力》(纽约:剑桥大学出版社,1998),第 512—513 页。

里,所有人地位平等决不是无稽之谈,反而是道德上的老生常谈。①

地位平等原则奠基于有关道德地位的主张,然而必须强调的是,它也是背景公平的原则。地位平等确认了在竞争中所有个人应当有的起点——每个人有同等的道德地位且不可能有更高的地位。正是在这方面,它是衡量竞争中背景公平的基本标准,但从这些初始的公平竞争继而不可避免地导致的输赢,以及同时伴生的社会地位差异也不能够忽略。从背景公平的观点看,由于竞争开始时地位平等,所以结果是公平的。② 无罪推定的例子也能用来说明这种基本推定的直觉力量。想象同一时间在不同法庭有两个因相似罪行正面临同一审判的被告。对每个人的无罪推定满足了地位平等的要求,在审判之初,两人都被假定为无罪,这影响到他们在审判过程中如何受到适当的对待,然而适巧一人被发现有罪,一人无罪。审判结束后,两者的地位大相径庭。但这一结果并不会被视为违反背景公平而使我们震惊,法庭对二者无罪推定的承认满足了那些基本标准。

虽然地位平等原则被用以处理通常的道德地位问题,但有必要承认社会地位与道德地位的关系类似于多数权利理论家所看待的法律权利与道德权利的关系。法律与道德权利一般被认为共享同一结构,这使它们成为两种权利类型。法律权利的存在依赖于法制体系,道德权利则独立于实在法(positive law)之外,而且它的一个重要功能就是向实在法提供批判性的立场。我不是说所有的道德权利都应当获得法律承认,一些

---

① 一些人在评价道德哲学史时,也许最出名的是皮特·柏格(Peter Berger),一直坚持即这一变化反映出道德地位概念向人类尊严概念的偏离。见皮特·柏格,"论过时的荣誉概念",斯坦利·豪尔瓦斯与麦金太尔编,《重写历史:道德哲学中视角的嬗变》(圣母大学出版社,1983)。从背景公平的角度来看,道德地位的概念仍包括而尊严的概念却丧失了"所处位置"的中心涵义,我所举无罪推定的例子是有关身份和地位的,而在我看来,使用尊严的概念不能恰当表达这一层涵义。
② 罗尔斯所称"纯粹的程序正义"就是一个例子。这"存在于当对什么是正确结果没有独立标准时:而只有一个正确的或公平的程序且结果也据此判定为正确或公平,无论其结果是什么,只要该程序已经恰当地被遵守即可",见《正义论》第86页。

常见的道德权利显然就没有得到法律的承认。道德权利提出的对实在法的批判立场在两个方面有尤为重要的洞见。第一个方面就是道德权利往往启示着法律权利。例如,许多有关表达自由的宪法理论都源自道德视野中的自由表达权。第二个方面,相比法律的沉默而言,道德权利从批判立场贡献于实在法的就是最能彰显现行法律的缺陷和不公。

道德地位与社会地位之间存在两个与此类似的方面。第一,有关道德地位的阐述为关注社会分层和社会地位提供了启示,道德领域的地位结构可以为社会中的地位结构提供指引。第二,地位平等原则的要求能最详尽地思考社会分层及其所涉及的不公平问题。通过关注因社会地位所产生的平等与公平问题,本书探讨了背景公平的要求。如我在绪论中所言,余下六章是围绕着作为社会地位种类的种族、阶层、性别来组织的。据我观察,这些种类是公民社会中不平等的主要所在。当地位平等的背景原则要求没有得到满足时,社会地位的指标——财富与收入、权力、特权的不平等——就能提供这方面的证据。

为什么是地位平等?在作为调节性理想的三维模式中,是什么使它成为背景公平的通行准则?当然,哲学家和经济学家都关注过背景公平,但他们关注的焦点一直都是物质的不平等,无论这些不平等是怎样衡量的。[①] 也就是说,重点一直放在收入与财富、教育机会、生产资料的占有等方面。用更抽象的词来说,财富与资源历来是主流。对物质不平等的关注并非毫无挑战。一些人已转而强调福利或效用的重要性,虽然我还不清楚它们如何可以体现背景公平的原则。另外一些人像阿马蒂亚·森(Amartya Sen)和玛莎·努斯鲍姆(Martha Nussbaum)提出应当关心人的能力与功能,资源和财富的意义也仅限于它能促进人的功能与能力。[②] 而地位平等原则开辟了另一途径来挑战只关注物质不平等的传

[①] 我审慎地将社会学家排除在这一概括之外。
[②] 见玛莎·努斯鲍姆,《妇女和人类发展:能力途径》(剑桥,英国:剑桥大学出版社,2000),第4—15页,以及阿马蒂亚·森,《以自由看待发展》(纽约:阿科尔书店,1999),第74—85页。

统的平等主义。①

地位平等原则的问题十分简单。如果此前对竞争中背景公平的分析是正确的,则它主要关注竞争者的起点位置。常用的初始位置用地位来衡量,地位平等原则承认这种通用的平等主义标准。② 资源或利益如收入仅仅只是用来衡量现实存在的背景公平的指征,这并非意味着它们往往是一种好的指征,但不管怎样,我们不应该忘记它们仍不过是某种替代物。

地位平等原则不同于所谓的反歧视原则,要求也更苛刻。后者在加拿大、英国、美国等国家围绕平等权的诉讼中十分常见和通行,其核心思想是类似事情类似对待。这预示着当差别对待不可避免时,有些差别对待是合理的,而另一些则是任意的。反歧视原则禁止"任意的"差别对待。③ 它最初多应用于种族问题。例如,保罗·布莱斯特(Paul Brest)在一次为该原则最富影响的辩护中,直接说道:"关于'反歧视原则',我指的是这种一般原则,它反对根据受影响方的种族(或种族出身来进行分类和作其他决定与实践)"。④ 近来特别是在美国以外的国家,反歧视原则已经被应用到其他分类中,包括性与性别、残障、性取向、宗教和年龄。该原则可直接被阐述为背景公平的一个原则:当没有竞争者面临任意歧视时,竞争中的初始位置是公平的。

反歧视原则在平等权诉讼中日渐增强的影响力与政治哲学的重要发展十分吻合,尤其是在罗尔斯的理论中。何种情况构成任意歧视?任意歧视与非任意歧视的界线在哪里?罗尔斯在《正义论》中提供了最为

---

① 莎茨提出了类似的观点,见《地位不平等与市场社会主义模式》,第74页。
② 戴维·米勒讨论地位平等时忽略了这一点,见"平等与正义",安德鲁·梅森编,《平等的理想》,第23页,第31—36页。
③ 欧文·费斯,"团体和平等保护条款",《哲学与公共事务》,第5卷(1976),第109页,克里斯托福·麦克留德编辑,《反歧视法》(纽约:纽约大学出版社,1991),第59页。
④ 保罗·布列斯特,"展望:为反歧视原则辩护",《哈佛法律评论》,第90卷(1976),第1页,麦克留德,《反歧视法》,第3页。

著名的回答。① 对罗尔斯来说,这种区分是道德上必要的。从道德观点看,究竟什么是任意的呢?一个人的各种出身因素最清晰地反映了这一点。通常我们想到用种族、阶层与性别来说明这一点。谁是你的父母这个问题,从道德上看是任意的;没有人理当就有一个富有或贫穷的父母,或特定种族的父母。同样地,你所拥有的特定的性别染色体按照道德观点看也是任意的。所有这些因素的出现都有一个共同点,即它们都是偶然性的结果——罗尔斯称之为个人不能选择的"运气的任意性"。这在逻辑上意味着,根据种族、阶层和性别这样的分类来划分"任意"歧视的界线都是这种"运气的任意性"的结果。②

当我们聚焦于警察执法中富于争议的种族脸谱化问题时,地位平等与非歧视原则之间规范的差异就一目了然了。人们最熟悉的种族脸谱化的例子是警察阻止某些少数族裔驾车人的行为,仅仅是因为其种族背景招来的犯罪嫌疑。这样的种族脸谱化通常有强、弱两种类型:当警察仅仅因为他们的种族身份就阻止其驾车时,这是一种弱种族脸谱化;当警察因为多种原因包括他们的种族因素而阻止其驾车时,这是强种族脸谱化。例如,一位警官阻止一个黑人驾车者可能部分是因为他或她的种

---

① 罗尔斯,《正义论》,第72—74页。
② 我这里不准备对罗尔斯和反歧视原则提供详尽的批评,因为我的主要兴趣在于比较反歧视原则与地位平等原则(罗尔斯的观点会在下一章得到详尽的审视)。但应当注意,其他人已经对反歧视原则提出了一些相关的重要批评。例如,女权主义者就质疑,在两性社会里,对任意与正当差别对待的区分通常假定了男性的标准。这也成功地挑战了罗尔斯的主题,即正当的差别对待能够追溯至个人选择与个人责任。例如,当大量妊娠能够追溯至妇女所作的个人选择时,对怀孕妇女的歧视仍是不公平的。法律通常也承认这一点,但保护妇女的法律措施往往代表着一种特殊对待,这一事实显示男人的经历被设定为正常,而对正常的偏离就是异常,即使只有多数妇女而不是男人才会在她们的一生中有怀孕的经历。另外一些批评者更有力地指向了另一个触及背景公平的原则性缺陷。这个缺陷就是,当逻辑结论中要考虑到初始位置的天赋丧失和社会偶然性时,任何依赖这一观念的机会平等模式都难以与一种结果平等的理论相区别。其理由就是从某种标准看,任何特定的个体之间的差异,包括天赋、技能和努力程度等,都是偶然性因素。因此,布恩·白瑞总结道,"因为任何本质上不能区分而导致不同结果的因素都是……道德上任意的,我们就能简化掉平等机会观念中相关的平等方面而得到简单的结果平等观念"。见布恩·白瑞,"平等机会与道德任意性",诺曼·布瓦编辑,《平等机会》(博尔德:韦斯特维尤,1988),第31页。

族,但还包括警官对其不规则驾驶的判断。在美国,对警察停止使用种族界线的关注一直都置于最强的公共监督之下,但在加拿大和英国它仍然是一个真正的问题。

有关种族脸谱化的争议,借用兰德尔·肯尼迪洞察入微的话来说,在于警察可以在何种程度上把"一个人所属的种族作为判断其犯罪可能性的指征",[①]指征一词有意抓住了一点,即警察阻止黑人驾车者的比例远大于白人驾车者,他们不是因为他或她的种族就去阻止,而是因为其种族与另外一些特征相联系——即被观察到的犯罪倾向的危险性。在美国确实有这样的背景关联,与总人口的百分比相联系,年轻黑人在多数统计分析中被观察到有更多的犯罪行为。关键在于警察对这种指征的使用显示了相当的合理性。确实,肯尼迪在他对最近的美国判例法的调查中发现,"法庭一直在为警察使用种族脸谱的判断方法作辩护,在其他事情中,这样的策略也真实存在"。[②] 加拿大法庭也同样没有强烈质疑种族脸谱的记录。[③]

种族脸谱化对平等主义者来说在道德上是难以接受的,且法庭的记录令人沮丧,因此将其置于反歧视原则之下导致了对警察使用这一方法正当性的强烈质疑。为警察使用种族脸谱方法而辩护的人,尤其是强种族脸谱行为,通常都承认那是一种差别对待行为,但却坚持它是正当的,因为对种族指征的应用有其统计学基础。[④] 正如杰菲·戈德伯格(Jeffrey Goldberg)已提出的那样:"在巡逻的一线警察看来,种族脸谱化并非是种族主义的,它是一种手段——警察们根本不想放弃它"。[⑤] 反歧

[①] 兰德尔·肯尼迪,《种族,犯罪与法律》(纽约:万神出版社,1997),第137页。
[②] 肯尼迪,《种族,犯罪与法律》,第148页。
[③] 见苏吉·乔曼里,面临恐怖时捍卫平等:民族和种族形象与宪章第15条,见罗纳德·J.丹尼尔斯、帕特里克·麦克勒姆,罗奇·肯特编辑,《自由的保障:论加拿大反恐法案》(多伦多:多伦多大学出版社,2001)。
[④] 有一些新的成功的经验证据质疑种族脸谱的有效性,见大卫·A.哈里斯,《不公正的形象:为什么种族脸谱不起作用》(纽约:自由出版社,2002),第75—87页。
[⑤] 杰菲·戈德伯格,"可疑的肤色",《纽约时报杂志》(1999年6月20日),第51页。

视原则高度重视这种理由,并且认定美国和加拿大法庭有关种族脸谱化的脆弱记录揭示出这一原则对判决所具有的影响。

地位平等原则对警察使用种族脸谱化则有十分不同的观点。根据这一原则,警方对种族指征的依赖基本上是一个地位问题。允许种族指征意味着在刑事调查中,根据个人所属种族将他们归入不同的位置。换句话说,个人没有以同等的初始位置享有公平的竞争环境,一些人仅因为其种族身份一开始就落于他人之后。由于种族脸谱化实际上给一些人带来不平等,因此它被地位平等原则所禁止。这样,在三维模式中,地位平等就是一个恰当的背景公平的原则,警务行动中将禁止使用种族指征的手段。这将不需要像一些法庭所做的那样,为了按照反歧视原则所要求的方式来判断那种手段是否构成合理的差别对待,而去关注它的效力或效率。相应的结果就是地位平等原则根据所处地位划出了一条清晰的界线,种族脸谱化之类的警察行为则逾越了它。

第五节 风险公平

风险公平与背景公平和程序公平不同,它全神贯注于对竞争结果的调控。此前我已指出,三维模式的突出特征是它涉及风险公平。实际上,风险公平在各种机会平等模式中一直被低估了,它往往处在一些因关涉公民社会的不平等而引发的调控问题的核心。但应该承认,风险公平概念具有与其他社会正义理论相同的某些特征。

风险公平有两个方面的内容贯穿于三维模式——关注个人竞争中风险的实际内容和程度,以及关注如何限制一场竞争的结果对另一场竞争的影响。关注一个人在竞争中风险的实际内容和程度,这是风险公平的核心思想。请回想一下本章第二节,我是将其作为机会平等中公平的一个维度加以介绍的,我使用了职业拳击赛的类比,其中职业拳击手分享奖金是一个通则,赢者与输者的差别只在于分配奖金的比例。该例子表达了这样的见解：在竞争性机会中，赢者拿走全部奖金很难是公平的。① 这一基本见解确定了风险公平在三维模式中的作用。此后几章诉诸于风险公平，揭示它主要是一种调控设计，相比简单地让赢家通吃的计划，它要求竞争中风险奖金有更大范围的分配。

限制一种结果或利益、着眼于扩大分配范围一直是现代经济学和政治哲学的一个重要主题，尽管这一点此前在机会平等理论中没有得到充分发展。一些最为人熟知的福利经济学，如帕累托最优和卡尔多—希克斯规则显然都是这一主题的反映。对这一主题最重要的哲学表达则是由罗尔斯作出的。罗尔斯作为公平的正义理论是他以如下方式阐明的更一般的正义观的特例：

> "所有的社会价值——自由与机会、收入与财富、自尊的社会基础都应当平等分配，除非对这些价值的全部或部分不平等分配有利于改善每个人的利益。"②

正义的这个一般观念有一层清晰的含义，即它阐明了一个可能的风险公平原则。其主要思想，如罗尔斯所言，就是"不能使所有人都得利的不平等就是不公平"，③但这一思想作为竞争性机会平等中的风险公平的标准是大有问题的。如同我在本章开始所注意到的，竞争必有输赢，这是机会平等的竞争模式的构成性特征。试想一种奥林匹克运动竞技如花样

---

① 另一个基于有争议性公共问题的类比也许对明白风险公平有所帮助。想想反对死刑的情况。一些反对死刑的人认为国家有权处死某人是一个明显的错误，而另外一些反对者表示从效果上看，死刑是错上加错并非正途。然而，在一般公众中，最常提到的保留死刑的理由涉及不恰当的定罪。这里所提到的两种观点都没能完全抓住有关保留死刑的不当定罪，它们都坚信死刑在任何情况下都是错误的。死刑从风险公平的角度看，是现代法律制度里国家与被告之间竞争性审讯机制下的一种罪名，与之相关的问题是死刑是否使这一竞争中的风险过高。不难想象为什么许多人会一致同意，当死刑存在时，如此明显的高（不公平）风险是多么不恰当的定罪。直接了当地说，死刑就是赢者通吃。
② 罗尔斯，《正义论》修订版（剑桥，麻省：哈佛大学出版社，1999），第54页。原文与最初1971年的版本不同时我参照最新的版本。
③ 同上，第54页。

滑冰,奖品是大家所熟知的:金牌、银牌和铜牌。三种水平的奖牌决定了比赢者通吃更宽泛的分配。这种竞争结果符合人们广泛认同的风险公平的观念,尽管结果的不平等没有使所有人受益。①

这个在竞争性机会平等模式中充当风险公平原则的一般正义观念还存在着一个更尖锐的问题。在本章第二节,我提到这种竞争并不预定输赢或结果。在机会平等的竞争模式中,获胜者是一套公平规则起作用的结果。如果获胜者不是理想的类型,为了产生有利这一结果的变化而提议改变规则就是不正当的。如果规则公平,结果也必定公平。任何风险公平必须尊重这个一般性框架。然而,这就给罗尔斯的一般正义观造成了一个严重的困难,因为这一观念很清楚地预设了一个公平的结果:其底线是平等,只有对每个人有利时,偏离底线才是允许的。② 规则应该用来影响这种结果,如果没有产生这一结果,就应加以改变。但那样就产生适洽性问题。风险公平要求特定类型的原则,而罗尔斯正义的一般观念似乎不适合那种类型。

罗尔斯本人的公平正义论提出了如下两个原则:

(1)每一个人对充分设计的平等的基本自由体系都享有不可剥夺的同等权利,这一体系与对所有人的同样的自由体系相容;并且,

(2)社会与经济的不平等应满足两个条件:第一,它们应依系于职务和地位在公平的机会平等的条件下向所有人开放;第二,它们

---

① 有可能可以设想每个人都受益的某些情形,但这样的设想违背我们的常识。罗尔斯在他的著作中始终强调常识的作用。见《作为公平的正义:重述》(剑桥,麻省:哈佛大学出版社,2001),第505页。
② 这类似于罗尔斯对功利主义的观察:"功利主义作为一种纯粹程序正义方案并不干预基本结构,因为无论如何,原则上功利主义有判断分配的独立标准,即是否产生满足的最大值。"见《正义论》,第89页。他在第79页也写道:"差别原则,严格说来,是一个最大化原则"。我这里所留意到的结构上的相似性是很久以前罗伯特·诺齐克在讨论正义的终极原则时所关注到的,见《无政府、国家与乌托邦》(纽约:贝斯科书屋,1974),第153—155页。

应最有利于社会中的最少受惠者(差别原则)。①

虽然罗尔斯将"作为公平的正义"表述为一般正义观的特例,但他强调这个一般观念的某些方面是有问题的,尤其是它允许存在比正义所许可的(根据他的观点)更多的不平等,而这两个原则纠正了这一错误。罗尔斯解释道:

> 正义的一般观念对何种不平等没有施加限制;它仅仅要求每个人的地位得以提高。我们不必设想任何如此极端的情况以至于可同意奴隶制。代之以设想人们似乎愿意将相当大的经济回报置于某些政治权利之前,这种交换被两个原则所排除;安排在连贯秩序中的人们不允许基本自由与经济、社会所获之间的交换,除非它可以减轻处罚。②

这对风险公平意味着什么呢?罗尔斯区分差别原则与正义的一般观念这个事实提出了一种可能,即前者可以说是一种合理的风险公平原则,而后者不是。

的确,也许有人试图把罗尔斯的第二个正义原则描述为我在本章中所介绍的三维机会平等模式,尽管我还不知道是否有人如此做过。毕竟,第二个原则的第一部分——公平的机会平等——涉及程序公平和背景公平,而第二部分——差别原则——可以说涉及风险公平。这是对罗尔斯的合理解读吗?

回答是否定的,让我给出两点理由加以解释。第一,尽管罗尔斯把公平的机会平等和差别原则的结合标榜为"民主的平等",但他坚持差别原则作为公平的标准独立于机会平等,而根据任何变种的三维模式,风

---

① 罗尔斯,《作为公平的正义》,第42—43页。罗尔斯从各个方面修正了这两个原则。这里我使用了最新的表述。试比较罗尔斯的表述,《政治自由主义》第5—6页(这里也包括所提及的"平等的政治自由"的公平价值)与最初在《正义论》中的表述,第302—303页,也见《正义论》修订本,第266—267页(此处对文中所引两个原则有更详尽的说明。)
② 罗尔斯,《正义论》修订版,第55页。

险公平都属于机会平等范畴。① 对罗尔斯而言,作为公平正义的两个原则及其构成部分意在前后配合且反映自由与平等两种不同的价值,在第二个原则部分,他设想公平的机会平等与差别原则在不同方向上起作用。② 罗尔斯认为对公平的机会平等的违背源自机会的不平等。对他而言,问题是这种违背在什么情况下是正当的。差别原则只承认一种违背是正当的:"一种机会不平等必须增多拥有较少机会者的机会"。③ 请注意,差别原则的基本作用因此就是为机会不平等提供正当理由。这与三维模式中风险公平的基本作用形成了对比,后者认同平等机会所要求的调控维度。

  第二个理由是,差别原则不适宜充当风险公平所要求的原则。我先前强调风险公平的任何原则必须尊重如下的基本框架:坚持如果规则公平,则结果一定公平。我认为正义的一般观念并没有满足这一要求。然而连罗尔斯本人也注意到,差别原则具有和一般观念同样的形式。"事实上,"罗尔斯写道,"一般观念正是差别原则,它适用于包括自由与机会在内的所有的基本善,且不再受其他部分特殊观念的限制"。④ 那么这同一条反对理由对此适用吗?我认为是,但应当承认这个问题比较复杂。罗尔斯一般通常将公平的正义描述为纯粹程序正义的情况,其中"纯粹程序正义的基本特征是,何谓正义由程序的结果说明,无论结果如何。根本没有优先和既定的标准来检验结果"。⑤ 如果作为公平正义两个原则的所有组成部分都是纯粹程序正义的反映,那么,差别原则似乎相当

---

① 这里的整个讨论中,差别原则仅指作为公平正义原则的第二个原则的第二部分。这与罗尔斯现在所强调的一致。见《作为公平的正义》,第433页,及《正义论》修订版,第72页。
② 其原因也许很好地反映了,德里克·帕菲特所凸显的,平等原则与反映赋予较少受惠者优先权的诸原则之间的紧张关系。见"平等和优先权",梅森编辑,《平等的理想》。
③ 罗尔斯,《正义论》,第303页。罗尔斯写道,"对公平的平等机会的违背不能藉由其他人或整个社会能够得到更大的利益而被正当化",第302页。这一句在《正义论》修订版中被删除,第265页。
④ 罗尔斯,《正义论》,第83页。
⑤ 罗尔斯,《政治自由主义》,平装本(纽约:哥伦比亚大学出版社,1996),第73页。

适用于风险公平。可是,罗尔斯却利用纯粹程序正义来刻画公平的机会平等①与原初状态②(遗憾的是,罗尔斯对此没有清醒的认识③)。我相信这是对其观点相当可靠的解释。因此,罗尔斯将差别原则视为一种纯粹程序正义是可疑的。实际上,差别原则只不过体现了一种更受限制的一般正义观。因此,尽管风险公平和罗尔斯的差别原则关注同样的问题,但后者不能解释为风险公平的原则。

在本节开始,我提到风险公平主要包括两个方面:第一,关注在一场确定的竞争中风险有多大;第二,关注限制一场竞争对另一场竞争的影响。至于风险公平的第二个方面,其基本思想是:在公民社会里赢得或失掉一个竞争机会不应影响一个人竞争另一个机会的前景。例如,经济成功不应转化成更好的教育前景,支付能力或任何其他类似的东西不应影响一个人所享有的教育机会。在许多方面,风险公平的这个方面模糊了它与背景公平的区分;实际上,这个问题也可描述为个人在竞争中的初始地位问题。但是,我使用风险公平的措词是因为我认为解决这个基本问题最有效的方法是调控任何给定竞争中的风险。

根据来自卢梭的基本见解,出于对财富的腐蚀性影响的关注,他建议"任何公民不得富裕到可以买得他人,也不可贫穷到被迫出卖自己"。④

风险公平的第二个方面与迈克尔·沃尔泽复合平等制度的观点有些类似。对沃尔泽来说:

> 复合平等意味着,公民在一个领域的身份或者涉及某种社会利益的身份,不能被他在另一领域或涉及其他利益的身份所削弱。这

---

① 罗尔斯在《正义论》修订本中写道"公平机会原则的作用在于确保合作体系是一个纯粹程序正义的体系",第76页。这一句对最初的表述有细微的修改,《正义论》,第87页。
② 这一点特别明显,见《政治自由主义》,平装本,第72—74页。
③ 布莱恩·白瑞清晰地说明了这一点,《正义理论》(伯克利:加利福尼亚大学出版社,1989),第265—268页,307—319页。
④ 卢梭,《社会契约论》,第二卷,第十一章,《真正的卢梭》,洛厄尔·拜尔译(纽约:门特图书,1974),第45页。

样,公民 X 或许胜过公民 Y 而被选中担任某种政治职务,他们两人在政治领域将会是不平等的。但只要 X 的职务在任何其他领域根本没有给予他超越 Y 之上的优惠——譬如更好的医疗服务、子女更好的教育机会、更多的创业机会等,他们大体上就是平等的。①

尽管沃尔泽复合平等的观点令人瞩目,但质疑者已经要求他更精确地解释正义各不同领域的边界所在。而且几乎没有人被他的下述主张所打动,即,不同善的社会意义能指引我们辨别这些领域的性质及其边界。说到底,如沃尔泽本人所乐意承认的,②他的方法侧重于界限重叠领域的不公平而忽略了有关竞争领域的结果的公平,而后者——此前提到的风险公平的第二个方面——恰恰是风险公平的核心。

与二维模型相比,三维模型中所增加的风险公平维度使其能够更全面地阐明机会平等。作为比较,现在让我们来看看由约翰·罗默所发展的机会平等理论。正如本章开始所注意到的,罗默属于那些重新对机会平等感兴趣的平等主义者之一。罗默的理论与我所提出的三维模式有某些重要的共同点。我们一致认为机会平等应该从公平竞争的角度着手,也都同意它并非是关于公平份额的完整见解,而是能应用于不同社会生活领域的一种理想。③ 此外,罗默对区分机会平等与英才机制的重要性十分敏感。④ 然而,罗默将责任观念置于他理论的核心,而我则认为它与机会平等概念的关系不大。不过我们之间最基本的差别在于罗默的机会平等理论是二维的,而我持三维观点,罗默理论的弱点正根源于他忽视了公平的第三个维度。

前面我用拳击比赛的类比解释了区分程序公平、风险公平和背景公

---

① 瓦尔泽,《正义诸领域》,第 19 页。
② 瓦尔泽区分了他的复合平等观点与多数政治哲学家所关注的单一领域平等问题,《正义诸领域》,第 16—17 页。
③ 罗默,《机会平等》,第 3 页。
④ 同上,第 16 页,第 84—85 页。

平的重要性。虽然罗默在其理论阐述中没有提到拳击比赛,但拳击比赛也能用来解释他的主要理论。回想一下,拳击手按照其体重分类,比赛包括成对的相同级别的选手。依我看来,这一做法有益于说明背景公平的潜在作用,但它对认识应该支配平等机会的背景公平的确切原则贡献甚少。对拳击比赛的做法,罗默似乎找到了一些实质性的真知灼见,他设想将全部相关人员分为不同类型,类似于拳击赛中的体重分类,比如轻量级和重量级。决定一个人成为特定类型人群的成员资格的是他或她的"能力",这是罗默的专门用语,意思是将环境因素转化为成就的嗜好。[①] 一个人的环境能理解为这样一些因素,如他或她的性别、家庭背景、文化及超出其控制的一般社会环境等(能力在用于确认一个人的类型时,具有像体重决定拳击手级别一样的功能),能力与"努力"相对,后者对罗默而言代表着个人可以控制的因素。根据个人能力对其分类意味着,在完善的竞争条件下,任何成就方面的差别都可归结为个人所付出努力的差别。罗默如此解释道:

> 我们将看到,很有可能,在每一类型中努力水平的分布状态……每个人都有其分布位置,但通过解释,都可以归结为每个人所作努力的结果……在某种有待界定的平均意义上,机会平等政策应该使所有类型的成就平均化,但不是使各种类型内部的成就平均化,后一种成就按照努力水平而有所不同。[②]

回到拳击赛的类比,假设(反事实的)拳击赛中能力简单地充当体重的功能,那么同级别拳击手之间比赛的输赢应由其个人的努力决定,机会平等就会要求按照其个人所付出的努力而不是按体重分类来平等分配奖金。

罗默认为如何精确地使跨类别的优胜成绩相平等呢?

[①] 罗默,《机会平等》,第2页。
[②] 同上,第7页。

> 我建议跨类别的资源分配应这样选择,即从每个百分比值来看,所有成就水平属于努力程度同一百分比上的人,其所得也是相等的。如果这样的资源分配存在,我相信它就是机会平等的政策。①

这一建议就是说:假如你在所处类别中按努力水平属于80%之列,那么在其他类别中你成就的获益也应该和其他人一样占80%的比例。这个原则就是,你的收益取决于你的努力,而不是能力。"创造平等的竞争环境,"罗默宣称,"意味着要保证那些付出了同等努力程度的人也应有同等结果,而不必考虑他们的环境"。②

虽然罗默的机会平等理论在技术上的精巧令人钦佩,但它可能为其所设想的更宽泛的作为调节性理想的机会平等带来了压力。根据他的定义,投入分为努力或境遇。竞争成果被视为是所投入的努力的作用。但竞争的实质是结果往往还受到非投入因素的影响,而所有这些因素都有待界定。显然,一种竞争(如曲棍球)部分令人激动或兴奋之处就在于其结果难以预料,即使在所有的投入因素都被悉数知晓时。我们文化中部分令人印象深刻的黑马现象就反映了这一点,罗默的理论对预见竞争机会及有关决定胜负的动态力量没有什么效果。

这种思想贫乏状态根源于只关注背景公平和程序公平的二维向度。正如我们看到的,背景公平在本质上其实就是调节竞争中的起点位置或投入因素。但是当风险公平增添到平等机会的理论工具箱中时,它就能以更好反映结果的动态性和不可预测性的方式来设想对竞争的规范性调控,这些方式其实就是通过调控竞争中的风险,确保更宽范围的奖金分配,限制竞争者的输赢程度。

风险公平的增加使我们能够处理罗默理论所不能处理的竞争。③ 确切地说,罗默不允许跨类别的竞争,他的目标就是在每一类别中成就的

---

① 罗默,《机会平等》,第10页。
② 同上,第12页。
③ 这一要点,我归功于一位匿名评审者。

平等分配。但有时候,背景完全不同的竞争者进行竞争,反而格外扣人心弦,不是因为那些背景最有利者一定会赢,而是因为一场真正前途未卜的竞争,为黑马的出现提供了可能。我们看到托尼·莫里逊(Toni Morrison)获得了诺贝尔文学奖(第一个非裔美国妇女获此殊荣)。或者在美国普莱西德湖(Lake Placid)1980年冬季奥运会上,美国冰球队击败苏联队获得金牌。这些结果令人鼓舞,但它们也涉及,照罗默的话来说,跨类别的竞争。风险公平允许这种竞争并能调控其风险。

第六节 结论

本章从某些方面深入勾勒了作为调节性理想的机会平等三维模式。我认为相比一维或二维的机会平等观点,这种三维模式能更好地处理平等主义所关心的、公民社会中对稀缺资源和利益竞争的规范调控问题。我也力图消除对机会平等模式颇有影响的指责,即认为它引导人们不关心实质正义。我的观点是,通过增加背景公平和风险公平,机会平等理论就不再流于形式而转变为可以应对公民社会中种族、阶层和性别等实质性不平等的理论。下一章,我将用这种三维模式进一步说明,为什么说机会平等扩大了自然不平等的指责同样源于某种错误。

第三章 平等机会：与自然不平等无关①

第一节 导论

在前一章我提到平等主义针对一般的机会平等概念提出了富有影响的两种反对意见。第一种观点是我首先陈述三维模式时的主要关注对象，它坚持机会平等没有充分体现平等正义的要求，因为它仅仅对实质正义作了空洞和形式上的承诺。第二种反对观点谴责机会平等奠基于并扩大了人们之间的自然不平等，因此，它并非是对平等正义理论的真实阐述。第二种观点折服了如此多的现代自由主义平等者，以至于他们都放弃了机会平等的理念。② 在1967年约翰·沙尔（John Schaar）非常有影响的批评中，机会平等"其实是要求一种变得不平等的平等权利和机会……它如此安排社会条件以至于每个人能够上升到按其自然能

---

① Natural Inequalities 中的 natural 包括汉语"自然的"、"天生的"等涵义，本章表述的 Natural Inequalities 是指非社会性构成的不平等，为了与社会的不平等相对应，我们译为自然不平等。本书作者认为平等与否是社会规则作用的结果，所以 Natural Inequalities 是一个错误的用语。——译者注。
② 虽然这里我重点针对的是这种反对意见的最新版本，但它实际上有长久的渊源。例如，R. H. 托尼就接受这种观点，《平等》[1931]（伦敦：恩文，1964年第4版），第105—106页。

力所允许的高度。"①类似地,罗纳德·德沃金也指责机会平等是一个欺骗性的理想,"因为在市场经济中,那些对他人需要贡献甚少的人没有平等机会"。② 然而,最有杀伤力的反对来自罗尔斯1971年的著作《正义论》。按照罗尔斯的观点:

> 机会平等意味着这样一种平等机会,它让运气不佳者在追求个人影响力和社会地位方面落后……直觉上它还是有缺陷的。首先,即使它能够完美地消除社会偶然性的影响,它仍然允许财富与收入的分配由能力与才能的自然分配来决定。在背景安排允许的限度内,分配的份额由自然抓阄(natural lottery)的结果决定,而从道德观点看,这一结果是任意的。与历史和社会境遇相比,没有更多理由允许财富与收入的分配由自然资质的分配来决定。③

对我们来说,值得注意的是,罗尔斯的批评(此后我将称其为"对机会平等的罗尔斯式反对")源于两个鲜明的论断。最主要的论断是假定存在着天生的不平等,即人们之间在天赋、才能和能力方面的差异在社会制度与实践的影响之外而形成天生的不平等。第二个论断是,这些差异分布如此特殊,以至于个人的某些天赋(natural endowments)优势不会被在其他天赋方面相比其他人的劣势而抵消。正是这两个假设合在一起,才为罗尔斯式的反对提供了正当理由,即,产生于任何机会平等方案的不平等都是不公平的。

针对罗尔斯"机会平等扩大和增加了自然不平等"这一反对意见,多数主流讨论和回应都信以为真地接受了。例如,社会学家和经济学家十分深入地探究、比较了所谓才能与能力上的自然不平等与其他因素(像

---

① 约翰·沙尔"机会平等及其超越",见J. 罗兰·彭诺克和J. W. 查普曼编辑,《规则指南:平等》(纽约:阿瑟顿出版社,1967),第238页,第233页。
② 罗纳德·德沃金,《原则问题》(剑桥,麻省:哈佛大学出版社,1985),第207页。
③ 罗尔斯,《正义论》(剑桥,麻省:哈佛大学出版社,1971),第73—74页,第106—107页。罗尔斯在1999年的修订版中没有修改这一段及其相关段落。

遗产和机会)在导致经济不平等中所起的作用,往往推论后者在导致经济不平等中具有更大的作用。① 在另外那些最近复兴机会平等哲学理论的平等主义者中,如罗默、阿尼森等,他们所给出的机会平等范围更是处在罗尔斯式的反对观点的阴影之下。他们这样建构他们所拥护的机会平等理论,即,任何个人所得都是独立于个人特有天赋或技能之外的因素起作用的结果。其口号是他们的理论追求敏于抱负(ambition-sensitive)、钝于天赋(endowment-insensitive)的分配。②

我认为这些平等机会的捍卫者对罗尔斯式的反对让步太多。本章的目的是阐明为什么这种对机会平等强有力的反对走入了歧途,我抨击罗尔斯的两个假设。如果其中任何一个成功了,那么对机会平等的罗尔斯式的反对也就失败了。我将证明,对机会平等的罗尔斯式的反对主要问题在于它依赖于其主要假设,即存在着才能、技能和其他天赋的自然不平等。③ 这一章的主题以及后续几章所立论的观点是:自然不平等,或罗尔斯有时称之为"天赋不平等"④的观念是一个虚构的神话,而一旦它被证明为是一种虚构的观念,罗尔斯式的反对就崩溃了。实质上,机会平等不能被指责为扩大或奠基于自然不平等,因为根本就不存在自然不平等。所有不平等都应被准确地理解为社会的不平等,平等主义正义理论应义不容辞地承认这一事实。对自然不平等观点的拒斥毫无新意。大约在200年前,让·雅克·卢梭在其优美的散文中写道:"人与人之间的不平等常被当做天生的,而实际上是人们在社会中获得的习惯和各种生活方式的结果。"⑤我所惊奇的是,在回应罗尔斯式的反对时,捍卫机会

---

① 例如,参见拉斯·奥斯伯格(Lars Osberg)的出色研究,《美国的经济不平等》(阿蒙克,纽约:M. E. 夏佩尔出版社,1984)。
② 这一口号来自罗纳德·德沃金的"什么是平等? 第二部分:资源平等",《哲学与公共事务》,第10卷(1981),第311页。
③ 这一章中我所使用的概念,如才能、技能和天赋在一定程度上可以互换。
④ 罗尔斯,《正义论》,第100页。
⑤ 卢梭,《论不平等的起源》[1754],《真正的卢梭》,洛尔尔·拜尔译(纽约:门特图书,1974年重印),第170页。

平等概念的平等主义辩护者一直没有指出这一点。

最终,这一章里我的目标是提出一种平等主义的平等机会理论,它的存在毋需关注自然不平等的阴影。而罗尔斯为回应这种关注,在第二个正义原则的差别原则中增加了公平的机会平等,而我则竭力要求平等主义者质疑自然不平等这个观念本身。相应地,我要表明所有的不平等都是社会安排(social design)的结果,因此都可以受三维模式的调控。

第二节 假想的自然不平等

假想并断定人们之间存在着显著的自然不平等,一直是自柏拉图以来政治思想史的一个重要论题。其主要观点是,有些人在一些事情上(比如说体能或智力)有高得多的天赋,这些差别形成一种不受社会制度和实践调节的不平等。除了卢梭,这一假想在政治思想史上令人惊奇地几乎未受到多数人的审视,①反而一直被各种政治哲学家以不同方式用来为特殊的制度安排正名,包括从知识精英的独裁统治到部分旨在消除"权力"与"权利"混同的有限政府。不过,这一章重在关注对机会平等概念进行平等主义批判时使用这一假想的方法。

恰如我在此章开始所注意到的,罗尔斯在著名的《正义论》中提出,人们能力与才能的分配像是自然抓阄,而当收入与财富的份额是这种抓阄的结果时,"这一结果从道德观点看是任意的"。② 在他看来,"没有一个人能说他的较高天赋或更有利的社会起点是他应得的……那些得天独厚的人,无论是谁,只能在改善那些不利者状况的条件下从其幸运中得利。"③

自然抓阄的观点本身并不等于自然不平等的假设。其实该观念只是承认人与人之间存在着难以置信的自然多样性。而对罗尔斯来说,

---

① 托马斯·霍布斯对自然不平等也有一些怀疑。
② 罗尔斯,《正义论》,第74页。
③ 同上,第101—102页。

"自然不平等"(有时他也称为"天赋不平等"),也依赖于有关社会财富生产的理论。① 自然不平等在罗尔斯那里涉及一点,即那些在自然抓阄的分配中具有特殊才能和技能如高智商的人凭借其天性,与那些天赋较低的人相比更有益于社会财富的生产。相信自然不平等并不一定要承认只有特定的天赋如高智商才是生产社会财富的充分条件。② 其他的环境因素,如他人的偏好等,也是必需的。相信存在自然不平等也不与社会财富不应该按照对生产贡献的比例来分配的信念相冲突。的确,按照罗尔斯的描述,正义制度的部分任务就是部分矫正天生的不平等,虽然不是全部。③

我们知道,关于因才能和技能上的天生差异而带来的经济利益应当如何分配,罗尔斯提出了令人争议的观点,其观点的理论根据正是约翰·斯图尔特·密尔(John Stuart Mill)于1848年首次提出的一个区分:"财富生产规律其实是自然规律,它依赖于目标的属性;而分配方式则受特定条件支配,依赖于人们的意愿。"④密尔认为资本与财富生产之间的因果联系是自然而不可改变的,而人们之间财富的分配则是社会和政治选择的事情。与之类似,罗尔斯认为,"那些被自然所偏爱的人"相比那些运气不那么好的人更有能力对社会财富的生产作出贡献。但正义论的作用是决定什么是社会财富的公平分配。按他接下来的观点,社会中确有一些个人和群体幸运地更有才智,从而比其他人更有能力对社

---

① 罗尔斯,《正义论》,第100页。"自然不平等"现已成为同情罗尔斯的分析者之间的常用词。例如,托马斯·波格,《认识罗尔斯》(伊萨卡:康奈尔大学出版社,1989),第64页,威尔·金里卡,《当代政治哲学》(牛津:牛津大学出版社,1990),第57页。
② 在《作为公平的正义:一个重述》(剑桥,麻省:哈佛大学出版社,2001)里,罗尔斯对"天资"和"现实的才能和能力"进行了区分,"各种天资(天生智力和能力)并非是一成不变的自然资产与能力,它们仅仅是潜能而不能脱离社会条件",第56—57页。尽管罗尔斯不承认,但这一区分实质上对自由主义传统产生了重要影响,最为明显的是T. H. 霍布豪斯的著作。
③ 罗尔斯明确拒绝了对自然不平等的任何补偿,《正义论》,第101页。
④ 约翰·斯图亚特·密尔[1873],《自传》(印第安纳波利斯:鲍勃斯,美林,1957),第159—160页。

会财富的生产作出贡献。

罗尔斯另一个次要但却很关键的反对机会平等的判断是,人们之间特有的自然差异如此之大,以至于某些天赋优势不会因其相比于其他人的天赋劣势而被抵消。如果没有关于自然不平等分配的这一假定,罗尔斯对自然不平等的关注就难以形成对机会平等的强有力的反对,因为逻辑上有可能每个人从某些自然不平等中获益而从另外一些自然不平等中受损,在这种情况下,机会平等就不能被指责为扩大和奠基于自然不平等。

这一分析澄清了罗尔斯反对机会平等的推论基础。平等机会模式力图消除基于社会偶然性的任意分配,但忽视了自然抓阄的影响。然而,罗尔斯认为自然抓阄意味着每个具有不同天赋的人在给定的财富生产规律之下,一些人将比另外一些人更有能力促进生产而获得更多的财富和收入。由于忽视了自然抓阄的道德任意性,平等机会模式所允许的从自然抓阄而来的自然不平等得以确立和扩大,结果支持了平等机会其实不平等的看法。

第三节　自然不平等的神话

人们之间有着天生的不平等——罗尔斯的这个观念已成为声名卓著的知识遗产,但我认为自然不平等只不过是一个神话。自然不平等与社会不平等之间的根本差别在于它们的根源。社会不平等据说根源于社会制度与实践的作用,而自然不平等则是自然原因造成的。我坚持自然不平等是一个神话,就是说不平等根本就没有自然的起源。因此罗尔斯式对机会平等的反对是无效的。

为什么说根本就没有自然不平等呢?我所想到的论证类似于约翰·麦凯(John Mackie)①所表达的著名的"古怪论证"(argument from

---

① John Mackie(1917—1981),英国著名哲学家,提出了道德价值的错论理论("error theory" of moral values),主张并不存在客观的道德价值。见 Ethics: Inventing Right and Wrong 和 Ted Hondrich(ed), The Oxford Companion to Philosophy——译者注。

queerness),它旨在反对那些相信有客观价值的人。①（我在此并不是要同意麦凯关于道德的个人观点,而只是仿效他的论证风格）。实际上,无论人们天生有何种差别,但人为地将他们分为三六九等是令人奇怪的。所有的不平等都必定通过社会制度与实践的中介作用而形成,因此用我在本章第四节的措词来说,它们都是社会安排的结果,而非源于自然。如果有天生的不平等,那将会是一种奇怪和不正常的类型。当然,简单地断言那是不平等的象征并不凑效,它需要某种论证。我不否认有许多现象源于自然,只是认为它们不包括不平等。

我觉得基因差异最经常地被用来证明自然不平等。假如自然不平等不是一个神话,它们存在的最强有力的例子就是人类基因组成的多样性。让我们思考一下在日益扩展的人类基因组成研究中,人类所面临的如何认识基因干预人类生活的伦理问题。在《从机会到选择:遗传学与正义》这部影响深远的著作中,四位重要的美国哲学家——艾伦·布坎南（Allen Buchanan）、丹·布洛克（Dan Brock）、诺曼·丹尼尔（Norman Daniels）和丹尼尔·威克勒（Daniel Wikler）,问道:"在一个正义和人性的社会中,指导有关基因干预技术的公共政策和个人选择的最基本的道德原则是什么呢？"②这些作者认为,就认知功能来说,人们之间的基因差异造成了自然不平等。③像罗尔斯一样,这些不平等受到他们的关注是因为它们是"自然抓阄"的结果并且影响到一个人可能有的机会。几位作者探究的一种有趣做法是,使用基因干预技术来改变自然抓阄结果,换句话说就是,他们设想人们之间的自然不平等可以通过基因干预技术来减少。但最终,他们不赞同用该技术"消除所有天资方面的不平等"。④他们反而得出这样的结论:"一个合理的公共政策应该遵循保守

---

① 约翰·麦凯,《伦理学:虚构的对与错》(哈蒙德斯沃:企鹅出版社,1977),第38—42页。
② 艾伦·布坎南,丹·布洛克,诺曼·丹尼尔,丹尼尔·威克勒,《从机会到选择:遗传学与正义》(纽约:剑桥大学出版社,2000),第4页。
③ 布坎南等,《从机会到选择》,第17页,第63页。
④ 同上,第82页。

的态度,聚焦于努力避免明显的剥夺而不是努力去达致最大程度的天赋的平等分配。……实践中,这意味着一种超强的社会承诺,即使用基因干预技术的成就来防止和改善限制个人机会的最严重的障碍。"①

为什么基因差异导致了与社会不平等相对的自然不平等?这在《从机会到选择》中缺乏详细论述。真实的基因差异也许是天生的,但作者们所关心的不平等则根源于社会,而不是天生的。同理,性别差异也许的确是天生的,但没有人会认真地将对性别歧视问题的关注看成是一个与社会不平等相异的自然不平等问题;性别歧视根源于社会而不是自然。对于判断在什么时候一项基因差别可以视为是一项自然财富的问题,《从机会到选择》表现出惊人的敏感性;显然这涉及有关文化和历史的判断。② 然而,为什么他们还要设想用这种有问题的基因干预技术解决自然不平等而非社会不平等呢?

有一个例子或许有用,作者们感兴趣的这种基因干预技术的一个例子,就是用基因疗法去矫正胎儿的耳聋问题。四位作者指出:

> 我们主张,判断一个尚无能力替自己作决定的人(胎儿或儿童)是否该预防或修复失聪的恰当视角,就是一个理性人面临耳聋危险时的视角。或许设想这样一个世界是可能的,其中,理性人面临这样的选择时,将会选择耳聋,但我们的世界并非如此。为使这样的选择对多数人成为合理的选择,它要求庞大的社会资源再分配,甚至要求我们的生产模式和社会制度的激进重构,以便对大多数耳聋的人来说,他们作为聋人共同体成员所获得的利益超过因耳聋而带来的机会限制。③

这一论证我认为值得注意的是它开始表明,耳聋引发了社会不平等;耳

---

① 布坎南等,《从机会到选择》,第101—102页,第82页。
② 同上,第80—95页。
③ 同上,第282—283页。

聋的不利因素根源于社会制度与实践，而不是自然。而正是与耳聋相关联的社会不平等而不是某种神秘的自然不平等，才确保了这一结论的正确性，即防止儿童或胎儿耳聋的基因干预是正当的。

社会学早已确认了我有关不平等根源于社会的观点，尽管它还没有被平等主义政治哲学家所很好地发展。接下来，我将利用社会学中有关智商的丰富争论来进一步阐述并证实自然不平等是一个无中生有的神话。不过即使没有这补充的部分，罗尔斯有关自然不平等的论断仍然明显是成问题的。正如我前面所注意到的，罗尔斯追随密尔断言，在财富生产与某些天赋之间存在着自然的因果关系。但那反过来又依赖于一个令人难以置信的主张（尽管某些地方在历史上曾广泛信奉这个主张），即经济受自然规律而不是社会制度的支配。

我怀疑许多受"罗尔斯式反对"影响的平等主义者愿意承认大量所谓的自然不平等其实是社会的不平等，然而另一方面，他们又会坚持认为，在天赋、技能和才能方面的确还有某些核心或基本的自然不平等。而只要存在这些基本的自然不平等，就足以击败平等主义正义的机会平等概念。即使对自然不平等信念的这种辩护方式——从普遍的自然不平等转换到一系列基本或核心的不平等——唾手可得，它也还没有获得任何哲学上的深入阐述。① 这主要是因为罗尔斯"存在自然不平等"的主张没有得到细致的审察。

理解人们之间存在着一些基本或核心的自然不平等的主张的最好方式是什么呢？也许最系统的尝试能在世界卫生组织于1980年所采用的国际疾病分类中的分析残缺（disablement）的方法中找到。② 在分析

---

① G. A. 科恩在近些年的一系列谈话中，就我批判自然不平等是制度安排的观点有所回应，但我还没有找到正式的出版物。
② 我这里所描述的世卫组织有关残疾的划分法主要来自杰罗姆·E. 比肯巴赫，《身体残疾和社会政策》（多伦多：多伦多大学出版社，1993年），第二章。我的讨论省略了自1980年以来这一分类计划的复杂性及其后续且重要的精确定义。就我讨论的目的而言，它们都没有多少相关性。

身体残缺时,世界卫生组织区分了残损(impairment)、残疾(disability)和残障(handicap)。残损被定义为"任何心理、生理、解剖结构或功能上的丧失或变形"。① 眼睛损伤或视力功能的紊乱就是一例。残疾是指"任何完成某一行为的(源于损伤的)能力限制或缺乏,该行为要以对人来说是公认的正常方式或在正常范围内完成"。② 当目不能视是因为眼睛受到损伤时,它就是一种残疾。眼睛受损本身不是残疾,因为后者必须涉及一种行为(用眼看就是一种行为)。残障则是"源于受损或能力缺损而给既定个人造成的不利,它限制或阻碍个人完成对其来说是(取决于年龄、性别、社会和文化因素)正常的角色。"③在这个意义上,残障就是个人因残疾(比如说不能看东西)所承受的社会代价。现在就很清楚了,这种分类方案包含着这样的认识:残障的某个方面与社会不平等有关,残障的涵义仅限于此。残疾则要复杂些,它们似乎充满带有文化和社会相关性的指标比较的意味。不过,残损概念好像还是跟我所称被安排的不平等命题——在天赋、技能和才能方面还有某些核心或基本的自然不平等——具有对应的地方。例如,眼睛残损似乎就提供了一个相当纯粹的自然不平等的实例,它独立于任何包含在残疾或残障之中(社会建构的)的后果。如果这种残损观念是正确的,则我对自然不平等的批评就会被误导。

　　幸运的是(就我在本章中的论点而言),这种残损观能够被证明为是没有说服力的。困难在于任何意义上的残损都涉及某种与他人的比较。对缺失或异常的判断需要某种比较标准(例如,那些视力残损的人不会像其他人那样能看得见)。可是,这种标准的基础是什么呢?它要么是某种关于正常状态的社会共识,要么是某种基本的人类功能观。然而,这些方法中的任何一种都与残损意味着自然不平等的论断不一致。社

---

① 比肯巴赫,《身体残疾和社会政策》,第30页。
② 同上,第36页。
③ 同上,第48页。

会共识法显然以特定的社会制度与实践为前提。但使用人类基本功能观的方法也是如此吗？布坎南等人就采用这种方法，比如他们说："我们认为生理或精神受损是我们人类某方面的正常功能受到损伤。"①但他们此前是这样来解释人类功能的："具有正常竞争者所必需的特性，以便竞争所希望的社会地位。"②换言之，人类的功能构成必将随着社会的变化而变化，并依赖于对所期待地位和利益的竞争安排。

一个现实生活的例子或许有助于说明这一点。③ 设想一对聋女同性恋者计划拥有孩子。这对配偶享受了良好的教育并且完美地融入了华盛顿特区的聋人共同体，加拉德特大学——北美惟一为聋哑人设计的自由艺术大学就坐落在该区。这对配偶利用现在大量有关耳聋的基因知识来拥有生来就耳聋的孩子，这种行为合理吗？她们不是用这种知识来防止耳聋，反而是用于拥有一个耳聋的孩子。也许对我们多数人而言这一行动是不明智的。但是就这对配偶来说，拥有聋儿是她们适应其所属社区生活的一部分；对这些家长来说，小孩耳聋是一笔财富。尽管认为耳聋是一种残损似乎完全有道理，但这一事例却表明，作出这种判断就像证明自然不平等是社会不平等的对立面一样荒谬。④

尽管残损意味着自然不平等的陈述有相当明显的问题，但也许针对我对该陈述的批评，仍有一些挥之不去的怀疑。如何理解这些怀疑呢？我想最终为了充分认识到所有不平等都是社会性的，有必要明确这一点，即从根源上说，残损一般被曲解为存在于个人身上并主要是个人自身的问题。让我们进一步思考有关视觉残损和耳聋的例子。两者都被普遍认为是特殊个人的特征：某人有视觉缺陷或者耳聋。像玛莎·米露

---

① 比肯巴赫，《身体残疾和社会政策》，第 285 页。
② 布坎南等，《从机会到选择》，第 74 页，也见，第 127 页，重要补充。
③ 这个例子来自《华盛顿邮报》，2002 年 3 月 31 日，描述了一对聋哑夫妇故意利用遗传学知识来拥有两个耳聋幼儿。
④ 我这里的论点与安里塔·西尔弗斯所提出的相似，"有缺陷的代理：平等，差异与标准的暴政"，《社会哲学》，第 25 卷(1994)，第 162—163 页。

所表明的,这是一种在法律案件中对待他或她的普遍方式。① 法律问题变成了适用性问题:有残损的人适用于这一合理标准吗?不过,让我们设想一下从不同的视角来看待视觉残损或耳聋之类的现象。与将其视为存在于特定个体身上的问题相反,设想它是一个人们之间的关系问题。根据这种转换了的视角,在多数情况下,这种紧张关系存在于多数人与少数人之间。例如,在一间普通教室里,耳聋以及专门依靠手语的教学策略就很成问题,因为多数人似乎没有从这种策略中受益。在这种情况下,说问题来自特定的个人是具有欺骗性的,个体差异问题是一个关系问题。②

阿马蒂亚·森所提出的有关平等主义正义特性的重要洞见强化了这一观点。森批评多数有关平等的主流哲学作品都没有注意到人们之间基本差异这一重要方面。他批评的主要对象是罗尔斯的主张,即在思考社会生活的利益与负担分配时,个人的份额可以用罗尔斯所谓"基本的社会善"来衡量,这种善被理解为收入、基本自由等资源。在罗尔斯的著名陈述中,尽管人们的理性生活规划千差万别,但基本善就是所有这些规划在付诸实施时所需要的那些东西。③ 按照森的观点,质疑基本善及其他类似概念的相关的差异性是,

> 我们将资源转化为实际自由的能力方面的差异。这种差异与性别、年龄、遗传天赋和许多其他特征相关,它在我们即使拥有同等份额的基本善时,也会使我们获得自由的能力产生分别。我们必须研究人与人之间将基本善(更一般地说还有资源)转化为追求各种

---

① 玛莎·米露,《制造一切差异》(伊萨卡:康奈尔大学出版社,1990),第3章。
② 任何有关不平等的认真思考都将巩固这种残损观。平等与不平等本质上是一对关系概念,它们涉及必要的在人们之间进行关系比较的根据。但在这种情况下,自然不平等概念看来是被曲解了。平等主义的正义必然是比较性的,且依赖对人们进行居间比较的现存社会制度与实践。
③ 罗尔斯,《正义论》,第93页。

目标的相应能力的差异。①

考虑到这种多样性,森批评许多平等主义者只关注个体享有的特定利益和资源份额的"拜物教缺陷",并敦促他们从"关注基本善本身转向关注基本善给人带来的影响"。② 他认为重要的是基本善与人的关系问题。③

我同意 G. A. 科亨对森提出的批评,即虽然森正确地强调了人们之间的多样性和差异性,但他由此错误地断定,这种差异对平等主义正义惟一重要的就是追求目的和目标的能力方面。正如科亨所提出的:"基本善给人们带来什么或做什么并不等于人们能用它们做什么。"④不过,我认为森的论点还包含着森和科亨都没有意识到的更激进的涵义。森假定就基本善对人意味着什么而言,人与人之间重要的道德上的差异取决于人本身。但对于像森这样的平等主义者,这不可能是正确的。他十分正确地强调,差异的重要性在于人们是因为与他人比较才千差万别。但如果是这样,人们在基本善和资源转换方面的差异就会在关系方面意义重大。从逻辑上看,考虑到人们之间的差异性,另一部分被比较者将会影响到不平等的范围。因此,与其指明有某种天生的不平等,还不如说这正被讨论的不平等起源于社会制度与实践。

那为什么一些平等主义者还坚持认为个人对残损和其他差异的所有权具有道德意义呢? 最显而易见的答案就是:如果放弃这种所有权,则难以证明特定个体得到的有差别而有利的对待是正当的,⑤像惠及来自某些目标群体的个人的平权行动之类的计划似乎就不合理,因为这是

---

① 阿玛蒂亚·森,《不平等的再考察》(剑桥,麻省:哈佛大学出版社,1992),第85—87页。
② 阿玛蒂亚·森,《选择,福利与度量》(牛津:贝斯布莱克威尔,1982),第30页,第368页。
③ 同上,第366页。
④ G. A. 科亨,"论流行的平等主义正义",《伦理学》,第99卷,1989年,第944页。
⑤ 见比肯巴赫,《身体残疾和社会政策》,第234页。

关系性质的问题而非特定个体的问题。而我承认,我所建议的看待人们之间自然差别的关系视角要求我们重新思考平权法案之类的计划,这也正是我随后几章的任务,我将表明三维模式像大量其他追求平等的社会政策和民权策略一样,确实支持平权法案。①

第四节　人为安排的不平等:从智商争论得来的认识

坚持没有自然不平等的一个重要结果就是它允许这样一种可能性,即有了不同的社会制度与实践,相应的社会不平等也许就不存在。人为安排的不平等命题坚持不平等起源于社会环境的安排,从三维模式的角度看,这一点意义重大,因为它允许对那些社会环境安排的调整。

此前我曾指出,社会学家早已注意到人为安排的不平等命题,尤其是在有关智商的争论中,支持不平等是人为安排的人启发了我,使我在本章能挑战罗尔斯式对机会平等的反对。此外,正如我将表明的,有关智商的争论还催生了对罗尔斯所述自然抓阄造成个体差异的分配观念的一个重要挑战。

1994年,理查德·赫恩斯坦(Richard J. Herrnstein)和查理斯·莫瑞(Charles Murray)出版了《钟形曲线:美国人生活中的智力和阶层结

---

① 在桑德尔有名的对平等自由主义的社群主义批评脉络中包含着我所主张的这种变化,见《自由主义与正义的局限》(英国剑桥:剑桥大学出版社,1982)。与罗伯特·诺齐克在《无政府、国家与乌托邦》一书中所质疑的一样,桑德尔觉察并抓住了罗尔斯对差别原则的支持,它只允许当且仅当最少受惠者有利时的不平等,而它依赖于将天赋视为集体资产的观点。诺齐克批评这一概念违背了康德主义的个人尊严和尊重的价值,而桑德尔则坚持在天赋的个人所有者与天赋的集体或社群所有者之间进行选择时,罗尔斯承诺了后者,而这意味着先就预设了某种社群的主体间性的自我概念(第77—82页)。许多评论家都为罗尔斯辩护,争辩实际上罗尔斯没有否认个人对天资的所有,但也无人能够挑战诺齐克和桑德尔有关个人所有权与集体所有权之间的选择是一个两难选择的假定。另外一种观点认为天资从关系概念来看,就必定是社会性的,它根本不是一个所有权的问题。讽刺的是,我怀疑这种观点会巩固桑德尔对差别原则的社群主义解读。

构》一书,这使得有关智商的争论又重新活跃起来。按照作者的观点,钟形曲线"涉及人们、群体之间的智力差异以及这些差异对于美国的将来意味着什么"。① 他们预言,美国的未来已植根于现实社会,将来社会两极会对整个社会形态从而也对不属于任何一极的绝大多数公民产生引人注目的影响。这社会两极是:一方面,少数精英居于美国社会的顶端,他们无需在意父母的财产,读一流的大学,跨入最有声望的行业,拿高薪;而另一方面,一小部分人处于社会最底层,在他们中间,"贫困严重,毒品和犯罪蔓延,而传统家庭几乎消失殆尽"。② 社会两极日益疏离于社会主流之外,却又产生一个吊诡的后果,即社会大众觉察到他们的生活日益被各种措施和决定所塑造,这些由强势精英所制定的措施和决定意在防止他们"降级"为社会底层,也防止他们"升级"到精英阶层。赫恩斯坦和莫瑞预言了这样一个时期,到那时,"属于任何幸福社会核心的礼仪、相互尊重、彼此的义务这张脆弱之网将被撕得粉碎"。③ 他们认为,美国社会政策面临的紧迫挑战就是如何防止这种情况的发生;但要设计达到这一目标的社会政策,则有必要解释清楚美国社会这两个分离的部分。

《钟形曲线》的基本解释是,处于社会两极中的成员其实是"一般认知能力因素"或称"智力"④因素作用的结果。虽然他们似乎认为对"智力"的参照只限于解释多数人的社会和经济地位,但他们确实认为,精英阶层成员的测定才智(他们习惯上称为智商)高于95%的社会成员,而底层成员则属于5%以下的低智人群。⑤ 换言之,居于社会顶层的人士必

---

① 理查德·赫恩斯坦和查理斯·莫瑞,《钟形曲线:美国人生活中的智力和阶层结构》,平装版(纽约:自由出版社,1996),第21页。
② 同上,第22页。
③ 同上,第22页。
④ 同上,第22页。
⑤ 同上,第120—121页。

然具有高智商,处于底层者必然具有低智商。① 对赫恩斯坦和莫瑞来说,关键在于社会两极的成员原则上可由智商因素而非个人的种族、性别、性取向或父母的社会经济地位来解释。

  对于任何谙熟社会正义主要领域的当代政治哲学家而言,赫恩斯坦和莫瑞所作的让步必定会使像罗尔斯这样的平等自由主义者大吃一惊。正如在本章中我所强调的一样,对罗尔斯来说,个体之间能力和才能的分配类似自然抓阄,而当收入和财富份额的分配是自然抓阄的结果时,"这一结果从道德的观点看是任意的"。② 罗尔斯写道:"没有人能说他的更高天赋和更有利的社会起点是他应得的……那些先天有利的人,无论是谁,只有在改善不利者状况的条件下才可以从自己的好运中获利。"③ 其他一些紧随其后而又富于影响的自由平等主义者,如有名的罗纳德·德沃金,也一直持同样的观点,他说一种自由主义的"经济正义理论……要求人们不能仅仅因为拥有其他人都渴望的不同的天赋能力或者因为不同的偶然运气而获得与众不同的巨额财富"。④ 赫恩斯坦和莫瑞也以惊人相似的口吻写道:"智力超群的确是一种天赋,无人理当享有它。然而智力超群带来的金钱和社会回报一直在增长着,因为这个理由,它们容易被谴责为是不公平的。"⑤在他们看来,诸如智力之类的自然资质其实是一种残酷的运气,并且任何归因于这类天资的分配方案都不依赖应得的诉求。相比之下其他保守的社会政策分析者像内森·格雷泽

---

① 值得注意是,社会底层的那些人是由低智商所决定的观点与莫瑞在他的《消失的地平线》(纽约:贝斯科书屋,1984)一书中有关社会底层的表述不一致,而那本书号称是里根行政当局的圣经。该书使莫瑞一举成名,它围绕着假想的一对夫妇(哈罗德和菲莉丝)对现行福利法规的反应来展开其观点。莫瑞假想的这一对夫妇尽管处于社会底层,但有充分的理性能力和高智商。根据这一假定,莫瑞解释了为什么,特别是抚养未成年儿童家庭援助计划(AFDC)导致了穷人阶层中传统家庭单元的解体,而且这种方式使穷人的境况变得比计划实施前还糟。一般认为,这一观点对 1996 年最终废止 AFDC 的福利法律变革起了重要的推动作用。
② 罗尔斯,《正义论》,第 74 页。
③ 同上,第 101—102 页。
④ 德沃金,《原则问题》,第 207 页。
⑤ 赫恩斯坦和莫瑞,《钟形曲线》,第 442 页。

(Nathan Glazer)则一直坚持应得对任何合理的不平等的重要性。①

罗尔斯和赫恩斯坦、莫瑞之间的原则差别不在于智力等自然禀赋的分配是否是任意的,而在于这种分配的特殊的经济受益该如何分配。莫瑞在1996年版《钟形曲线》的后记中清楚地说明了对罗尔斯的这笔学术债,《钟形曲线》可视为对罗尔斯的一种回应:

"当我俩开始写作该书时,我们都认定它所提供的证据将更会受到政治左派而不是政治右派的欢迎。它依靠这样的逻辑:假如智力在决定一个人生活的好坏时起到了重要作用,且智力是经过个人无法控制的遗传和环境因素相结合的方式赋予个人的话,那么最明显的政治暗示就是,我们需要罗尔斯式的平等主义的政府,它补偿那些因不公平的天赋分配而造成的最不利者。我们谁都没有想到最明显的寓意正是这一点……但我们承认为此提供理由对我们来说是一种负担。"②

与罗尔斯强调经济分配应当"有利于最少受惠者"③不同,他们坚持核心既不在于知识精英,也不在于最底层,而在于"大多数美国人"。④ 与罗尔斯反对机会平等的理由相同,他们的论证也基于这样的观念,即存在着天生的不平等。例如,赫恩斯坦和莫瑞说:"包括智力的天赋的不平等是一个事实。试图佯装不知这种不平等的存在导致了灾难性后果"。⑤ 与罗尔斯不同,赫恩斯坦和莫瑞归咎于自然不平等观念的基本作用已广为人知,而且也招致了许多强烈批评《钟形曲线》者的反应。这些批评非常具有说服力且帮助深化了我所提出的对自然不平等的批评。

在《人为安排的不平等:揭穿钟形曲线的神话》一书中,克劳德·S. 费舍尔(Claude S. Fischer)等人对自然不平等的观点进行了最为系统深入的批评。其简要观点如下:

---

① 内森·格雷泽,《社会政策的限度》(剑桥,麻省:哈佛大学出版社,1989),第156—167页。
② 赫恩斯坦和莫瑞,《钟形曲线》,第554页。
③ 罗尔斯,《正义论》,第102页。
④ 赫恩斯坦和莫瑞,《钟形曲线》,第550页。
⑤ 同上,第551页。

我们不得不撰写本书以回应1994年出版的《钟形曲线》,那本喧嚣尘上的书最新阐述了一种在90年代赢得广泛信任的哲学:美国人之间在过去的四分之一世纪里日益扩大的不平等是不可避免的。由于人、市场以及现代社会的本性,美国人将必定因社会阶层和种族而产生越来越多的分化。我们拒绝这种哲学。它不仅道德上妄自尊大,而且还是没有科学根据的说教。研究表明"天性"既不决定美国社会中不平等的水平,也不决定哪些特定的美国人将享有特权或被剥夺权利;只有社会条件和国家政策才能做到这些。不平等在这种意义上说是被人为安排出来的。①

不平等是人为安排的观点不仅反对《钟形曲线》,而且还更广泛地挑战自然不平等的设想,从而也挑战了罗尔斯式的反对。

不平等是人为安排的核心观点颇为复杂,费舍尔等人以隐喻的方式区分了不平等设计中两个关键性的维度。让我们设想社会中财富或影响力的等级就像梯子。一个维度是为什么一些人最终处于更高的地位而另一些人则处于更低的地位。相信自然不平等的人认为天赋在决定个人最终地位时至少起了部分作用。另一个维度则是:"为什么一些社会有高而窄的梯子——从头到脚有巨大的差距,而且顶端逐渐变细以至于只有少数人能够跻身其列,而另外一些社会则有短而宽的梯子——从头到脚距离很小且让许多人都能跻身顶层。"②

《人为安排的不平等》的论点包括两点:(1)社会地位高与低的分配以及(2)地位差距之间的大小都是社会与政治制度结构及政策作用的结果。我早已指明,对于第二个维度的因果关联不存在争议。例如,赫恩斯坦和莫瑞就欣然承认不同的社会能够以不同的方式来构造阶层之梯,

---

① 克劳德·S.费舍尔,迈克尔·豪特,马丁·杰克斯凯,塞缪尔·卢卡斯,安·斯威德勒,金·沃斯,《人为安排的不平等:破解钟形曲线的神话》(普林斯顿:普林斯顿大学出版社,1996),第11页。
② 费舍尔等,《人为安排的不平等》,第7—8页。

他们的书就提供了以某种方式而非其他方式构造这种阶梯的观点。真正富于争议的是第一个维度的因果关联。

反对自然不平等观念的基本结构可以从《人为安排的不平等》一书的如下陈述中看出：

> 诉求于先天……甚至不能满意地回答首要的一个问题：为什么一些人占先而一些人落后？当然，天赋会有所帮助。高个、苗条、漂亮、健康、雄壮及白皮肤等都有助于你的成功，且这些特性是部分或全部由遗传所决定的。但这些特性之所以重要是因为社会使它们重要——例如，是社会决定美貌或白皙的皮肤能受益多少。比这些特性更重要的还是人们所成长和生活的社会环境。①

换言之，这种反对指出，所谓因拥有某些而非另外一些天赋而产生的好运其实并不是自然产生的，而毋宁是依赖于一个社会如何评价这些禀赋。因而，罗尔斯或其他一些人所描绘的在天资和才能方面的自然不平等事实上是社会的不平等。其逻辑是，判定优势所在需要一套评价机制，而所有这样的机制都是社会的，因此任何声称优势或劣势分配的不平等都必然是社会性的。而由于所假定的"自然"评价标准根本就不存在，因此也就不可能有自然的不平等。

《人为安排的不平等》一书有关种族与智商关系的阐述清楚地展示了对自然不平等观点的主要反对意见。费舍尔等人提出了这种富于煽动性的观点："一个族群的社会地位决定其智商而不是相反。"②如果该观点是正确的，它就瓦解了我所描述的钟形曲线的核心观点。费舍尔等人指出，作为其观点基础的解释是，"等级或身份地位较低的族群在智力测验中得分往往不佳，因为他们的地位导致社会经济剥夺、群体排斥和身

---

① 费舍尔等，《人为安排的不平等》，第9页。
② 同上，第173页。

份歧视,而这其中任何一项都可破坏他们在心理测量中的表现"。①

这个解释也适用于两个著名事例:一是上世纪20年代针对美国移民的智力测验,二是在不同国家的同一种族成员的智商差异。第一次世界大战期间和上世纪20年代,在刚开始广泛实行的智商测验中,一些著名的研究者,最为有名的是 H. H. 戈达德(H. H. Goddard),据说发现犹太移民智商非常低,回顾过去,这些结果令人惊讶,因为现在犹太人在智力测验中的表现比所有其他族群都要出色。这种不一致对赫恩斯坦和莫瑞这样的智商测验的拥护者似乎是个打击,虽然他们否认这与他们的论据有关。② 艾伦·瑞恩(Alan Ryan)在他的"现代启示录?"一文中评论道:"这意味着,要么有关的认识能力比赫恩斯坦所相信的变得快,要么我们对它们的评价比他所想的更不可信"。③ 斯蒂芬·杰·古尔德(Stephen Jay Gould)在《对人类的错误测验》一书中系统分析了戈达德和布里根(Brigham)的测验结果,试图表明,这些研究者远非是应用智商测验来发现犹太人移民的智商,而是假定这些移民有低智商,并为了使假设有效而设计和操纵测试。④ 费舍尔等在《人为安排的不平等》中则对这一著名事例给出了不同的解释。他认为上世纪20年代的智商测验结果是真实的,而不是像古尔德所声称的那样是伪造的。那么我们如何解释犹太人今非昔比的测验结果呢? 费舍尔们抓住犹太人今昔社会地位的差异来进行解释。在上世纪初和20年代,犹太移民贫穷、被隔离在某些特定的街区内、被剥夺了享用公共设施和进入公共机构的权利,甚至失去了就业权,受到严重歧视。尽管反犹主义在美国还没有消亡,但今非昔比。《人为安排的不平等》一书得出的结论是,犹太移民低下的社会地位解释了其智商测验的糟糕结果,而随着他们现在社会地位的提升,

---

① 费舍尔等,《人为安排的不平等》,第190页。
② 赫恩斯坦和莫瑞,《钟形曲线》,第5页。
③ 艾伦·瑞安,"现代启示录?"《纽约书评》,拉塞尔·雅各比重印,劳米·戈伯曼编辑,《有关钟形曲线的争论》(纽约:时代图书,1995)重印,第27页。
④ 古尔德,《对人类的错误测量》,第194—198页。

其测验结果也随之水涨船高。

这一结论也获得跨国比较的进一步支持。费舍尔们建议我们看看朝鲜人的情况。① 在美国的朝鲜人群体在智商测验中表现十分出色,远高于平均水平。他们的分数通常与日裔美国人不相上下。但反差巨大的是与在日本的朝鲜人的比较。在日本,朝鲜人的分数勉强达到平均水准。相关的差别在哪里呢? 在日本,朝鲜人的社会地位很低,子女往往只能送入隔离式学校,疏离于大多数日本人的子女。总的来说,他们在经济上处于劣势。这表明,与上世纪初从东欧来的犹太移民情况类似,在日朝鲜人智商测验中的低分数是其社会地位低下造成的。

现在我将讨论对《钟形曲线》众多批评中的另一个方面,以反击罗尔斯式反对的另一个关键论断——即,它断定人们之间特有的自然差异如此之大,以至于一些天赋优势不会被其相比于他人在另外一些天赋上的劣势所抵消。前文说过,无需假定个体差异,下述情况在逻辑上是可能的,即,每个人都可能因为某些天赋处于优势,也可能因缺少另一些天赋而处于劣势,在这种情况下,机会平等不能被视为是扩大了或奠基于自然不平等。

有关这方面的批评质疑智商测验就像赫恩斯坦和莫瑞所描述的那样来理解。这些批评者提出了总体上与我拒绝罗尔斯式反对的观点相关的两个主张:(1) 一个人的智商不能单以一个数字来衡量;(2) 钟形曲线不能揭示总人口的智商分布。

智商具有重要解释力的观点多源于这样的常识观察,即那些堪称聪明的人总是显得比另一些人更有才智。赫恩斯坦和莫瑞的《钟形曲线》正是从这种观察开始的:"智力一词描绘了某种事实,它在人与人之间千差万别,它和任何对人类状态的理解一样常见和古老。"② 对社会科学家

---

① 费舍尔等,《人为安排的不平等》,第 172 页。
② 赫恩斯坦和莫瑞,《钟形曲线》,第 1 页。

而言,困难在于将这种常识观转变为智力可以测量的观点。与此类似,多数人相信"爱"的存在而且人们都会深浅不一地相爱,"深坠爱河"之类的习语也说明了这一点。但大概我们多数人都会怀疑任何企图测量爱的貌似科学的方案。类似的道理也适于对智商概念的批评。

尽管赫恩斯坦和莫瑞承认,智力概念现在已经产生了一系列相互竞争的观念,但他们仍然坚持使用"古典传统"的心理测验学观念,该观念将智力视为单纯结构性的一般心智能力,而不是获得知识或处理信息的实质性能力①。他们效法心理测验学创始人查尔斯·斯皮尔曼(Charles Spearman),将这种单一的智力因素称为 g,并且视 g 为"推理和应用得自于经验的关系的一般能力"。②

一些富有影响的现代心理学家早已提出了其他不同的智力观。例如,霍华德·加德纳(Howard Gardner)就提出了多维智力模型,包括语言、音乐、逻辑与数学、空间、认识自然、人际交往、内省以及身体运动等多种智力。加德纳批评《钟形曲线》中的智力就像黑箱现象那样无需解释,且无视现代科学的发现。③ 对赫恩斯坦和莫瑞来说,g 是所有标准化测验都要测量的因素。其逻辑是,与加德纳模型所确立的像创造力之类独特的智力维度不同,g 似乎是所有标准化测试的共同焦点。他们由此得出结论:任何标准化测试中的分数在智力测验中都是有价值的。加德纳认为,这种对 g 的观念是一种"信念"行为,而非现代科学文献所支持的从前提推出结论的行为。

为何有人坚持将智力视为单一的人类能力呢?最明显的答案就是用单一的数字来测试和量化个人智力简易可行。智力的维度越多,对不

---

① 赫恩斯坦和莫瑞,《钟形曲线》,第 19—23 页。
② 同上,第 4 页。
③ 霍华德·加德纳,"学术的边缘政策",由雅各比和戈伯曼再版,《有关钟形曲线的争论》,第 64—65 页。

同个体智力的量化和分等就愈加困难。根据加德纳的观点,一旦我们认识到"我们之中不可能有两个人恰恰以同样的比例表现出同样的智力",我们就应该从智商转向"智力肖像"①。

智力是多维的且不能由单一数字来衡量的论断挑战了以下主张,即可以用钟形曲线来呈现给定人口中的智商分布。而在结构上,罗尔斯有关天赋分配的观点——用他的话来说就是"假定有一个自然资质的分配过程"②——类似于赫恩斯坦和莫瑞有关智商分布的观点,③但是该观点在面对类似批评时将同样会是脆弱的。如果我们承认自然差异是多维的,则罗尔斯所设想的自然抓阄的分配就再无可能。拯救罗尔斯观点的唯一方法就是确认:广泛多样的自然资质、天赋和个人差别有某种共同的自然价值基础。在经济和政治思想史上确实有过这样一些大胆的尝试——最著名的是劳动价值论——但现在人们普遍认为,在哲学上那样的尝试是误入歧途。④

第五节 有关自然和正义的另外两个问题

不存在自然不平等的观点应谨慎地区别于有关正义的另外两个重要问题。第一个问题涉及正义的范围。⑤ 当一个自然过程导致大灾难时

---

① 霍华德·加德纳,"谁有智力?",《大西洋月刊》(1999年2月号),第71页。
② 罗尔斯,《正义论》,第73页。
③ 讽刺的是,像我这里所做的一样,罗尔斯最知名的批评者之一,诺曼·丹尼尔斯很多年前就已指出,有关总人口中智商分布的命题起源于"一种精英和种族社会理论"。见"IQ,智商与可塑性",《哲学论坛》,第6卷(1974—1975),第64页。
④ G. A. 科亨最为清晰和简明地阐述了这一点,见"劳动价值论与剥削概念",《历史、劳动与自由》(牛津:牛津大学出版社,1988)。应该承认一些经济学家还信奉劳动价值论,但这似乎主要出自政治动机而无视其哲学和概念上的困难。我注意到看待自然不平等的罗尔斯式的观点来源于约翰·斯图亚特·密尔。密尔自己并不清楚他对劳动价值论的依赖——他追随李嘉图并非只有劳动才有价值的观点——但实际上,在他的政治经济学中价值的主要源泉就是劳动。(有关密尔这一方面的观点,我极大地受益于与我同事玛格丽特·莎白斯的讨论与通信)
⑤ 见托马斯·内格尔,"正义与自然",《牛津法学研究》,第17卷(1997),第303页。

它是不公正的吗？譬如，一场毁灭性的飓风是不公正的吗？或者说应该将正义限定在与社会制度和实践相关的范围内？这些问题引发了一系列相互竞争的答案。我拒绝自然不平等的观点并不表示在这一问题上我持有任何特定的立场。既然平等主义正义的主题只限定于不平等，因而它的范围在逻辑上并不包括自然领域。然而，坚持平等主义正义完全限定于其所说的正义范围却有违直觉。正义的主题显然不只有平等，自由和共同体无疑也是正义的基本价值。① 这些正义的其他价值为其范围扩展至自然领域提供了逻辑上的可能，即使平等价值并不支持这一点。

另一个问题还应谨慎地与我对自然不平等的批评区别开来，即正义的范围应限定在多大程度上来调节不幸或厄运。这里主要的观点是，不平等如果源于个人选择就是合理的，如果源于厄运则是不合理的。如我前一章所述，罗默和阿尼森都支持这种观点。这一观点清楚地建立了重新反思正义与自然关系的途径。② 自然通常被视为既定的、超出人类控制的存在，从逻辑上看，自然结果是幸与不幸的问题，而不是选择问题。而由于正义领域适用于厄运，因此自然灾害也包括在正义范围之内。

我再一次重申，我主张不存在自然不平等并不表明我在这一问题上持有任何特定的立场。我对自然不平等的关心与我在第二章所表达的对如下观点的怀疑论不相关，这一观点是：个人选择与控制总是判断正义与否的主要考虑因素。这种怀疑论部分源于当一个人控制某种行为或结果难以确定时的困难。但即使在个人采取某一行动或追求某个结果毫无争议时，我认为都会习惯性地产生有关不公正的平等问题。例如，一个妇女在多大程度上是有意怀孕的，与职场中对妇女的公平对待并无关系。

---

① 我已经讨论过这一点，见莱斯利·A. 雅各布，《政治的民主版本》（上马鞍河，新泽西：普任蒂出版社，1997）。
② 布坎南等，《从机会到选择》，第83页。

第六节　无关自然不平等的平等主义正义

本章的主要目标是通过揭示罗尔斯式反对的两个主要前提的错误,从中拯救一般的机会平等概念。对许多同情罗尔斯的人而言,本章的观点,特别是专门批评罗尔斯之相信自然不平等的观点似乎是奇怪的,因为罗尔斯作为公平的正义理论被广泛认为是对自然和社会不平等的挑战。如他自己所言,"正义理论必须调节公民之间源于社会初始地位、自然禀赋和历史偶然性的生活前景的不平等。"①其他的自由平等主义者如罗纳德·德沃金、威尔·金里卡和埃里克·拉科斯基(Eric Rakowski)都提出了关于平等主义正义的观点,试图表明他们的理论比罗尔斯作为公平的正义理论更好地处理了自然和社会不平等中的道德任意性。在罗尔斯的方法和我这里所捍卫的观点之间究竟有什么实质性差别呢?②

我们都十分熟知罗尔斯在《正义论》如下段落中所清晰表达的观点:

> (自然资质的)自然分配无所谓正义不正义,人降生于社会的某个特殊位置也说不上不正义。这些都只是自然的事实。正义或不正义取决于制度对待这些事实的方式。③

这段文字清楚地抓住了对机会平等的罗尔斯式反对的潜在逻辑。因为它相当于声称,用机会平等处理自然不平等就是不公正的。机会平等被指责为利用了先天的优势且系统地奠基在这些基础之上。我通过拒绝罗尔斯所提出的有关自然不平等及其分配的假说已经反驳了这种责难。

但回顾一下第二章第五节的讨论,对罗尔斯来说,对自然不平等的关注证明了差别原则的正当性,差别原则作为一种社会正义的独立要

---

① 罗尔斯,《政治自由主义》,平装本(纽约:哥伦比亚大学出版社,1996),第271页。
② 见德沃金,"资源平等",威廉·金里卡《当代政治哲学》,第3章,及埃里克·拉科斯基,《平等的正义》(牛津:牛津大学出版社,1991),第6章。
③ 罗尔斯,《正义论》,第102页。重点补充。

求,旨在与机会平等在民主平等的名义下协同并进。如果不存在自然的不平等,也就不需要一个独立的原则来弥补涉及自然不平等的机会平等的缺陷。我认为,作为调节性理想的机会平等三维模式是一种平等主义的理论,它能应对多维公平问题,它同样是罗尔斯第二个正义原则的基础,而又完全没有超出机会平等的既有框架。

否定自然不平等的存在最重要结果是,它使得社会中所有的有利条件在起始意义上都是社会性的。从调节性理想的角度看,这意味着什么是以及谁享有一种优势,都是一种弱意义上的社会选择类型,从而是规范调节的主题。实际上,不平等必然是人为安排造成的,因此,不同的公民社会可能作出大相径庭的选择,从而产生丰富多样的可能性(这种人为安排不一定是深思熟虑的,而也可能是长期约定俗成发展的结果)。一个平等主义的社会必须对其特定的得失安排负责,还要对已察觉到的造成这些得失的个人之间的自然差异负责。平等机会的竞争模式的任务就是调节公民社会中的竞争,使之有利于人与人之间的得失分配。① 三维模式把程序公平、背景公平及风险公平确定为完成这一任务的标准。

第七节 弱势群体的视角

我坚持认为所有的不平等都源于人为的安排,关注规范调节理想对人为安排的形式和内容所起的作用。在第三章第三节,我强调所有的不平等都是关系性质的,问题存在于人们之间的关系而非特定的个人身上。从这个角度看,人为安排的不平等往往反映了广大多数人与少数人之间的紧张关系。② 一个平等主义者应该如何看待依据这些紧张关系而

---

① 关于其他正义原则,用前一章的语言来说,何时是非竞争性机会都存在争议。
② 当然,当认为可能存在自然不平等时,少数人所遭受的不平等常被归咎为少数人与多数人之间的自然差异。见有关 IQ 的争论。

人为安排出来的不平等呢?

这些紧张关系尽管在很宽的范围内存在,像穷人、残障人及特殊性取向群体等,但最为人所熟知的还是少数种族。一般认为少数种族因为他们少数派的地位而处于种族上的弱势地位。在后面我将具体讨论种族问题,同时力图从一种调节性理想的立场辨别两种流行的方法,它们关注平等社会应如何对其特别安排的得失分配及其产生的社会不平等承担责任。虽然这预示着接下来两章我所要讨论的内容,但关于少数人及社会不平等是人为安排的这一基本点是贯穿本书余下部分的一个主题。

我所拒斥的第一种方法主张:在特定社会中,一个既定的种族应该根据其人口数在该社会所占比例来享有得失份额。依照这种方法,当该种族享有少于其比例化的权益时,就会导致种族上的弱势地位。该方法(我称其为权益比例化方法)与我们对有关弱势地位的统计数据的直觉反应相吻合。例如,非洲裔美国人存在着持久的高贫穷率。1996年,有29.6%的非洲裔美国人生活在贫困中,尽管他们只占美国人口总数的12.7%。① 与此类似,1990年共有23000名非洲裔美国人获得了大学学位,而入狱的、处以缓刑的和假释的就有2280000人。这二者之比是1比99,而白人的这一比例是1比6。② 这些数据似乎有力地支持了这样的观点,即非洲裔美国人没有享受到按其比例所应得的权益。

尽管我欣赏权益比例化方法对种族弱势的呼吁,但它存在一些致命的缺陷。显然其最大的缺陷是它预设了某种直接了当的方法来界定和使用种族概念。此前,我已表示了对重大的种族差异有其遗传根据的怀疑。可是严峻的种族差异又基于何种其他根据呢?本书绪论曾提到更广阔的背景是法律,即法律在法律体制下诠释种族和重构富有争议的种

---

① 奥兰多·皮特森,《一致性的考验》(华盛顿特区:西维他斯,1997),第28页。
② 亨利·路易·盖茨,"两个美国黑人民族",《布鲁金斯评论》,第16卷(1998年春),第7页。

族问题以维持现状或延缓社会变迁的过程中所起的作用。权益比例化方法的另一个缺陷是，它倾向于对各种众所周知的种族不利地位视而不见。例如，让我们看看美国持久的反犹主义。根据权益比例化的方法，如果美国犹太人在美国享受了大于按其人口比例所应得的利益，那么反犹主义对他们来说就不构成什么损害。① 最后，应该注意这一方法与我前一章所辩护的三维模式一般观点之间存在着紧张关系。在那里我强调一些利益应该根据竞争来分配，其必然的结果是每个人都不会享有同等比例的份额。

另一种对待种族弱势地位的方法（我称之为弱势群体的视角）与视机会平等的三维模式为一种调节性理想的平等观更相契合。其根本思想是：由于所有得失分配方面的不平等都是社会性的，而且主要是基于舆论和多数人意见的社会安排机制造成的，所以应该防止弱势群体受到多数人操控的社会评价的伤害。

当不利于弱势群体的种族偏见影响到社会对何谓优劣的评价和安排的社会选择时，种族弱势地位就会形成。对我们而言，下述有关种族偏见的定义就足够了：

种族偏见应被理解为仅仅因为一个人的种族就设法减少其利益的情感、价值观和信仰。种族仇视当属其中，但也要认识到一些非极端的偏见同样存在。譬如，因为其他人的种族问题就对他们的困境漠不关心。毫无根据地相信和假定某个种族在智力和道德品质上低人一等，这些都是种族偏见。种族偏见不是一种态度而是一系列的态度，它们与下述观念和行动具有紧密联系：某些种族成员的利益没有相参照的种族成

---

① 如果这一方法适用到弱势地位的其他形式（如性取向之类）上，就会产生类似的问题。毫无疑问，男同性恋者因为其性取向往往是仇恨犯罪和虐待的受害者。但按照比例权益的方法，问题在于，根据男同性恋者占总人口的比例而享受的利益计算，男同性恋者是否处于弱势地位。有趣的证据表明，与女同性恋者不同，男同性恋者在社会中可能享受了大于其比例份额的好处。

员的利益重要。①

但是不说清少数人在有关利弊安排的社会选择中所面临的独特不利情形,这种对种族弱势地位的陈述就是不完整的。个人和某些少数群体在面对多数人暴政时都是脆弱的,这一洞见在托克维尔和约翰·斯图亚特·密尔的政治思想中早有其根源。问题并不简单在于多数人能行使其意志,而在于他们在行使意志时掺入了偏见。这方面最著名的法律表述可能来自哈兰·斯通大法官,在1938年判决美国政府诉卡里兰制造公司一案为联邦最高法院所提供的意见中,他认为当存在"针对分离的和孤立的少数群体的偏见时",扩大对立法的司法审查是正当的。② 他的理由是,尽管各种偏见都难免会进入有关利弊的社会选择中,可是当某种多数原则成为决定不平等安排的基础时,少数人就特别容易被针对他们的多数人的偏见所侵害。

反对种族不利地位的弱势群体的视角假定种族是一个一目了然的概念。当然,这一假定并不与我所表达的对种族差异自然根源的怀疑相冲突。而现在,尤其是在美国,已经普遍产生了弃用种族概念的呼声。③ 虽说这一呼声不可否认地起源于上世纪60年代由马丁·路德·金所领导的民权运动,但现在还有理由将其认真地继续进行下去。虽然种族分类无疑曾被恶意地使用过,且种族本身就是一种社会建构的产物,可它还是奇怪地构成了非洲裔美国人身份认同的一个重要方面;在这一点上,种族又构成赋予他们的人生选择以意义的文化遗产的一部分。正如

---

① 安德鲁·奥特曼,"种族和民主:有关种族投票稀释的争论",《哲学与公共事务》,第27卷(1998年夏),第188页。尽管这里我赞同奥特曼有关种族偏见的解释,也赞成他有关种族投票的稀释理论,但我认为我们有三个基本点的不同——他认为种族概念没有问题,他拒绝影响成比例与否的分析方法,且事实上他的方法并不强调弱势少数人的观念,最后特别令人惊讶的是,他在文中承认他对约翰·哈特·伊利有关司法审查理论的智力债务。
② 美国政府诉卡里兰制造公司,美国联邦高等法院,304 U. S. 144,152—153n. 4,重点补充。对这一观点重要性的认识,我要感谢约翰·哈特·伊利,《民主与不信任》(剑桥,麻省:哈佛大学出版社,1980)。
③ 见,皮特森,《一致性的考验》,第6—11页。

德里克·贝尔(Derrick Bell)所强调的,"这个国家的奴隶史"并不"对黑人构成不可逾越的种族障碍,但……从我们曾被奴役的祖先那里所得到的遗产提醒我们,他们遭受了最极端的种族主义"。① 种族认同在反对种族主义过程中能够团结深受其害的种族群体。② 在美国,种族认同的重要性对非洲裔美国人比对"白人"更加突出。帕特里夏·威廉姆斯(Patricia Williams)就说:"白人特性是没命名的、隐蔽的和超越种族领域的。拒绝命名使白人相信,种族这个概念居于跟他们无关的别处"。③ 她的洞见是:由于白人的身份认同并不和种族息息相关,或者至少跟它的关系是微不足道的,因此废除种族概念对他们来说几乎没有意义。我对此的基本看法是,从弱势群体的视角来看,种族的确是直接明了,但这并没有将种族差别具体化或阐明其本质,而只是强化了像非裔美国人一样的弱势种族的地位。

我们可以区分两个不同的领域,弱势群体的视角在这里具有重要意义。一个无疑是政治领域,它通常被理解为与投票、代表、制定和通过法案等等有关。种族偏见所引起的问题是复杂的,现在围绕着政治平等的内涵有着激烈的争论。从种族投票权稀释到种族代表的社会认同及其代表质量之间的关系等,都引发了大量问题。④ 更广泛地看,这些都是有关政治或投票权的问题。正如开始时我所说明的,虽然我认为它们都很

---

① 德里克·贝尔,《直面井底:永久的种族主义》(纽约:贝斯科书屋,1992)。
② 有关种族认同方面最新的修正,见 K. 安东尼·阿皮亚,《肤色意识》中的"种族,文化,身份:被误解的联系";杰夫·斯皮纳,《公民身份的界限:自由主义国家中的种族、族群和民族》(巴尔的摩:约翰·霍普金斯大学出版社,1994);罗纳德·J. 费斯,《平权法案的宪法逻辑》(达勒姆,北卡罗莱纳州:杜克大学出版社,1992)。
③ 帕特里夏·J. 威廉斯,《期待一个没有肤色意识的未来:种族悖论》(纽约:法拉,斯特劳斯与格瑞森出版社,1997),第 7 页。
④ 例如,见阿比盖尔·特恩斯特伦,《算谁的选票?》(剑桥,麻省:哈佛大学出版社,1987);艾丽斯·马里恩·杨,《正义与差别政治学》(普林斯顿:普林斯顿大学出版社,1990);伯纳德·戈夫曼等,《少数人代表权与寻求投票平等》(纽约:剑桥大学出版社,1992);拉尼·吉尼尔,《多数人的暴政:代议民主中基本的公正》(纽约:自由出版社,1994);奥特曼,"种族和民主",及梅利莎·威廉姆斯,《声音、信任与记忆:边缘群体与自由主义代表权的衰落》(普林斯顿:普林斯顿大学出版社,1998)。

重要,但我不打算在这本书中讨论它们。不同于投票权的问题是,在公民社会里寻求平等的机会时,弱势群体的视角对于种族、阶级和性别的不利处境所具有的意义。这是我余下六章所要关注的内容。

第八节 结论

本章表明自然不平等的观念是一种错误看法。罗尔斯式的对机会平等概念的反对没有根据。机会平等不能被指责为扩大了自然的不平等,因为根本就没有这样的不平等,所有的不平等都必然是社会性的。这一结论为我们应用三维模式详细分析一系列社会政策问题奠定了基础。

第二部分
种 族

第四章　平等机会与公民权利：优长①、标准化考试和高等教育

第一节　导言

前两章我已论述了作为调节性理想的机会平等的三维模式,本章的目的在于阐明人们所熟悉的公民权利是如何源于这一理念。公民权利奠基于机会平等的观点曾经广受欢迎,而现在却似乎声誉不佳。公民权利立足于脆弱基础之上的意识导致了一场知识危机,而它们的辩护者则开始寻求替代性或者补救性的平等主义正义来支持公民权利。② 我认为这种新的探求迷失了方向,因为至少有一种机会平等模式——作为调节性理想的机会平等的三维模式——可以很好地解释公民权利的规范作用。我所要捍卫的主要观点就是,公民权利是促进地位平等的法律手

---

① Merit 常译为"优点"或"功绩",但在本章中是指根据精英评价机制,个人的突出优点,特长,成绩或功绩。作者认为它与"应得"(Desert)有区别,由于没有十分贴切的对应词。暂以"优长"译出。——译者注。
② 对机会平等最为常见的补充就是所谓的反歧视原则,见第二章第四节的讨论,见保罗·布莱斯,"展望:对反歧视原则的辩护",《哈佛法学评论》,第 90 卷(1976),克斯托弗·麦克留得编辑,《反歧视法》(纽约:纽约大学出版社,1991),及克里斯托弗·伊蒂利,《并不全是黑与白:平权法案与美国人的价值观》(纽约:黑尔与王出版公司,1996),第 4 章。

段,而地位平等是背景公平的原则之一。

尽管这里强调的是公民权利,然而对此概念的理解却相当模糊不清。正如罗德·韦恩雷博(Lloyd Weinreb)所言,"在所有关于公民权利的讨论中,鲜有关注什么是公民权利的问题,也没有可让人理解的准则来界定这个概念的内涵与外延。"[1] 我所想到的是二战后美国发展起来的一种趋势,它体现在一系列的法规中,它从1964年《民权法案》和1965年《选举权法案》一直延续到20世纪90年代,如1991年的新联邦《民权法案》。[2] 这些为少数人而立法制定的权利,尤其是黑人,旨在保护他们免受某种形式的歧视和不公正对待,而且这些权利通过联邦法院都可进行司法裁决。[3] 这些新兴的公民权利所导致的一个重要法律后果就是,通过社会制度对这些要求的满足,新兴的公民权利从原则上和实践上补充了既定的规制政府的宪法权利。

人们没有充分认识到,这种趋势其实并非为美国所独有。例如在英国与加拿大同样也出现过类似的发展趋势。1962年,加拿大安大略省通过了《安大略人权章程》,目的是为了巩固先前所有的反歧视法律。[4] 此举很快便为多个其他省份效仿,纷纷制定相关法律。1977年,联邦政府通过了《加拿大人权法案》。1975年,英国通过了《性别歧视法令》,一年后又通过了《种族关系法案》。这两个国家都根据这些新法规建立了准

---

[1] 劳埃德·L.魏因伯,"什么是公民权利",见艾伦·保罗,弗雷德·米勒,杰弗里·保罗编辑,《重估公民权利》(剑桥,麻省:布莱克维尔出版社,1991),第1页。
[2] 虽然此类立法兴盛于二战以后,但显然它最初源于美国内战后的重建时代。
[3] 准确的说法是,虽然对民权立法应该保护哪些少数群体存有相当大的分歧,但都认为黑人无疑是其中的一部分。少为人知的是对将妇女包括在内缺少共识。事实上,1964年的民权法案将妇女包括在内很大程度上是反对者修正案的结果,借助将妇女包括在内的修正条款,反对者相信法案很有可能不会通过。以至于法案通过后,许多约翰逊行政部门法案的支持者仍然否认这一法案可以用来保护妇女的公民权利。见苏珊·格鲁克·梅泽,《寻求平等:妇女,公共政策与联邦法院》(纽约:马丁出版社,1992),第36—42页。
[4] 整个这一章我所使用的是公民权利而非人权概念,主要是因为,前者表达了本书有关公民社会普遍的核心涵义,而后者往往与国际法和一些机构,像联合国的国际宣言联系在一起。我在这一章的讨论并不针对国际法。

司法论坛,以调查和处理投诉。在美国,该类法律的创设旨在对现有宪法权利进行补充,从而将其范围扩大到公民社会的各个制度层面。①

过去五十年里公民权利的发展特征是,有关公民社会中哪些问题可适用于公民权利方面的指控,人们的观点变化不断。此前一直认为不属于公民权利的问题,现在往往就是。② 批评者们认为,有关公民权利的投诉一直在发展且急剧增加,以至于失去了任何连贯性。③ 远非基于原则的公民权利的申诉,现在成为了另一种只是谋求政治议程的策略,具有讽刺意味的是,那些呼吁公民权利的人现在也与这些批评者站在了一起,当某些公民权利的诉求与机会平等之间存在紧张关系时——机会平等是公民权利传统的规范性基础——他们也会毫不犹豫地寻找替代性的基础或贬低这一基础观念。有关这一点,我已经很明确地在前几章证明了我的观点,我认为这反映出他们对机会平等的多种模式以及平等主义正义观的内核缺少正确的认识。但我认同为公民权利诉求寻找新的任务和途径的重要性,而且公民权利的理论应具有足够的动态性,至少对一些新领域的诉求提供逻辑根据。正是由于这些原因,我以作为调节性理想的机会平等的三维模式构建一种公民权利理论,以反对美国公民权利诉讼中出现的一个现象——高等教育机构依据标准化考试成绩认定申请人的入学资格。本书第五章着重关注的是美国的种族问题。正像我在引言中所解释的那样,美国的经验为思考种族与法律之间的关系提供了最具挑战性的内容。

---

① 对比宪法权利与公民或人权并非是要忽略宪法权利与公民权利之间的复杂关系。在美国和加拿大,法院一直都承认前者比后者更重要。对于根据已承认的宪法权利而提起的公民权利侵权上诉,美国联邦高等法院视为多此一举。参见 *United States v. Fordice*, 505 U.S. 717(1990)。加拿大最高法院认为,人权法则必须符合权利和自由宪章的要求,并因此下令阿尔伯塔省修改其法规为性取向提供保护,因为在此之前,高等法院已经裁决性取向适用于宪法第 15 条所提供的保护。参见 *Vriend v. Alberta*(1998)1 S.C.R. 493。
② 美国的平权法案提供了最鲜明的个例。在 60 年代很少可能,或甚至不可能成为公民权利的问题,现在都普遍被视为是最根本的公民权利问题。我在下一章详尽地讨论了平权法案。
③ 见理查德·爱泼斯坦,"公民权利的两种概念",《重估公民权利》。

第二节　美国大学的标准化考试

众所周知,美国的大学和其他高等教育机构根据标准化考试的分数来决定申请者的入学资格以及资金资助和奖学金等相关事务。这一措施在美国被广泛应用,而在硕士生项目和职业学校以及在那些本科生入学竞争激烈的大学中尤其普遍。特别是以下五种标准化考试采用得最多——学术能力考试(SAT),研究生入学成绩考试(GRE),法学院入学考试(LSAT),医学院校入学考试(MCAT)和美国大学考试(ACT)。这些考试都声称是能力考查性质的,测试申请者的熟练应用能力,而不是单纯考查其被传授的或获得的知识,但是没有哪种考试宣称要测试智商。尽管有相关的详细记录显示这些考试的结果与传统的智商测试有异曲同工之妙。① 其实美国大学如此热衷于标准化考试不足为奇,因为美国大学是设计和应用标准化考试的开拓者。② 然而,值得注意的是,在其他说英语的工业国家如加拿大和英国,大学没有像美国这样倚重标准化考试成绩。

美国大学在学生入学竞争中依据标准化考试的原因常被认为是合乎实际的,因为在这样大的一个国家,学生来自广泛的不同背景,在入学资格竞争中比较这些背景各异的学生,将面临一个公信度问题,而比较他们高中成绩或者大学毕业生标准化考试成绩(GPAs),则为这种比较提供了一种很好的方式。然而在这种理由的背后,有关优长(merit)和精英认同体制的规范性依据,存在着更为复杂的争论,下一章我会详细讨论这一点。现在重要的是,认清一些大学和职业院校使用标准化考试结果来决定学生入学资格的另一层含意。在这一系列普通测试熟练程度的考试,如学术能力考试(SAT),法学院入学考试(LSAT)以及传统智商

---

① 霍华德·加德纳,"谁有智力?",《大西洋月刊》(1999年2月),第70页。
② 作为一段历史,见尼古拉·列曼,"大排序",《大西洋月刊》(1995年8月),第84—100页。

测试中,有一个不争的事实就是分数上的"黑—白差距"。尽管这种差距的字面意义巨大且存有争议,但是这个差距在数量上似乎有一个标准的偏差——15分。用克里斯托弗·詹克斯(Christopher Jencks)和梅雷迪斯·菲利普斯(Meredith Phillips)的话说,这种差距意味着"在几乎所有的标准化考试中,普通的美国黑人得分仍然在美国白人的75%以下"[1]。对标准化考试结果的依赖,其重要后果就是降低了美国黑人进入一些大学和竞争激烈的职业院校以及研究生项目的可能性。

尽管如此,过去三十多年里美国大学对标准化考试结果的依赖逾加严重,直至最近它才被列为重要的公民权利诉求问题,而在就业领域,标准化考试已采用三十多年且一直就是公民权利控告的对象。1971年美国最高法院有关格里哥斯与杜克电力公司(Griggs v. Duke Power Co.)的诉讼案就是重要标志,其中涉及在雇佣和晋升时运用标准化考试的问题。一些州(如加利福尼亚等)重新反思大学或学院运用标准化考试而涉及的公民权利方面的涵义,其动因是什么呢?

毋庸置疑,最重要的一个因素就是几乎所有美国大学在入学审核中缩减了平权法案,而代之以选择性入学政策,尤其以德克萨斯和加利福尼亚最为明显。尽管对于特定的种族群体和妇女而言,依据标准化考试成绩的措施对他们进入高等学校有潜在的负面影响,但现存的平权法案计划能够削弱这一影响,并且可以将其作为一个有关公民权利的问题而消除对标准化考试的依赖。实际上,曾任克林顿总统重估平权法案主要顾问的克里斯托弗·爱德利认为,平权法案的一个重要功能就是"矫正我们将考试标准强加于自身而引起的问题"[2]。然而,随着平权法案的弱化,它将再也不能发挥其缓解负面影响的功能。虽然我到下一章才深入

---

[1] Jencks & Phillips,"黑人—白人考试分数的差距",《书评》,第16卷(1998年春),第24页。
[2] 引自 Abigail and Stephan Thernstrom,"黑人的进步",见《书评》,第16卷(1998年春),第16页。其实 Edley 对平权法案持更多元和复杂的观点,见他在《并非全是黑与白:平权法案与美国价值观》一书中的陈述。

讨论有关种族意识的平权法案的问题,但是不可否认,它把现有的一些问题推到了美国公民权利运动的最前沿。

第三节 平等机会下的精英制

我关注的基本问题是,是什么原因使美国大学运用标准化考试成绩的措施成为了一个公民权利问题。然而任何对这一问题的回答都预设了一种普遍的公民权利理论,围绕着标准化考试成绩的使用,令人熟知且最引人注目的辩护是,它们可以在竞争激烈的大学录取过程中挑选出优长最多的申请者。在竞争中,优长(merit)被理解为能力与勤奋的结合。① 关于这一点,艾丽斯·马里恩·杨认为:

> 由于程序是公平的,标准化考试符合选优评比的要求,不分种族、性别和族群。从以下两点看它们是客观的:其一,当它们用于评价个体时,我们可以确保所有人都按同一个标准来评价;其二,所有计分员给特定某个人的评分是一样的。通过计量考试答案并依据复杂的统计技术,考试也能够明确衡量个人的技能,能够对被测试者进行比较和排名,从而客观地评价优劣。②

美国主要的考试机构,如大学考试委员会(CEB),通过大量的研究证明考试成绩在预测学生入学后第一年的学习效果上是有用的,证实了考试成绩与选优评比之间的对等性。

我认为,许多法律评论家向一些运用标准化考试成绩的大学提起公

---

① 诺曼·丹尼斯,"优长与精英制度",见《正义及其证明》(纽约:剑桥大学出版社,1996),第303页。然而,哲学家们对于如何定义优长却没有共识。与我的定义不同,约翰·卢卡斯在《责任》(牛津:牛津大学出版社,1993)一书中将优长定义为:源于某人拥有的特征而非某人所做行为的某种东西。根据他的观点,某人值得跻身某一运动团队是因为他或她拥有的某些特征,但很显然,具有某种特征不是得到这一优长的充分条件;它还要求某人必须参加练习和训练等。我认为一旦这些附加条件得到承认,优长就如我在正文中所提到的,是能力加努力之类的某种东西。
② 艾丽斯·马里恩·杨,《正义与差别政治》(普林斯顿:普林斯顿大学出版社,1990),第208页。

民权利控告,正是以这种优长思想为根据的。① 尽管他们的详细观点各异,但是他们批评的主线——对优长的强烈批评——是相似的,都包含四个主要的步骤:(1) 优长的标准和相应的个人优长的概念是社会建构的产物,而非某种自然的或必要的跨文化的产物。(2) 在美国,何谓优长,标准由多数"白人"设定,标准化考试是反映和测量这些优长的一种工具。(3) 这样,虽然那些身居多数"白人"之外的人按照标准化考试成绩往往达不到优长的标准,但这只是优长的标准由社会建构的结果,而并不一定就是来自少数群体的个人的失败。(4) 在美国,优长标准的社会建构也应当反映边缘少数群体的想法。当大学没有采纳这种观点时,公民权利申诉(包括这种批评路线)的根据就产生了。

虽然在前一章有关智商的争论中我相当同情那种对优长观念的激进批评,然而无论如何,它们还是迷失了方向。这主要是因为,它们对为什么大学录取方案或任何其他类似的措施应当用来指导决策存在一个普遍的错觉。通常任何基于选优原则的方案都被称为精英制。然而,认为对优长的关注源自一个更基本的有关个人所应得的信念,这是一个普遍的错觉。② 换言之,激进的批评关乎两个不同的概念——优长(merit)和应得(desert)。如果一种录取方案想要识别出优长最多的申请者,那是因为这些申请者最应该被录取,但只要仔细想想就会发现为什么它是错误的。如果把优长理解为能力与努力相结合的结果,那么那些最具优长的个人可能不是最应得的,因为这两个因素也许都源于并不值得称赞的遗传上的好运。即,虽然在精英制录取方案中那些最具优长的人可能

---

① 例如,见理查德·德尔加多,"罗德里戈的第十纪事:优长与平权法案",第83页,《乔治敦法律期刊》(1995),第1709—1755页;Daria Roithmayr,"解构优长与偏见之间的差别",《加州法学评论》(1997),第363—421页;Michael Selmi,"平等测试:优长、效率与平权法案的争论",《加州大学洛杉矶分校法学评论》(1995),第1251至1314页;Susan Sturm and Lani Guinier,"平权法案的未来:呼吁革新的理念",《加州法律评论》(1996),第953—997页。
② 误解精英制最突出的例子就是迈克尔·桑德尔,《自由主义与正义的局限》(纽约:剑桥大学出版社,1982),第72—76页。

会被录取,但他们不必然是最应得的。① 另外,精英机制是前瞻性的,而基于应得的赞扬是回溯性的。正像我先前所言,标准化考试的设计旨在测量资质,从而为预测未来的表现提供依据,目的不是要测量此前的教育成果,所以,它们更适宜于衡量优长而不利于衡量应得。

  如果精英机制的设计不是用来录取最应该被录取的人,那么还会有什么其他目的呢？最可能的解释就是这种精英机制方案最符合社会的利益或者最大限度地利用了社会教育资源。② 支持精英机制录取方案的人可能会说,因为本科学校和职业学校的位置相对稀缺,尽可能最大限度地发挥这些位置的效益符合社会的利益。这是如何实现的呢？方法是选择优长最多的申请者,因为通过定义可以推断他们把能力和勤奋结合得最好,从而可以最大限度发挥教育机会的效益。而与精英机制支持者的方案相对的是录取那些能力和勤奋结合较少的申请者,这样的结果必然降低了社会教育资源的效益,因此不符合社会的最大利益。精英机制强调优长是因为优长可以促进社会的最大利益,此见解正好强化了这样一个观点:把对优长的评价等同于对个人所应得的评价是错误的。正如乔尔·范因伯格(Joel Feinberg)曾经指出的那样,"说'因为是有利于公共利益所以 S 应当得到 X'的人简单地误用了'应当'这个词"。③

  一种精英制录取方案所包含的前瞻性的逻辑依据是使社会教育资源效益最大化,我的这种判断如果是正确的话,那么,这对于那些强烈批评选优机制的人来说具有毁灭性的意义,因为他们正是将其作为反对在高等教育制度中使用标准化考试成绩而提起公民权利诉讼的基础。那

---

① 我这里所作的区分转换为这样的主张,即应得某种东西的必要条件是在某种意义上,它建立在自愿的基础之上。这是一个相当富有争议的主张。见大卫·米勒,"应得与决定论",和朱利安·拉蒙特,"分配正义中的应得概念",见 Louis P. Pojman 与 Owen McLeod 编辑,重印本,《什么是我们所应得？》(纽约:牛津大学出版社,1999)。在我看来,许多反对应得的自愿前提的观点依赖于将其视为一个充分条件,而不是必要条件。
② 这里我同意丹尼尔的观点,《优胜与精英制》,第 302—316 页。
③ 乔尔·范因伯格:"正义与个人应得",Louis P. Pojman 与 Owen McLeod 编辑,《什么是我们所应得？》(纽约:牛津大学出版社,1999),第 81 页。

一批评路线取决于一个前提——第四步中已经阐述——精英制要能接纳来自社会少数种族群体有关优长的观念。在我看来，对选优机制及其在法学院录取中的应用持激进批评的人中，最审慎的表述是达利斯·罗伊斯玛尔(Daria Roithmayr)，她如此总结她的观点：

> 这样，留给我们的任务就是，摆脱政治上保守的有关法律职业的社会价值观而重构优长的内涵，考试是否可以准确地预测一个执业律师的能力；判例法说明或者实际的现场指导是否更适合于某些法律；最后，在录取过程中只看个人的法学院入学考试成绩(LSAT)和大学毕业考试(GPA)成绩，而无视她的个性实质，我们是否希望我们的法学院因此而再度被隔离。①

但这里隐含的有关优长的假定必然是错误的。在精英机制中优长是指任何使社会教育资源效益最大化的功能，这一解释没有给多数人和少数人的意见留下空间。精英制所推崇的价值——优长——因其超越于社会中多数/少数群体之分的社会计算而具有一种普遍性特征。② 因此，只有当优长意味着任何可以让少数群体最大限度地利用教育资源的作用时，少数群体的观点才有意义(这对于为整个社会设计精英准入方案的倡导者来说，是不切实际的幻想)。

少数人有关优长的看法不同于普遍流行的观点，而对此缺少明显的实质性陈述正好强化了上述论证。我并非要否认如果纳入更多的少数种族群体成员可以使社会教育资源发挥更大效益，这种主张经常相当公正地为医学院和法学院录取非洲裔与拉丁美洲裔学生提供辩护。拉丁裔的医生更倾向于为拉丁裔美国人占主导的贫困社区服务，因此招收一个拉丁裔学生而不要一个拥有更高考试分数的白人学生会改进社区的

---

① Roithmayr，《解构偏见与优长的差异》，第1507页。
② 例如，Nathan Glazer承认优胜的普遍性，《社会政策的限度》(剑桥，麻省：哈佛大学出版社，1989)，第94—95页。

境况。① 不过这种主张并非要在录取拉丁裔学生时采用不同的优长标准,也不是说拉丁裔学生更加符合条件,它只是证明计算社会利益最大化的复杂性。②

对运用标准化考试的高等教育机构进行公民权利投诉,除了依据对优长的激进批评以外,还有什么其他的根据呢?现在让我们简单回顾一下,在第二章里我仔细地区分了精英机制和机会平等,并论证了一种机会平等理论例如作为调节性理念的机会平等的三维模式,所起作用就是对竞争过程实行独立的道德评判,这些竞争过程可能也包括高等教育机构的特殊项目和职业学校的精英制录取方案。先前的分析旨在说明精英机制的设计是为了社会教育资源效益的最大化或者为了社会的最大利益,这个分析正好厘清了机会平等发挥调节性理念的作用。精英制录取方案对大学名额在特定个人之间的具体分配或分配模式并不敏感,而要对具体分配保持敏感则要求将录取者视为个体的存在而不仅仅只是优长的储存器。然而,当其唯一的目的就是为了使优长最大化的时候,其发展也随之到了尽头。正如阿玛蒂亚·森(Amartya Sen)和伯纳德·威廉姆斯(Bernard Williams)所观察到的,他们对功利主义持有类似的观点,"人不会被当作个体性的,就好比分析一个国家的汽油消费时不会考虑单个的油箱。"③为了追求平等,作为调节性理念的平等机会正是为了增加基于优长的录取竞争过程中具体名额分配的灵活性,但是这样做不是要排除竞争性录取方案并代之以某种替代性方案,而只是要对竞争性的录取方案加以限制与调节。换言之,它的目的不是在做录取决定时取缔标准化考试的成绩,而仅仅是依据三维模式来识别运用标准化考试成绩的缺陷并加以限制。

---

① Komaromy et al. "为低保人口提供医疗服务中黑人和西班牙裔医生的作用",《新英格兰医学杂志》,Vol. 332, no. 20(May 16 1996),第 1305 页。
② 德沃金讨论过这一点,《原则问题》(剑桥,麻省:哈佛大学出版社,1985),第 299 页。
③ 森和 B. 威廉姆斯编辑,《功利主义及其超越》导论(英国剑桥:剑桥大学出版社,1982),第 4 页。

作为调节性理念的三维模式也同时关注着公平竞争的三个维度——程序公平、背景公平和风险公平。然而,正如艾里斯·马里恩·杨的观点(见 4.3 节开始部分)所指出的,对于标准化考试成绩的依赖似乎与普通的程序公平的标准相一致,后者可以应用于大学或学院竞争性录取方案中。如果考虑到非洲裔申请者的机会平等的话,那么他们的机会平等必须反映我们控制竞争的背景公平与风险公平的标准。我先简要地讨论一下在依据标准化考试成绩的竞争中运用风险公平的问题,然后我再集中深入分析背景公平。我想为本章下一部分阐述一种公民权利理论奠定基础。

从风险公平的观点来看,由于对美国的非洲裔申请人运用标准化考试成绩造成了不好的影响,所以针对竞争中存在的风险因素进行范围上的限制就尤为重要。这就引发了一个具有挑战性的问题:在美国,从高度竞争性的大学获得学士学位或者硕士学位或者职业学历对于取得特定的(精英阶层的)机会究竟有多重要?只能通过这些途径取得这种机会吗?有没有替代性途径?风险公平强调,既然现在依赖标准化考试以获得各种学位,那么应该还可以通过一系列其他的途径取得这些机会。在近几年里,一种提供法律和医疗服务机会的新模式已经出现了。就法律服务而言,现在有替代性的服务提供者如助理律师、移民顾问以及仲裁人,这些服务者为他们的社区提供法律服务时不需要法律学位。替代性的医疗保健服务者,如助产士和推拿师,拥有与医生大不相同的培训经历,他们的出现或许更有力地说明了风险公平可能面临的要求。当然,在商业领域,长期以来就对过分看重具体的学位和职业认证持强烈的怀疑态度。

现在我要转到对背景公平的运用上来,这一点更加重要。在本书的第二章第四节里,我谨慎地为这样的主张辩护,即在作为规范调节的三维机会平等模式下,地位平等原则应当为竞争中背景公平的评估提供一个基础,回想一下,地位平等确认了一个起点——每个人都有相同的而不可能有更高的道德地位——即竞争中所有个人都应该享有的。虽然我已区分了道德地位与社会地位,且坚持背景公平的通用词应该是道德地位,但我也不否认当地位平等受到损害时,社会地位的标准指数——收入、权力和特权上的不平等——会提供证据。为什么大学和学院在录取时,使用标准化考试成绩会被看成是对非洲裔美国人地位平等的一种威胁呢?

自从首席大法官沃伦(Warren)在布朗诉教育委员会案中提出著名的反对公立学校进行种族隔离的意见以来,社会已经广泛认识到进入教育机构对决定非洲裔美国人的社会地位具有特殊的重要作用。① 仅仅因为这个原因,由于现存分数上的"黑—白"差距,有人可能会认为高等教育机构对标准化考试的依赖等同于制造更低的社会地位,其结果就是使非洲裔美国人更难有机会进入高等教育机构。但是,在支持高等教育机构使用标准化考试做录取标准的人中间,这种推论能说服多少人去质疑其中的机会平等问题,对此我很怀疑。如此看来,关于较低社会地位与地位平等之间的关系,好像有必要提供一种更加精细的双管齐下的辩护。戴布拉·赛茨(Debra Satz)曾经敏锐地强调"不平等地位之间的关系以缺少互惠、等级制和无义务为特征"。② 这三点在目前的情况下都颇为明显。重要的是,正如我在上一章总结中所论及的,在何谓优、劣的社会建构反映多数人的价值和利益的竞争环境下,对于弱势的少数种族群体而言,地位平等就尤其脆弱。

要质疑的第一个目标关注这种制度性选择,即在大学入学竞争过程中,使用标准化考试分数作为优长的指征。这种社会性选择反映了在社会的一个重要竞争领域里,如何使用分数来界定强者和弱者。但是大约

---

① "仅仅因为他们的种族出身就将儿童与其他同龄人隔离开,这使他们在共同体中的地位有低人一等的感觉,而这可能以一种无法消除的方式伤害到他们的心灵和思想"。布朗诉教育委员会(Brown v. Board of Education of Topeka 347 U. S. 490,1954),at 494。重点补充。
② 戴布拉·赛茨(Debra Satz),"地位不平等与市场社会主义模式"。见 Erik Olin Wright 编辑,《平等份额》(New York:Verso,1996),第72页。

在三十五年前,当大学和学院的录取开始广泛运用标准化考试成绩的时候,就已经有人相当清楚黑人与白人之间的分数鸿沟了。在对采用标准化考试成绩的反思中,质问存在的分数鸿沟所起的作用并非是多余的。也许存在若干理由,一些早期支持在录取中使用标准化成绩的人正是因为这种黑—白分数的差距而选择支持它。① 但纵使这一决策不至于招人不满,事后反思,我认为只会得出一个结论,那就是如果当初黑人享有与白人同等的道德地位,就不会有这样的社会选择,或者它将变得富有争议。而对当时背景下所做的那种社会选择的持续奉行,等于是再次重申了当时那种有关非洲裔美国人的道德地位的观点。毋庸置疑,那时许多人相信黑人—白人的分数差距最终将会缩小,而且确实也缩小了。② 然而这并不能够开脱或掩盖一个事实,即如果社会多数人作出的类似社会选择对享有真正地位平等的少数人会带来众所周知的不利影响的话,则很难想象会有这样的社会选择,或者连起码的限制条件都没有。国家在阻碍黑人的教育机会方面无法掩饰的(当时已众所周知)所作所为进一步使这个问题复杂化了,一般都认为这也是导致黑—白分数差距的形成原因之一。③

我的意思是尽管存在着黑人—白人之间的分数差距,对标准化考试分数的使用却仍然通行无阻,这说明非洲裔美国人并没有被认定为享有

---

① 我稍后的讨论暗示了这一点。源自指控密西西比学院制度的某些论据。另见 Roithmayr 的讨论,"解构偏见和优异之间的差别",第 1474—1487 页。
② William G. Bowen 与 Derek Bok 在《河流的形状:大学和学院升学中考量种族的长期后果》(普林斯顿:普林斯顿大学出版社,1998)中指出,他们发现在大学和学院升学选择过程中,白人与黑人成功者之间 SAT 的总分数差距从 1976 年的 233 缩小到了 1989 年的 165 分。第 30 页。
③ 在评论 1868 年宪法第十四条修正案是否可以适用于公共教育的困难时,首席大法官沃伦在布朗诉教育委员一案中说,"黑人几乎没有教育,实际上这个种族都是文盲。事实上,有些州的法律禁止任何黑人的教育"。参见 Brown v. Board of Education of Topeka 347 U. S. 490 at 494。

与白人同等的道德地位（相比让他们参与大学和学院所采纳优秀衡量标准的初始制定，我认为所有人都享有平等地位是集体决策中更基本的要求①）。比较一下对待标准化考试中男女之间分数差异的反应，这一点就更加突出了。我所想到的一个具体的例子就是关于初等学校的评估考试（PSAT），长期存在着男女得分的差距。据 1995 年的统计，在初中生里面，男生的语言平均分是 48.8，数学平均分是 50.8，而女生的语言平均分是 48.6，数学平均分是 47.4。主办考试的大学考试委员会（CEB）没有为考试分数的效力辩护，而是戏剧性地改变了这种考试的设计。1997 年，大学考试委员会（CEB）宣布要在初等学校评估考试（PSAT）中加入写作能力考核，藉此有望缩小男女学生的成绩差距，因为女生在新的写作考试中会比男生表现得更好。② 这样的反应表明在教育体制内男女被认为应享有平等地位——男女享有相同的道德地位，而不可能有更高的道德地位——并且分配竞争优势和劣势的选择机制是在对等互惠视角的支配下决定的。（我在第八章和第九章中指出，劳动力市场和法律调节的家庭中的妇女地位并非如此。）相反，正是因为对于黑—白分数差距没有类似的反应——仅仅只调查其准确性和追溯其起因——所以我认为不存在类似的平等观念。

要质疑的第二个目标涉及背景公平，关注对标准化考试成绩的依赖如何恰好否认了个体非洲裔美国人的地位平等。尽管存在黑—白分数差，但是人们可能认为标准化考试成绩的运用并不是针对单个非洲裔美国人的排斥性障碍，因为考试所设置的障碍不只是针对非洲裔美国人，而是针对考试得分低的人，无论他是什么种族。换言之，高等教育中依

---

① Duncan Kennedy 捍卫前者。参见"平权法在法学界的一个文化多元论案例"，《杜克法学评论》（1990），第 705 页。
② Somini Sengupta，"新的 PAST 中同一科目有更多变化"，《纽约时报》，1997 年 10 月 19 日，第 16 页。文章声称"设计考试的校委员会今年在考试中增加了写作能力测试，以努力提高女生的考试分数"。这一目标所呈现的事实毫无疑问地指明了我所描绘的差异。我难以想象改变考试以"提高非洲裔美国人成绩"会同样被认定是没有问题的。

赖标准化考试成绩不会危害非洲裔申请者的原有地位,因为它没有将该申请者排斥在外。在第二章第四节中论及的警察使用种族脸谱的措施正好与这里的措施相似。在那件事情上,有观点认为一个人的种族身份可以作为统计其犯罪可能性的代表,主要的理由是警察可以运用种族脸谱来更有效地打击犯罪。种族脸谱的支持者通常强调无罪的人不会因此受到什么大的影响;在警察运用种族脸谱的措施之下,可能来自少数种族群体的人会比白人受到更多的干扰,但是如果他们是无罪的,那么种族脸谱不会排斥他们享有重要或宝贵的机会。主张反歧视的人主要担心这些歧视给少数种族群体造成的损失是否合理。与之相对,地位平等原则坚持认为应该禁止种族脸谱的措施,因为它导致在刑事侦查中基于种族差别而给相关的人不平等的地位。

对于标准化考试的使用也存在相似的观点。人们大多关注的是对考试成绩的严重依赖所产生的排斥性后果,然而,这就使我们忽视了高等教育机构在做录取决定时倚重标准化考试分数给非洲裔美国人带来的沉重负担。从字面上看,排斥性后果与沉重负担存在基本差异,实际上后者只是意味着非洲裔美国人进入大学和学院会更加困难而不是不能。为什么认为依赖标准化考试的措施会给合格的非洲裔美国人造成损失呢?最有趣和富于煽动性的解释往往是有关他们对标准化考试的适应现象,当个人调整自己的愿望和行为以适应社会对他的期待时就产生了这种适应现象。① 也就是说,若假定社会普遍认为非洲裔美国人在标准化考试中得分会较低,那么就会有迹象显示这个群体的人会自觉地调整自己以适应这种假定的期待。我们来看看这种适应的两个例子。克劳德·斯蒂尔(Claude Steele)研究发现,当非洲裔美国人意识到基于黑—白分数差的期待时,他们在标准化考试中的表现就没

---

① 最近的文献注意到这种适应性特征。Martha Nussbaum,《妇女和人类发展:能力途径》(英国剑桥:剑桥大学出版社,2000),第 2 章。

有本来的好,而且考试成绩也被视为处于那种期待的范围内。① 保守主义的经济学家格雷·贝克(Gary Becker)也曾经发现,非洲裔美国人以及其他一些少数种族群体在自己的人力资本投资中往往作出不当的决定,原因就是别人对他们的成功期望值不高。贝克指出,"雇主、教师和其他有影响的群体都认为少数种族成员的生产效率较差,而且这种看法似乎总能一语中的",从而使得这些弱势群体的成员"减少了对自身教育、培训以及工作技能的投资"——结果他们生产效率就真的差了。② 以上两个例子都说明了适应对标准化考试成绩的期待是怎样把沉重的负担强加到非洲裔美国人身上的,同时也说明了受害者自己是如何自觉地承受了由此付出的特殊代价(其他处境相似的少数种族或种族群体大体也是这样的情况)。这种代价影响了非洲裔美国人的起点地位,而且会违背背景公平所要求的在录用过程中所有的申请人应该地位平等的原则。

刚才所描绘的沉重负担有赖于不存在社会和道德地位的不平等时学生在考试中的表现,这样的考试是反事实的假设,带有很大的猜测性。然而,有一些独立的证据支持由此所得出的结论。从1981年到1990年,加州大学伯克利分校的一年级非洲裔美国学生的入学人数上升了百分之三十二。③ 有一种观点认为(在有关平权法案的争论中论

---

① 在一份有关这种现象富有影响的陈述中,克劳德·斯蒂尔(Claude Steele)谈及一个黑人学生,"种族被鄙视的状态贬低了他和他在教室中的表现。由于不相信他自己对这一地位的理解,他拒绝对自己的测量以反对其价值和目标"。见"种族和美国黑人的学校教育",《大西洋月刊》(1992年4月),第74页。另见"一种流行的威胁:种族成见如何影响了智力认同和表现",《美国心理学》,第52卷(1997),第613—629页。
② 加里·贝克尔(Gary Becker),"看待人类行为的经济学方式"(1992年诺贝尔奖获奖演说)。转引自努斯鲍姆(Nussbaum),《妇女与人类发展》,第126—127页。也见 Martha Nussbaum,《性与社会正义》(纽约:牛津大学出版社,1999),第151—153页。
③ 这一段余下所引数字都来自伯克利主管大学生事务的副校长 Genaro Padilla 致《纽约时报》编辑的一封信。值得注意的是在1998年,随着平权行动在加利福尼亚大学的结束,非洲裔学生的注册人数从1997年的6.8%下降为2.4%,这大致是上世纪60年代早期的水平。见 Bowen and Bok,《河流的形状》,第35—39页。

述过)伯克利分校通过降低录取标准从而增加了大一非洲裔学生的入学人数,因而对非洲裔学生的选优要求比原来的标准低。照此推论下去,那么这个时期录取的非洲裔学生的毕业率应该会比先前的低。可是,事实是在1981级的非洲裔学生中,有31%在六年内毕业;在1990级的非洲裔学生中有62%在1996年前毕业。换言之,这一时期伯克利的非洲裔学生的毕业率非但没有降低,反而增长了一倍。对于这一现象,最让人信服的解释就是早期较低的毕业率反映了"适应性的"表现,而当非洲裔学生的人数占伯克利总体学生人数的份额大幅增加后,他们认为自己具有了更高的平等地位,从而随之调整了自己的业绩表现。①

到目前为止,我都在讨论由于在大学和学院里运用标准化考试成绩而引起的对背景公平的担忧,因为它侵犯了地位平等原则。不过我还没有说明这些担忧主张如何来调整精英制的升学方案。或许有一些人会说,由于精英制升学方案侵犯了地位平等,所以我们需要另外的升学方案以更好地促进地位平等的价值。

这正是地位的观念或立场发挥了有价值的作用。回想一下,它反映出对竞争中人的初始位置而不是目标或目的的关心。近来一些道德哲学家,尤其像弗朗西斯·卡姆(Frances Kamm)和托马斯·内格尔(Thomas Nagel),指出,地位是一个独特的道德概念,因为它确认每一个人都是不可侵犯的,并因此对他人的行动和决定施加了某种限制。内格尔是这样解释的:

> 道德地位……意味着一个人在某些方面不受侵犯——那样的对待是不可接受的,一旦发生,当事人就已经受到了伤害。因此,一个人拥有或者缺少这种地位并非是偶然的。如果他享有

---

① 另一种具有讽刺意味的解释是伯克利放宽了毕业要求。事实上,尽管所有六年制毕业生人数从68%上升至80%的证据不支持这一点,但这也肯定与非洲裔学生成倍的毕业人数不相匹配。

这种地位,在他的权利受到侵犯时,他并没有失去它——相反,这种对待之所以被视为是对他权利的侵犯,正是因为他享有这种地位。①

由此类推,道德地位不是某种可以在人群中累计的东西,一个人的道德地位也不能因为贬低或者提高他人的道德地位而得到提高或贬低。作为一种价值,道德地位不允许这样的交易。如同卡姆所指出的,"尊重它可以为我们提供寻求人的幸福和其他价值的背景,造就如此有价值的人并不是我们的职责,但仅仅对这些限制的尊重就已表明了价值的在场"。② 我在第二章第四节也强调了这点,地位平等是关于个人在竞争中的初始位置的一种调节性理念;其作用是对竞争施以限制,而不是为竞争提供目标和目的。

我相信对道德地位的相关哲学分析是清楚的。在前文中我也强调过,由于精英制升学方案对于大学名额在社会成员之间的具体分配或模式并不敏感,因此,作为调节性理想的平等机会就应当视为是对这一缺陷的矫正。地位平等对精英制所设置的约束并非是借助认定某种应该最大化的价值,而是在为使社会资源发挥最大生产效益而追求才能总和的过程中,设定了个人不可侵犯的诸多权利。因此,针对大学和学院依靠标准化考试成绩来为特殊项目和职业学院做录取决定的措施,其公民权利申诉的一个重要基础就是它已经侵犯了源于非洲裔美国人平等地位的某些不可侵犯的权利。正如一个法庭未能确保对被告的无罪推定一样,高等教育机构在决策程序中运用标准化考试成绩的某些措施也等于否认了某些少数种族人士的平等地位。

---

① 托马斯·内格尔(Thomas Nagel),"个人权利与公共空间",《哲学与公共事务》,第 24 卷(1995 年春),第 89—90 页。
② Frances Kamm,《道德,死亡率,第二卷:权利,义务和地位》(牛津:牛津大学出版社,1996),第 272—273 页。

第四节　公民权利的含义

我们先对法律(statute)和法规(legislation)作一个有益的区分。①法律是由立法机关制定的一系列正式条文,法规是由法律创设或者确认的一系列法定权利、职责、义务、权力、许可或者禁令等。在本章一开始我提到的如1964年《民权法》、1965年《选举权法》、1977年《加拿大人权章程》和1976年的《种族关系法案》都属于法律。而法规——根据这些法律而生效或确认的一系列具体的公民权利——是明显不同的问题。法学理论家们在法律和法规的关系上总是争论不休,但大概都不反对就公民权利而言,至少应有一个一般性理论来解释公民权利的目的是什么。与罗纳德·德沃金(Ronald Dworkin)一样,我认为权利的突出特性就在于它可以保护少数种族群体免受社会选择的额外伤害,而这些社会选择是以社会多数人或公众的最佳利益之名作出的。对此,德沃金曾雄辩地指出,"权利是每个人手中的王牌。因为某种原因,当一个集体目标……不足以为它对个人所造成的损失和伤害提供正当理由时,个人享有权利。"②大学和学院依据标准化考试成绩录取学生就是一个权利问题,因为作为一种基于集体目标的社会选择——使相对稀缺的高等教育资源效益最大化——它对非洲裔美国人造成了伤害。权利有不同的类型,有抽象的和道德上的,还有一些属于特定机构的权利。公民权利就它是"一种法庭在其司法职能中能履行判决的制度性权利"而言,就是一种法定权利。"③

任何有关公民权利的一般理论都不应只引导公民权利法规,它也应当能够解释现有的围绕公民权利法规的司法判决现象。我已经表明,在

---

① 罗纳德·德沃金,"如何解读民权法",《原则问题》,第319页。
② 罗纳德·德沃金,《认真对待权利》,新版(剑桥,麻省:哈佛大学出版社,1978),第11页。
③ 同上,第12页。

特定项目和职业学院的录取中依赖标准化考试成绩,这种措施侵犯了非洲裔美国人源于平等地位的不可侵犯的权利,这为其公民权利的诉讼提供了一个基础。这种观点背后的一般公民权利理论认为,根源人的平等道德地位的公民权利标志着特定的不容侵犯的界线。

在涉及高等教育机构运用标准化考试成绩的公民权利判决中,这种理论有相当的解释力。我注意到,标准化考试近来成为一个重要的公民权利问题与平权法案的弱化有关系。面对公民权利申诉,那些实施了平权法案计划的大学会以某种"底线"式防范来进行辩护,这种防范是指尽管对标准化考试成绩有所依赖,但他们还是录取了更多的少数种族申请者如非洲裔美国人——也就是说他们的录用程序包括多个组成部分,既有对标准化考试成绩的运用,也有对某些弱势群体的照顾性措施,因而应从总体上评价其录取过程。然而,美国联邦最高法院否认了这种"底线"式辩护,对于实施平权法案计划以缓解标准化考试成绩给少数群体造成影响的大学和没有实施平权法案计划的大学,法院会一视同仁地规定相同的责任标准。① 换言之,针对高等教育机构运用标准化考试成绩的公民权利诉讼不取决于有没有实施平权法案计划,尽管像艾德利(Edley)在注释中所说的,平权法案的一个重要功能就是"纠正我们自己造成的在考试标准上的错误"。

这个例子清楚地表明,对公民权利的侵犯不能从某些更基本的价值和利益而获得其正当性。② 然而公民权利的这种特征在美国人最熟知的公民权利理论之下却难以解释,这种理论认为公民权利旨在促进种族平等。德沃金正是这种理论的支持者之一,他说 1964 年的《公民权利法案》"代表了国会为在教育、就业以及其他领域提升种族平等的决策,从

---

① 正如第九巡回法庭在 1996 年指出的,"最高法院拒绝了所谓[针对不对称影响主张]的'底线'辩护。同时法院强调,宪法第七条禁止'实施针对少数人群体的内嵌式程序和测试机构'"。见墨西哥裔美国人教育协会诉加利福尼亚州政府。
② 感谢 Christopher Edley 让我注意到这一点的重要性。

第四章 平等机会与公民权利：优长、标准化考试和高等教育

而终结一个经济时代,在这个时代里,那些半失业的黑人大部分被限制在报酬和收益很低的岗位上。"①前述例子所指出的问题甚为简单,如果公民权利旨在促进种族平等,据此类推,如果反歧视平权法案计划可以促进种族平等的话,那么当平权法案计划弥补了促进种族平等中的损失时,它与对公民权利的侵犯就并不矛盾。另外,若"底线"是种族平等,那么当确保了这个底线之后,逻辑上对公民权利的侵犯就是合理的了。然而,事实上当它涉及公民权利时,美国联邦最高法院拒绝了这种底线辩护策略。认为人基于平等的道德地位而具有特定的不可侵犯的权利,这种公民权利理论有一个长处,那就是它可以轻松地解释"底线"式辩护的错误。任何底线式辩护,包括那种借助现有的平权法案计划为侵犯公民权利行为而辩护的类型,都断定最重要或最有价值的是效益能够加总或最大化。平等地位不是那种价值,前面已经指出,人的地位不能因他人地位的原因而可交易或妥协。因此,如果人的平等地位还是公民权利所要捍卫的价值,则公民权利自身也就难保了。

与那种认为公民权利旨在促进种族平等的理论相比,当我们考查有关不相称或差别性影响的观点时,我提出的公民权利理论的说服力就更加明显。在美国,有关不相称或差别性影响的观点可谓是针对公民权利诉讼的最具影响的见解之一,且为其他一些国家所效仿。这方面最为典型的例证是1971年美国联邦最高法院判决的格里哥斯与杜克电力公司一案。② 当时杜克电力公司要求所有合格的申请者都至少具有特定的标准化能力考试成绩和高中学历,拥有这样的条件才能进入曾经为白人所垄断的就业岗位,格里哥斯一方的原告正是质疑杜克电力公司的此种措施。由于认为满足这些要求所带来的困扰是旨在歧视黑人申请者,最高

---

① 德沃金,"如何解读民权法",第319页。
② Griggs v. Duke Power Co., 401 U.S. 424(1971).

法院坚持该公司对申请者的这些要求实质上产生了歧视性影响,从而应原告的请求裁决取消了这些要求。不相称或差别性影响的观点的基本功能体现在类似的公民权利案件中,就是"质疑那些特殊的、貌似中立的实际措施,因为这样的措施往往带来歧视性影响,而且本质上使蓄意的歧视行为难以或不能被发现。"①

尽管1991年的《公民权利法案》已经明确承认存在"不相称影响",但美国相关的法律标准仍存在争议。一般认为它是种族歧视观点的逻辑延伸,即在涉及机会或稀缺资源的选择时,将种族作为一种标准。历史上政府蓄意的种族歧视事例举不胜举。它们都牵涉到法规中所运用的种族标准,如众所周知的弗吉尼亚州禁止跨种族婚姻法。② 但在有些情况下,标准并不直接表现为种族标准但事实上却具有同等功能。这方面最熟悉的例子就是世纪之交美国南部几个州的选举权法规,它们规定所有准选民必须参加文化水平考试,而在二战结束前就具有选举权的人及其后代可以免考。这些都不难将其归为种族歧视的案例。但不相称影响却与这两种情况不同,因为它所涉及的标准既有种族标准的功能,也具有其他方面的合理性。在格里哥斯案中要求标准化考试成绩和高中学历的措施符合这种特征,那些雇佣标准并不单纯是种族标准。那为什么格里哥斯案又成为种族歧视的案例呢?确切的说,因为在采用这些新的雇佣要求以前,原来的雇佣措施就已经带有歧视性了。杜克电力公司的这种新的貌似中立的措施其实与过去在雇佣中公然采用的歧视措施如出一辙,黑人因此而陷入更加不利的处境。当时首席法官沃伦·伯格论证说:"所有表面看来中立的措施、程序或者测试,即使在意图上……是中立的,倘若它们旨在固守先前已有的歧视性措施,都不能再

---

① *Latinos Unidos De Chelsea En Acion v. Secretary of Housing and Urban Development*, 799 F. 2d 774 at 786(1st Circuit, 1986).
② 瑞查德与米尔德里德夫妇诉弗吉尼亚(Mildred and Richard Loving), *Loving v. Virginia*, 388 U. S. 1(1967)。

予维持。"①这就使背景变得相当重要。② 在格里哥斯一案中,其背景就是表面上中立的标准——智商测试和高中学历的要求——实际上成了职场种族整合的障碍。但是联邦最高法院谨慎地并没有反对职场中所有的,而只是反对不合理的标准化考试。首席法官伯格规定:"如果某种雇佣行为排除一些[少数种族的人]而不能证明其与工作性质相关,那就应当予以禁止。"③这表明标准化考试成绩的使用必须与工作相关,且基于正当的行业理由。重要的是,即使在考试对社会中的一个少数种族群体存在负面影响时,公民权利也被认为应当调节而不是彻底禁止标准化考试。

遗憾的是,我所强调的重点往往被如下争论所模糊,即有关精确适用于评估某一雇佣措施是否与工作相关、且反映正当行业理由的法律标准的争论。继格里哥斯案之后,有观点认为这样的法律标准应该是:如果原告指控某些雇佣措施具有不相称的影响或者引起种族不平等,那么雇主负举证责任以证明该措施的行业必要性。然而在1989年的沃德科夫包装公司与阿托尼奥案中,最高法院却拒绝了这种看法,转而要求原告"证明他们所指控的不平等措施是缘于其反对的某个或者某些雇佣方式……[且]分别指明每种不当措施在雇佣中对白人和非白人造成的不同影响。"④如此一来,举证责任从被告转移到原告。而1991年的《公民权利法案》又将举证责任转回被告身上。而我认为,相比允许在有根据的情况下使用考试分数而不计其影响的司法判决的实质内容,它只不过是一个法律适用技术意义上的衍生问题。

这一特征在涉及高等教育机构运用标准化考试成绩时表现尤为明显,因为有理由相信法院会更加认可在教育领域而不是在就业领域运用那些考试成绩。在后一领域,广泛存在着对运用任何一种纸上练习来测

---

① 格里格斯诉杜克电力公司,401 U.S. 424(1971)。
② 例如,见迈克尔·佩里,"种族歧视的不对称影响理论",《宾夕法尼亚大学法律评论》,第125卷(1977),第557—566页。
③ 格里格斯诉杜克电力公司,401 U.S. 424(1971)at 431。
④ 沃德包装公司诉奥托尼亚,490 U.S. 642(1989)。

量相关能力的怀疑主义,这与前者恰好不同。除非原告能够成功地指出特定的学院或大学在运用某种标准化考试成绩时会给某些少数种族群体造成不平等的影响。然而,当测试的内容和测试的意图有一定的关系时,使用标准化考试就具有真正的教育目的,在这一点上法院有可能被说服。

1996 年第九巡回法庭关于美国墨西哥裔教师协会诉加利福尼亚州一案的判决可清楚地解释这一点。① 该案的焦点是加州教师委任委员会要求所有申请教师资格者通过阅读、写作和数学考试,也就是加州基础教育能力考试(CBEST)。原告们则认为这种考试的要求对于来自少数种族群体的一些准教师有不公平的负面影响。该案引发的一个重要的问题就是运用加州基础教育能力考试成绩所属的有效性类别。依据普遍准则,法院认为有三种不同的有效性类别可加适用:"[内容的有效性]指加州基础教育能力考试的项目在多大程度上呈现了所要界定的……主要内容,在这个意义上,基础阅读、写作和数学技能与教学工作存在关联……[标准关联的有效性]指个人在 CBEST 中的考试成绩在多大程度上对其他标准,如工作成绩富有预见性……[构想的有效性]指 CBEST 考试在多大程度上能够完成某种假设或心理设计的测量。"② 被告只提供了有关 CBEST 的内容有效性,原告反驳认为他们也应该指明标准关联的有效性和构想的有效性,但法院拒绝了原告的要求,其主要根据是标准关联的有效性和构想的有效性与所提倡的对 CBEST 考试成绩的使用目的不相符。法院进而这样解释,"CBEST 考试……并非旨在,也不是为了预见一个教师候选人在工作上的成绩……它也不是为了测量申请人的一般智力能力或者其他某种属性,相反,它意在测量阅读、数学和写作方面明确的具体技能。"③ 由于加州基础教育能力考试在测量这些阅读、写作和数学能力方面是有效的,且具有教育的目的,所以该巡回法院

---

① 墨西哥裔美国人教育协会诉加利福尼亚州政府,937 F. Supp. 1397(第九巡回法庭,1996)。
② 同上,937 F. Supp. 1397 at 1411。
③ 同上,937 F. Supp. 1397 at 1411–1412。

驳回了指控。

在坚持公民权利旨在促进种族平等的理论观点的人看来,试图理解上文的观点的确是一个挑战。这是因为促进种族平等的目的似乎不是法院有关内容有效性论证的核心,如果种族平等是所争论的主要原则,那么似乎很难想象不考虑标准关联的有效性,因为一个合格教师的工作表现与促进种族平等绝对相关,而内容有效性对这一目标无关紧要。种族平等的目标是如此的广泛和全面,因而很难清楚地解释对标准化考试成绩的不同使用,它涵盖了所有针对这一问题的公民权利判决。对于美国墨西哥裔教师协会诉加利福尼亚州一案判决的一个更加合理的解释就是,如果考试内容是有效的,法院就不会把加州基础教育能力考试视为是对少数种族申请人地位平等的威胁。正是基于这点,法院才能够区别CBEST考试的正当性与非正当性。

我总的观点是,即使在影响迥异的案例中,公民权利的作用也不是引进某些让法院去促进的独立价值或目标,而毋宁是调节程序和实践,施加限制和约束,如限制和约束标准化考试成绩的使用。通行的观点则认为公民权利的存在旨在促进种族平等,问题在于这种观点似乎不能很好地解释公民权利的这种调节作用,因为它设定了一个独立的目标——种族平等——这是公民权利的裁决似乎有意推进的。相比之下,地位平等的确是一种价值而非一种需要促进的目标。它提供了不可侵犯的原则,从而为促进或者追求诸如以精英机制为特征的其他目标设定了边界。因此地位平等是一种规范性价值,正是出于这一原因,它才能轻易解释公民权利所设定的规范调节作用。

考虑到黑人和白人在考试中的差距,有人自然会问:为什么使用标准化考试成绩没有违反地位平等呢?正如我已经指出的,这是因为他们没有认识到,在多大程度上不相称影响或不同的影响与明确拒绝一种措施是不一致的。早前所用的一种对比,即否定奴隶的后裔具有选举权的规定与格里哥斯(Griggs)公司采取的雇佣措施,可以解释这一点。前者的不公平毋需借助不相称影响的论证就一目了然,标准化考试结果貌似中立的特征则意味着在某些情况下,它们或许没有问题。有趣的是,即使是一些智商测试的最坚定反对者,如史蒂芬·杰伊(Stephen Jay)也承认在有些情况下智商测试的结果具有一定的价值。① 更重要的问题是:地位平等是否可以为完全禁止某些标准化考试成绩的使用提供理由?从公民权利意在保护地位平等的观点看,如果可以的话,在高等教育机构的录取政策上,哪些使用标准化考试成绩的措施应予禁止呢?

最广为使用的方法是将特定的标准化考试分数作为录取线,这种做法应当禁止。虽然采用录取分数线的做法相当普遍,但是还不清楚它是否违背了大多数考试机构的建议,这些考试机构包括大学董事会和教育考试服务部门。② 反对划定考试成绩分数线的理由是标准化考试成绩给非洲裔美国人步入高等教育殿堂设置了排斥性障碍。这并非是简单地说分数线的设置使非洲裔美国人的录取变得更加困难,而是这种安排甚至排除了许多非洲裔美国人获得录取竞争的机会。③ 就以法学院录取考试(LSAT)设定分数线为 160 分的措施为例,在 1992 年到 1993 的考试中,有 25.7% 的白人申请者得分在 160 以上,那个数字在印裔申请者中是 12.7%,在拉丁裔申请者中是 11.5%,而在非洲裔申请者中只有 2.9%。从优劣的涵义依赖于社会选择的背景来看,对于来自少数种族的人,当成绩用来界定录取的绝对区分点时,使用标准化考试成绩所带来

---

① Stephen Jay Gould,《人的测量》,修订版(纽约:诺尔顿,1996),第 185 页。
② 见吉姆·瓦斯拉克,"停止且放下你的铅笔:标准化入学考试的使用和滥用",《学院和大学法学院学报》(1994)20 卷,第 406 页。然而,资助标准化考试的组织一直都被批评为并不真正关心考试的有效性以及相应的作弊现象。这些组织往往因为相信将对企业不利而被认为更倾向于掩盖这些问题。例如,见埃里克·道格拉斯和乔恩·诺海默,"考试业务巨头对作弊三缄其口",《纽约时报》(1997 年 9 月 28 日),第 1 版。
③ 这里所隐含的一个区分就是在竞争过程如升学考试中,和在并无人数限制的认证过程中对考试分数作为截止点的使用。这一点与我对墨西哥裔美国人教师协会诉加利福尼亚州政府一案判决的赞同态度的解释高度相关。其中,加利福尼亚基本教育技能考试(CBEST)的截止线是 50%,但关键利益——教师资格证——并不属于竞争性的且没有人数限制。

的不相称影响就扩大了,这对非洲裔美国人的地位平等造成更大的威胁。在高等教育机构的录取中严格依赖标准化考试成绩的措施同样可以推出这样的观点。

如果我们审视一下围绕密西西比州立大学的大规模公民权利诉讼,通过禁止使用录取分数线来保护地位平等的重要性就一目了然了。这些案件的历史可以追溯至 1975 年,当时有一群原告代表所有密西西比州黑人集体起诉该州一直维持高校的种族二重制。他们指出,该州高等教育机构理事会管理和控制的八所公立大学仍然实行种族隔离,历史上五所白人大学(HWIs)几乎仍是白人专有,而历史上三所黑人教育机构(HBIs)也仍然是黑人专属。起诉的目标是该州理事会 1961 年采取的一项政策要求所有入学申请者参加美国大学考试(ACT),并且授权每一所大学在录取本科生时自行设定最低 ACT 得分。白人大学(HWIs)到 1963 年全都要求申请者在 ACT 中的最低得分至少达 15 分,然而当时在美国大学考试(ACT)中白人学生的平均得分是 18 分,黑人学生的平均得分则是 7 分。

在联邦政府诉福斯特一案中,最高法院坚持认为这些录取政策起初是基于歧视目的,而且它们的歧视影响持续存在,因为最低 ACT 考试成绩的要求"限制[了]申请学生的高校选择范围,以某种方式维持了隔离。"①反对使用美国大学考试录取分数线的理由是,在密西西比州的公共高等教育体系的所有大学中没有统一的的录取分数线标准,而这样所导致的后果就是黑人被排挤到黑人教育机构(HBIs)中去。有些民权活动家对这一决定最初的反应是,它意味着密西西比州黑人大学的历史性终结。②

---

① Ayers v. Fordice 111 f. 3d 1183 at 1190(5th Circuit,1997)at 1193, quoting United States v. Fordice.
② 阿历克斯·M. 约翰逊,"白特·惠斯特、汤克和美国政府诉福迪斯:为什么对非州裔美国人的一体化主义又失败了",《加州法律评论》,81 卷(1993 年 12 月),第 1401—1474 页。

1996年秋季,密西西比州的高教理事会在所有八所公立大学中采用新的统一录取政策。该政策使正常的录取只需符合三种标准之一即可——其一是完全基于大学毕业生标准化考试(GPA),其二是将GPA考试与设有严格分数线的美国大学考试(ACT)成绩相结合,其三是仅仅基于设有严格分数线的美国大学考试(ACT)成绩。该政策也允许通过春季筛选考试和夏季补录考试进行录取。新政策从一定程度上在密西西比州的大学体系中废止了种族隔离。

这种新的录取政策在大学体系中引入了两个鲜明的特征。第一个特征就是在白人大学和黑人教育机构中统一了录取标准。第二个特征是白人大学自1961年以来第一次不再要求申请者须符合美国大学考试的分数线而被正常录取。与此相关,最高法院对联邦政府诉福特斯一案的裁决所导致的后果就是,白人高校在正常录取中采用了多元标准而不是只依据美国大学考试的分数线。

第五节 对平权法案的担忧

有些读者或许担心,我所捍卫的公民权利理论可能成为强烈反对平权法案的基础。平权法案作为一种考虑群体成员资格或身份的计划与政策,旨在补救某个种族、族群或其他少数群体的代表性不足。人们所熟悉的反对平权法案的理由是认为它不公平。它考量个人的种族或民族身份,而有些人——特别是那些来自多数群体的白人,把这种身份识别视为一种负面因素。平权法案被认为侵犯了这些人的公民权利,因为他们由于自己的种族或族群身份而遭受了歧视。这种观点或许是三个最富争议的挑战平权法案件的关键。这三起案件分别是:1978年美国最高法院判决的加利福尼亚大学管理层诉贝克(Bakke)案;1996年第五巡回法院判决的霍普伍德(Hopwood)诉德克萨斯州案;2002年第六巡回法院判决并在2003年上诉美国最高法院的格拉特(Grutter)诉密西根大学管理层案。① 作为对这种观点的回应,那种认为公民权利就是为了促进种族平等的公民权利理论获得了广泛支持。其逻辑是,由于平权法案旨在促进种族平等,所以把某个"白人"的公民权利与平权法案对立起来毫无意义。② 相比而言,我一直在维护的另一种观点——公民权利以地位平等为基础界定了个人某些不可侵犯的权利——或许会支持那些反对平权法案的公民权利诉讼。平权法案似乎是增进了公认的少数弱势人的利益,但毕竟是以牺牲某些"白人"的利益为代价的。难道平权法案没有威胁到他们的地位平等并侵犯他们的公民权利吗?

应该很谨慎地将这一问题与有关"无辜者"反对平权法案正当性的争议区分开来。那种观点批评平权法案:

> 平权法案计划对白人男性的排斥是不公平的,尽管白人男性自身没有给黑人或妇女造成什么伤害,这种指责认为,除非那些人(白人或者男性)亲自参与了对现在享受优待的种族的歧视行为,否则相比直接享受优待的人,平权法案计划对这些人(白人或男性)总是不公平的。如果他们没有亲自参与其中具体的歧视行为,那么他们就是无辜的,仅仅因为他们是白人或者男性而向他们施加平权法案程序,使之处于劣势,这反而是对他们不公平的歧视。③

这种"无辜者"的反对观点在平权法案的捍卫者中间产生了一些机智而复杂的回应。④ 但我认为,完全没有必要为了证明平权法案没有威胁到那些来自多数群体的白人的平等地位而回应这种观点。

---

① Regents of the University of California v. Bakke, 438 U. S. 265(1978); Hopwood v. Texas, 78 F. 3d 932(5th Circuit, 1996), cert. denied, 116 S. Ct. 2582(1996); Grutter v. Lee Bollinger, et. al. (6th Circuit, May 14, 2002).
② 罗纳德·德沃金对这种观点的陈述最为有名:"为何贝克没有正当理由",《原则问题》,第14章,重印本。
③ 罗纳德·费斯(Ronald Fiscus)平权法案的宪法逻辑,(德尔姆:杜克大学出版社,1992),第4页。
④ 尤见,凯瑟琳·沙利文,"歧视的原罪",《哈佛大学法律评论》,第100卷(1986),第78—98页;以及费斯,《平权法案的宪法逻辑》,第1章。

在一种精英制方案中运用标准化考试成绩来标示优秀,并据此决定大学和学院的录取,当这种社会选择一旦做出时,由于分数上存在证据确凿的"黑白"差距,那么美国黑人的平等地位就受到了威胁,这正是本章的主要观点。在这一背景下,竞争过程中某种社会选择如果只反映多数人有关何谓优、劣的看法,那么在这种社会选择的结果面前,美国黑人就是一个脆弱的少数群体。这样一来,公民权利就代表了一种规范调节策略,它保护在这种选择方式下受到威胁的地位平等。

这不能直接等同于某个来自"白人"群体的人被平权法案计划所排斥的情形。因为他不是来自弱势群体的成员,而且正如经常所强调的那样,平权法案并非是由任何令人不快的针对白人或男人的歧视而引起的。实际上,平权法案往往是作为一种反映多数人意愿的典型的社会选择的产物,但这一点总是没有得到足够的重视。比如说,它就不是法院用来反对多数的措施。这一点在阿兰贝克(Allan Bakke)案和谢丽尔·霍普伍德(Cheryl Hopwood)案中都得到印证。贝克案中控告的主题是针对加利福尼亚州立大学戴维斯医学院在招生政策中采用的平权法案计划;霍普伍德案的控告主题是针对德克萨斯州立大学法学院在招生中的平权法案计划。在两个例子里,那些平权法案计划反映了当选的州议院的意图。事实上,在 1996 年第五巡回法院判定德克萨斯州立大学法学院的平权法案计划违宪且最高法院拒绝受理上诉后,作为对此的回应,德克萨斯州议院为州立大学确立了一种新的平权法案政策——确保德克萨斯每所州立中学的毕业生中有百分之十的优等生可以进入公立大学和他们选择的学校——而不是依据申请者的种族分类,尽管其中有些申请者在别的条件下会被录取。初步迹象表明,就大学毕业生的多样化而言,这一政策与基于种族的平权法案有相似的结果。① 这种立法创

---

① 乔迪·威格瑞,得克萨斯州前 10%的法则显示保持了学院的种族多元性,《纽约时报》,1999 年 11 月 24 日,A1,A18。

制清晰地说明,平权法案政策通常是政治决策的产物,该政治决策是以熟悉的多数原则为指导,因而很难说那些决策会威胁到多数群体成员的地位平等。①

支持这种怀疑论的另一种意见也质疑平权法案会对白人产生截然相反的影响,尤其是在大学和学院的招生过程中。人们往往断定平权法案不仅影响到受排挤的特定的个人,如阿兰贝克和谢丽尔,而且还从整体上对所有白人申请者有着极不对等的影响。自1978年起二十年以来,还没有相关的统计数据来支持或者反对这种论断。1998年,一个来自由梅隆基金资助的名为"大学及其超越"的数据库的发现和威廉姆·博文(William Bowen)与德里克·鲍克(Derek Bok)合著的《河流的形状》一书填补了这个领域的研究空白。博文是普林斯顿大学的前任校长,伯克是哈佛大学的前任校长,他们根据这个数据库的数据,在书中揭示出支持大学和学院的平权法案计划的图景。与此最为相关的一点是,他们通过对所选大学和学院的录取程序的调查发现——在现有的平权法案计划下,白人申请者的录取率为25%;而如果没有这种平权法案计划,其录取率将升至26.5%。② 换言之,与广泛流行的看法相反,平权法案在招生中对白人群体影响甚微。

第六节　结论

这一章,我的目标是从作为调节性理想的平等机会模式来说明公民权利的一般理论。我通过详细说明地位平等的背景原则,从而指出它如何解释了美国公民权利判决中的一些主要特征,这种理论较之那种认为公民权利旨在促进种族平等的理论更好。我也表明了地位平等原则为

---

① 保罗·伯斯坦对反歧视创始行动是人们所熟知的多数政治的产物给出了良好的解释,《歧视、工作和政治:美国自新政以来争取平等就业机会的斗争》(芝加哥:芝加哥大学出版社,1998年新版)。
② 博文与鲍克,《河流的形状》,第36页。

何并不排斥平权法案计划。这并非是支持平权法案的根据,我会在下一章论述支持种族平权法案的理由,在第七章论述支持有关性别的平权法案的理由,二者都以作为调节性理想的机会平等的三维模式为基础。

我也试图理解公民权利有关美国大学和学院运用标准化考试成绩的新动议。我反对那种认为公民权利排斥任何一种使用标准化考试成绩的观点,我已经充分说明,大学和学院在招生中使用录取分数线侵犯了非洲裔美国人的公民权利。对于有些读者而言,这一点也许算不上是有关公民权利新动议的有说服力或深远的结论,他们或许期待更多。但是,倘若大学和学院停止在招生过程中使用录取分数线,则很难预言那将意味着什么。事实上,美国高等教育机构使用录取分数线的措施甚为普遍,终止这种措施会急剧地改变大学和学院的录取体制。

精英制录取方案目的是最大限度地利用社会教育资源,而公民权利被设想为可以在其中起到监督、调节作用。这也允许我们重新思考优长的含义,而以往有关优长的看法没有顾及某种少数人的有待澄清的优长概念。而博文(Bowen)和鲍克(Bok)基于"大学及其超越"数据库所得出的一个极为重要的发现是:在过去二十多年中,从美国知名高校毕业的非洲裔学生已经为美国社会做出了十分有价值和独特的贡献,即使在录取时其成绩比对应的白人学生低。① 这些发现支持这样一种意见,即质疑大学和学院对标准化考试成绩的依赖而不必指控其中存在的公民权利问题。

---

① 博文与鲍克,《河流的形状》,第284页。

第五章 一体化，多样性与平权法案

第一节 导言

这一章旨在为带有族群意识①的平权法案（Affirmative Action）是否符合作为调节性理念的三维平等机会模式的要求而辩护。与前一章相同,有关种族和社会政策的讨论以美国为背景,我与保罗·白斯特（Paul Brest）和米尔达·奥斯基（Miranda Oshige）一样,将平权法案理解为:"平权法案计划寻求矫正特定种族、民族或其他被视为群体或作为群体来对待的人群的代表性不足。"②就我们的目的而言,在有关稀缺资源,如获得工作或大学升学等机会的竞争中,平权法案计划意义重大,因为它要求在分配这些资源时,种族或者被看成特定目标群体的族群应作为一个额外因素加以考虑。在美国,尽管配额往往与平权法案和基于族

---

① race-conscious 一般译为"种族意识",但在汉语中,"种族意识"也可以指种族歧视、蔑视等种族偏见和错误观点。而本章里,作者并非是在这个意义上来使用该词,而是作为一种中立的描述词来使用,不包括道德评价的意思。为避免误解,本章译为"族群意识"。——译注
② 保罗·白斯特,米尔达·奥斯基,"谁的平权法案",《斯坦福法律评论》,第47卷(1995),第856页。有关理解平权法案共识的困难的讨论,见米歇尔·罗森费德,《平权法案与正义》(纽黑文:耶鲁大学出版社,1991),第42—48页。

群意识的平权法案计划等联系在一起,且的确成为一种无处不在的额外因素的主要类型。但在竞争中对种族作为额外因素的强调应该小心地区别于这样一种安排,即认为应该将特定比例或配额的工作机会与升学机会特别预留给少数族裔。我将为这种类型解释和辩护。

尽管考虑额外因素的平权法案作为美国的公共政策已有 30 多年,且它一直在有关种族构成、机会平等与法律的复杂关系中充当避雷针,但它的存在仍然富有争议。争议的焦点是平权法案的族群意识特征。在工作或大学入学机会等类似的稀缺资源的竞争中考虑个人的种族因素,这是否公平?最富有影响的反对意见坚持认为它带有"落后的种族界线",主张严格的无族群意识的社会政策并指责平权法案违背了这一理想。① 平权法案的支持者必须能够解释当某些机会的竞争成败攸关时,为什么族群意识是被允许和必要的。

正如我在第四章第五节中所提到的,平权法案一般认为主要是由关心公共利益和社会正义的立法机构发起的。撇开通常的选举政治,平权法案的反对者一直寻求从两个途径来限制和阻止立法机构实施平权法案计划。第一种途径是通过公民投票来对议会制定带有族群意识的平权法案施加法律限制。这种策略最有名的成功个案也许要算 1996 年加利福尼亚宪法修正案的公民投票,这一修正案禁止在所有公共就业、公共教育及公共部门合约中实施平权法案。② 第二种途径则是诉诸于法院对有关平权法案立法的司法审查。对平权法案的反对者来说,诉诸司法审查一直被认为是最有效的策略,这也解释了在美国,为何法院一直居于有关平权法案争议的中心。

这一策略效果最明显的要数 1997 年 11 月皮斯克特威镇教育委员

---

① 这一词来自格伦·C. 罗瑞,"落后的种族界限",《大西洋月刊》,1997 年 11 月,第 144—154 页。
② 参见加利福尼亚宪法,第 1 章 32 节,同样值得注意的是这种对平权法案的强烈反对并不仅见于美国,譬如,加拿大安大略省新当选的保守党政府因为"平等机会"的原因就废除了 1995 年的平权法案。

会诉特克斯曼一案①。在此案的处理过程中,作为自由民权团体的联合会,黑人领导论坛显然发挥了主要作用,而高等法院正计划数周后对此案进行辩论,要对基于种族的平权法案进行司法审查。在该案中,匹斯克特威镇教育委员会的政策是在教师具有同等资格和资历的条件下,解聘教师时优待了少数族裔的教师。匹斯克特威镇教育委员会证明这一政策正当性的理由是,它符合促进种族多样性的目的。1996年第三巡回法庭裁决,特克斯曼案中解雇白人教师沙蓉·特克斯曼的这一政策违反了权利法案第7条。高等法院根据上诉同意1997年6月重审此案。在支付了特克斯曼补欠工资、索赔款及法律诉讼费用共四十三万三千五百元后,该案得以和解。值得注意的是,黑人领导论坛同意筹集其中的三十万八千五百元,以此避免高等法院对该案作出裁决,尽管黑人领导论坛并非是此案中的一方。②

虽然说由第三方支付百分之七十的费用超乎寻常,但却不难理解黑人领袖论坛背后的动机,这首先源于他们对匹斯克特威镇教育委员会案件弱点的洞察。民权团体不仅担心第三巡回法庭的裁决有可能得到高等法院的支持,而且更担心高等法院有可能根据多样性的目标给出反对平权法案计划的一般性裁决,除非地方教育委员会承认确有种族歧视的事实存在。如果高等法院考虑采取这样的步骤,事实上将颠覆加利福尼亚州立大学校董事诉巴基一案中所确认的法律标准,如果该案在法庭上是一个非常强有力的个案,则更有利于民权团体。第二个动机是赢得时间,推迟高等法院有关平权法案的重大裁决在两个方面具有重要意义。

---

① 1989年,新泽西州皮斯克特威高中(Piscataway High School)在裁员时,校方以维持种族多元化有益教学为理由,留任了黑人教师Debra Williams,而裁撤了白人教师Sharon Taxman。但两人资历相同,且于同一天开始任职。诉讼中,联邦地方法院裁定校董事会决定违法,应予当事人赔偿。联邦上诉法院第三巡回法庭维持了地方法院的判决。此案在全美引发有关平权法案的争论,由于担心联邦最高法院可能会在本案中做出对实施平权法案不利的判决,民权组织积极斡旋,双方庭外和解,黑人领袖论坛等17个民权团体组成的联盟分摊和解费用433,500元的75%。原告在联邦最高法院欲举行此案听证会前夕撤诉。——译者注
②《纽约时报》,1997年11月23日,第1版。

首先,它为高等法院的法官构成发生变化提供了可能;其次,它也为民权团体和其他团体反思平权法案的理论基础提供了时间。匹斯克特威一案清楚地表明,问题的关键是努力在公众头脑中重新明了,在当前的美国,为什么正义要求实施针对少数人的平权法案计划,尤其是非洲裔美国人,以及这些计划如何遵从了普遍的公平标准。①

与此同时,具有讽刺意义的是在过去十年的时间里,保守主义者对平权法案的批评却取得了法律和政治上的重大胜利,70年代和80年代对平权法案持保守批评态度的主要理论家,像著名的格伦洛里和内森格拉泽,都为平权法案辩护,并质疑其退缩。内森格拉泽认为废除平权法案将"对国家有害"。② 同样的,格伦洛里也宣称"存在这样的情形,即由于承认特定人群的种族身份,公共政策推进所有人的普遍利益的能力提高了"。③ 这种背弃使我意识到,现在的确是重提围绕平权法案及其与机会平等关系的复杂争论的一个良好时机。

上一章的结论中我提到,有令人信服的证据显示,大量有关平权法案的讨论已经曲解了它对并非是平权法案所针对群体的影响。例如,在允许升学自由选择的情况下,废除平权法案使白人申请者获得入学的机会仅从25%增加到26.5%。截至1997年底的民意调查证实这一点,经过30多年的平权法案,仅有7%的美国白人相信他们因平权法案而处于弱势地位。④ 这并不令人感到意外,因为基于种族的平权法案通常是以少数种族,如非裔美国人或印第安人为目标的。⑤

这一调查另外的证据也显示,作为穷人对立面的中产阶级,非裔美

---

① 我对美国高等法院更深入的讨论和观察见"一致性,多样性与平权法案";载《法律与社会评论》,32卷,第3期,(1998年),第102—103页。
② 内森格拉泽,"为偏爱辩护",《新共和》,1998年4月6号,第24页。
③ 格伦洛里,"平权法案过时了吗?是否应该?"《评论》,1998年3月,第38页。
④ 奥兰多·皮特森,"一致性的考验",(华盛顿特区:西维塔/康特坡,1997),第148页。
⑤ 就其潜在目标是占一半人口的妇女而言,平权法案在这点上有一个鲜明的对比。这使我认识到平权法案对妇女而言,有着完全不同的理论意义。见第三部分第八章。

国人是平权法案计划的主要受益者。奥兰多·皮特森将平权法案视之为"解释非裔美国中产阶级崛起的一个最重要的因素"①，威廉姆·朱利丝·威尔森清楚地解释了为什么中产阶级是主要的受益者：

> 来自少数人群体中最优良家庭的小部分人很容易不成比例的以最好资格获得更好的机会——例如高薪工作、大学入学、提升等等……平权法案……仅仅适用于种族或族群，则容易导致所指向群体中相对优势的部分人受益，而法案可能对真正被剥夺的成员无所助益。②

与此相关，平权法案的受益者其实是一个相对较小的群体。③ 由于这些原因，在美国，与在高等教育入学和其他工作申请，如警察录取等职位的竞争中，停止用标准化考试的成绩作取舍相比（如我在上一章所极力主张的），实施或保留平权法案不可能对非裔美国人的机会公平产生任何更多的戏剧性效果。

在第四章第五节，我解释了为什么平权法案并没有将它所指目标群体之外的竞争者的平等地位置于危险境地，因此，它并没有违背背景公平的要求。然而，这一解释并不构成平权法案政策正当化的理由。这一章重在阐明，美国的平权法案应当视为是风险公平所要求的。回溯一下机会平等的三维模式所确认的竞争调节规范的三个维度，风险竞争规则确认了风险竞争的内容，确保更全面的分配，及约束更多竞争者的输赢。实际上，在美国的升学和求职等风险竞争中，以种族为基础的平权法案应当被视为是促进风险公平的一种有效途径。

---

① 皮特森，《一致性的考验》，第 147 页。
② 威廉姆·朱利丝·威尔森，《真正的弱者》，（芝加哥：芝加哥大学出版社，1987），第 115 页。
③ 然而在这里，我并不是要否认平权法案对这些少数群体而言的巨大作用。加利福尼亚大学伯克利分校 1994 年入学学生中，88%的非裔美国学生承认，在升学过程中，他们受惠于对他们种族因素的额外考量。仅有 12%的学生承认，他们只依靠了学习成绩考核的 GPA 和 SAT 分数。见 Michael W. Lynch，加利福尼亚大学的平权法案，《伦理学与公共政策》，第六卷，1997，第 148 页。

实施平权法案的理由通常被分为两种，即前瞻性的或回溯性的。前瞻性的理由确认应实施平权法案来达到的一些目标和目的。回溯性的理由则确认平权法案作为一种手段来补偿先前的非公平或错误待遇。尽管因为毋庸争议的黑人奴隶制历史以及吉姆·克劳法的存在，回溯性的理由针对非裔美国人的情况而言理所当然，但是这种理由普遍被认为在两个方面存在问题：一是多数情况下，平权法案主要的受益者不是奴隶制或吉姆·克劳法的受害者；二是承受平权法案负担的那些人并非是那些非正义的实施者或必然是非正义的获益者。① 前瞻性的理由一般认为更有说服力。

然而存在多种不同的平权法案的前瞻性理由，在公共论坛和美国法律领域占主导地位的有二种。第一种（我称之为一体化理由）将平权法案计划看成是吸纳种族、民族或其他群体的一种手段，否则，无论有意与否，这些群体就有可能被排斥在或远离于特定职位和机会之外。在这个意义上，平权法案就是大量旨在促成不同种族和民族更好社会融合的政策工具之一。它起源于 20 世纪 50 年代和 60 年代的民权运动。② 第二种理由（我称之为多样化理由）则将平权法案视为促成多样性目标的手段，即在种族、民族、社会的性别构成，经济及被历史性地烙上僵硬同化痕迹的政治机构等方面的多样性。它的目的不是借助整合来使多样化背景的社会成员被吸纳和同化到社会主流体制中，而不如说是使体制本身向反映美国社会的多样性转变。自从法官鲍威尔在 1978 年加利福尼亚大学诉贝克一案所表达的意见里宣布："一个多样性的学生机构的出

---

① 这里的例外是理查得·德格达，"为什么大学有争取多样性的道德义务：完善平权法案的补救原理"，《科罗拉多大学法学评论》，68 卷（1997），第 1165—1172 页。值得注意的是，德格达将正当的回溯性平权法案视为是对前瞻性平权法案的一种补充。

② 例如，马丁·路德·金在《为何我们不能等》（纽约：哈玻和诺奥，1964）中就写道："不管何时提出有关对黑人的补偿和选择性对待问题时，我们的一些朋友就有恐惧的反应。他们同意，黑人理所当然是平等的，但他们不应要求任何更多的东西。表面上看，这是合理的，但这不现实。因为很明显，当一个人比另一个人在起跑线上落后三百年时，这个人要完成一些不可能的壮举才有可能赶上他的对手"。第 147 页。

现……显然是符合宪法为高等教育机构所定目标的"①之后,多样性理由已经变得相当引人注目。

本章提出了两个相互关联的论断。其一,仅仅依靠一体化或多样性的理由,平权法案将有严重缺陷,两个前瞻性的理由应当合并起来考虑。其二,一体化与多样性最终之所以重要,是因为他们促进了特定机会竞争的风险公平。

第二节 何种多样性？谁的多样性？

虽说法官鲍威尔的意见距今已有 25 年之久,但它一直影响和决定着美国平权法案程序的法律标准。② 事实上,这一标准允许将竞争者的种族或族群身份作为一种额外因素来对待,譬如在大学升学中。由于这一标准与多样性理由的直接关联,那些注重在法庭上捍卫平权法案的人将其发展成一种可依赖的令人信服的司法策略。③ 然而,我较少关注更细的法律条文方面,我更关心以多样性理由为平权法案辩护时,如何占据一个更好的立场。

从这一角度看,多样性理由有重要缺陷,因为它不清楚促进何种多样性以及谁的多样性。例如,试考虑一下加利福尼亚大学法学院自结束

---

① 加利福尼亚大学诉贝克,438,U.S 265 (1978),第 311—312 页。
② 对这一观点突出的反例是美国上诉法院第五巡回法庭在霍普伍德诉德克萨斯州一案中所表达的意见,它支持对德克萨斯大学法学院平权法案入学方案的质疑,拒绝该方案的多样性理由时,它说"我们同意原告的观点,即为有多样性学生机构的目的,法学院任何对种族或民族因素的考虑都并非是宪法第十四修正案所言的明显而充分的利益所在。法官鲍威尔在贝克一案中的论点只代表他自己的一票,从不代表在贝克一案中法院多数人的意见,也不代表在任何其他情况下……出于多样性的目的将人按种族来分类,挫败而不是促进了平等保护的目的。"霍普伍德诉得萨斯州,78 F.3d 932(第五巡回法庭,1996),944。在质疑密西根大学法学院平权法案的案件中,第五巡回法庭的意见没有被美国上诉法院第六巡回法庭所采纳。
③ 例如,见廉姆和德里克·博克,《河流的形状:大学和学院升学中顾及种族的长期后果》,(普林斯顿:普林斯顿大学出版社,1998),第 13 页。

平权法案升学政策以来的情况,它往往被描述为学院的"漂白化"趋势。①1997年第一学年只有一个非裔美国人在博特霍尔法学院(伯克利)注册,这一事实常被生动地用来说明这种趋势。但平权法案的批评者抓住加利福尼亚大学升学变化的另一面揭示了多样性理由的歧义性,斯蒂芬·特尔斯托姆指出,1997年博特霍尔法学院注册的非裔和拉丁裔学生人数是大幅下降了,但这一下降趋势事实上明显被部分亚裔学生的注册人数上升所抵消。在加利福尼亚大学洛杉矶分校法学院,非裔和拉美裔学生的注册人数也下降了,但亚裔学生的注册人数却大幅增加。"事实上,"特尔斯托姆说,"博特霍尔法学院注册的少数族裔学生人数并没有下降,反而是上升了18%"。② 换言之,这并非是加州大学的"漂白化"趋势,而毋宁是一些少数种族被另一些少数种族所代替的趋势。根据多样性理由,如何解释对一个种族的优待要超过其他少数种族呢?

类似的问题也关系到平权法案的受益者,此前我承认作为中产阶级的,而不是穷人的非裔美国人才是平权法案计划主要的受益者。根据多样性理由,平权法案对中产阶级的偏爱是有问题的,因为如果平权法案的目的是促进和保护多样性,它应该旨在按社会经济背景成比例地惠及多种社会成员,多样性理由似乎无法解释为何平权法案的目标是非裔与拉美裔的中产阶级,而不是贫困的非裔美国人与拉美人,或是贫困的白人。

我此处所提有关多样性理由的问题与赞同多样性的评论家们(如乔治·希尔等)所提的问题类似,然而,希尔断言,一旦我们面临何种多样性及谁之多样性这两个问题时,我们最终就必须依赖于复杂的涉及伦理和历史包袱的对平权法案的回溯性辩护。他声称,"当我们质问为什么多样性理由仅仅聚焦于特定群体时,我们就不可避免地回到他们先辈的

---

① 这一说法常见于主流媒体。例如,布伦特·史泰博,《自冷战以来的配额抢劫者》,《纽约时报》,1998年4月12日,第4版,第12页。
② 斯蒂芬·特尔斯托姆:"告别偏爱?",《公共利益》,1998年冬季号,第42页。

成员曾遭受的非正义和歧视对待。"①我认为,希尔和其他人所持观点都不能将平权法案的多样性理由与前瞻性一体化理由非常合理地联系起来,从而也就不能给我们提供有关何种多样性、谁之多样性问题的正确答案。

第三节 重估一体化理由

平权法案的一体化理由反映了对美国社会中被边缘化、或被排斥在基本人权或机会之外的那些种族、族群或其他群体的关心。根据这一理由,平权法案目的在于将这些群体整合进社会和制度网络并改善他们的权利和机会。美国在 25 年以前,一直都没有一个严肃的、可供选择的种族关系一体化模式来作为民权运动的基础。种族一体化的愿景推进了大量种族平等的诉求,美国高等法院在布朗诉教育委员会一案中拒绝"分离且平等"原则的判决也充分体现了这一点。种族隔离是反平等的,种族一体化才现实可行。通过种族一体化,黑人和其他少数种族将得到他们过去被否认的经济和社会机会。

一体化理由真正的力量在于,与多样性理由不同,它能够区分社会中哪些群体应当成为合法的平权法案的受益者,实际上,其目标就是那些在社会结构分层中被抛在正当社会福利分配后面的群体。与偶尔受到苛刻对待的少数不同,平权法案的目标群体是那些已经受到"一般压迫模式"②影响的群体,更重要的是,谁应是平权法案的受益者,这一分析本质上就是社会学的,而非历史学的,随之更强调财富、收入和权力等,即使是留意到历史因素时,也必须与这些分析相联系。

一体化理由因此对多样化理由的缺陷作了重要修正。恰如德伯

---

① 乔治·希尔:"多样性",《哲学与公共事务》,第 28 卷(1999),第 90 页。
② 罗伯特·科菲尔区分了这两种少数群体之间的界限。"保护少数人司法能动主义的起源",《耶鲁法学杂志》,第 91 卷(1982),第 1304 页。

拉·马拉德(Deborah Malamud)所指出的,"多样化理由难以令人信服,除非它能够解释在平权法案之前形成的多样性情况下,为何存在以种族为基础的经济不平等。"①为什么加利福尼亚大学法学院学生注册趋势令人困扰,其原因在于,无论是谁替代了他们——这一被替代的群体——非裔美国人和拉美裔美国人——都是美国社会中传统社会学分析意义上的最小受惠群体。与此类似,关注黑人中产阶级是有道理的,因为如果平权法案对一体化和多样性二者都关注的话,根据住房、工作、收入安全等社会经济指标,美国的黑人中产阶级"显然整体上较白人中产阶级更差,因而在白人主导经济与社会的竞争中处于弱势地位"②,平权法案的一体化理由引人注目的地方在于它将社会经济中的边缘群体置于问题的核心。因此,一体化理由只有结合平权法案的多样化理由,才有可能说明何种多样性及谁之多样性的问题。

但一体化的理想却命乖运蹇,批评者质疑其一体化理由的完整性及其效果。学校隔离的案例很好地说明了一体化的问题。在布朗诉教育委员会一案中,大法官沃伦强调了分离如何伤害了"有色"孩童的心灵与思想,并强调与白人小孩的一体化将潜在地有益于"有色"孩童。然而,这一著名的判决对白人孩童从与黑人孩童整合中的受益却不置一词,一体化成为了单行道。这一点因以下的事实显得更为突出,即由于上世纪50年代和60年代的种族隔离政策,美国南部的学校董事会里,成千上万的黑人教师和校长丧失了他们的工作。③ 试设想一下黑人教师对白人小孩的教导和训练!

多样化理由可视作是对关注一体化理由完整性的一种矫正。法官鲍威尔诉巴基一案中所强调的是所有享受多样化教育的人的利益。不

---

① 德伯拉·马拉德,"平权法案、多样性与黑人中产阶级",《科罗拉多大学法律评论》,第68卷,第941页。
② 同上,第967页。
③ 见德瑞克·贝尔,《我们没有被补救:难觅种族正义》(纽约:贝斯科出版社,1987),第266页注释3。

仅是少数族裔学生从中受益,而白人学生也因他们来自多样化背景的同学、老师及管理者而获益。从这点上看,鲍威尔的判决应该视为是对沃伦大法官四分之一世纪以前无异议裁决的一个重要修正。

挑战一体化理想效果的背景则是种族紧张关系似乎在增强,城区的居住隔离也在强化,而联邦法庭作出的大量裁决表明对公民权利的诉讼缺少同情。或许,这种观点最有名的表达要数写作《直面井底》的德瑞克·贝尔了:

"多年来我相信法律就是答案……直到今日,我仍相信种族主义是美国风景线永恒的一部分……[一体化]只不过又是一个例子罢了,黑人为之奋斗而白人想明白后同意的——很久以前我们就是这样做的——那几乎就是一个他们所费甚少而又能平息我们黑人的符号。它就是几个世纪前,他们用以欺骗一些部落卖掉他们所抓获同胞的玻璃饰品和小梳子的升级版。"①

而这种对一体化的质疑绝不只限于美国。例如,谢西·福斯特在描述加拿大有关一体化的尝试时,称其为破绽百出极易识破的"空壳游戏"。② 很多对一体化理想实际效果的批评,尤其是在美国,一直都奠基于和牵涉到美国五十年来所寻求的,但对非裔美国人却收效甚微的一体化路线的历史。更重要的是,它实际上已经成为了保守主义者与种族激进主义者争论的焦点。奥兰多·皮特森在一本为一体化辩护的力作——《一致性的考验》中提供了回应这一批评的两种辩护路径。第一种路径强调问题大多是在"感觉"方面。③ 对皮特森而言,一体化带有很多决非简单和一目了然的悖论特征,而一般的感觉,即便在社会科学家当中,也应该是从所察觉现象中得出的简单推论。皮特森关注到通常的一种

---

① 德瑞克·贝尔,《直面井底:永久的种族主义》,(纽约:贝斯科出版社,1992),第 18—92 页。
② 谢西·福斯特,《名为天堂之地:在加拿大当一个黑人的意义》,(多伦多:哈珀科林,1996),第 140 页。
③ 皮特森,《一致性的考验》,第 16 页。

感觉就是种族紧张关系增强了,而人们往往会从这一感觉中得出一体化失败了的结论。皮特森认为,恰恰相反,种族紧张关系的增强是一体化程度上升后必然的结果,其理由是:"两大群体中的个体接触越来越多,冲突的可能性必然上升。"① 日常生活中的种族紧张状态,用马克思的名言来说,就是朝向一体化社会进程中的"阵痛"。与此类似,皮特森承认在美国城市,仍然存在以种族为界限的居住隔离,但他强调,非裔美国人对其居住环境的满意度从1973年的45%戏剧性地上升到了1997年的74%。②

皮特森指出,辩护的第二条路线是寻求更详尽的证据来说明,相对白人而言,非裔美国人的生活水准在过去四十年时间里得到了多大提高。这里的背景就是,证据确凿的事实表明,美国黑人在90年代相比白人面临着种族收入差距,生活水平显然更低,更容易沦于贫困,其中产阶级成员人数更不稳定③。而皮特森对此的回应则是强调:尽管存在着这些不平等,非裔美国人还是比白人在社会经济生活方面取得了更大进步,因而与其说一体化失败了,还不如说是一体化推动了这一进步。

对许多人而言,强调非裔美国人的生活业已得到了巨大的提高,合乎逻辑的结论是平权法案就已无存在的必要④。但是这样一个推论误解了在一般公共政策水平上成功捍卫平权法案的关键步骤。自20世纪60年代以来,对非裔美国人进步的悲观分析实际上助长了新保守主义对平权法案的批评。这并非一个巧合,许多对平权法案富有影响力的新保守主义的批评者也质疑大量国家福利方案的有效性,它们是60年代末宏伟社会远景的一部分。查尔斯·默里可算是其中的典型。他的著作

---

① 皮特森,《一致性的考验》,第51页。
② 同上,第47页。
③ 有关这一现象最富有影响的论述见安德鲁·哈克(Andrew Hacker),《两个民族:黑人与白人、分离、敌视、不平等》(纽约:波伦泰尼,1992)。
④ 一个重要的例子见斯蒂芬和阿贝戈·森斯特,《美国的黑与白:一言难尽的国家》(纽约:西蒙和夏斯特,1997);也可参见,詹姆斯·威尔森,"从后车厢开始的远征",《纽约时报书评》,1997年11月16号,第10页。

《节节败退》以呼吁联邦政府废除各种针对工薪阶层的福利和收入扶持结构而著名,其理由是虽然这些方案旨在帮助贫困人群,但实际上却使他们的境况变得更糟①。其公共政策的总体目标虽说是雄心勃勃"自由主义的"方案,旨在改善弱势群体的境况,但最终却都适得其反,因此不应该实施下去。自然,查尔斯·默里的结论就是,不仅各种福利方案,而且也包括平权法案,尽管有其崇高的抱负,但实际上还是使少数种族的境遇恶化了。查尔斯·默里的核心论据是:相比之前的生活水准,贫困者因为AFDC项目所得到的家庭帮助和政府花费数十亿美元之后,其境遇变得更差了。具有讽刺意义的是,当种族关系的分析者描绘一幅灰暗的画面时,他们都支持查尔斯·默里的观点。尽管社会政策的分析者们一直都在系统而有力地质疑着查尔斯·默里的发现,但失依儿童家庭补助(AFDC)计划现在还是被废除掉了。②

更大的问题还在于,平权法案是一项雄心勃勃的社会政策,其前提是可以通过社会与经济决策来进行大规模的社会干预,从而使特定的目标群体受益。③ 而对平权法案的批评多数都集中于其背景不公平上,新保守主义也同样质疑其前提。这里问题的关键在于,用斯坦·里根的话说是"政治的可能性"④。自上世纪60年代开始,美国政府实行了大规模的旨在提高非裔美国人待遇的社会干预政策。如果我们承认这种干预是一个灾难,那么任何试图振兴平权法案承诺的努力都将被侵蚀,因为这一社会政策所奠基的前提,从既有的历史纪录看,似乎是错误的。换

---

① 查尔斯·默里:《失败的理由:美国社会政策1950—1980》(纽约:贝斯科书屋1984),第227页。
② 若干重要研究见桑德·丹泽戈和丹尼尔·温布尔,《战胜贫困》(坎布里奇:哈佛大学出版社,1986);威尔森,《真正的弱势》;大卫·埃尔沃德,《贫困救助》(纽约:贝斯科书屋,1988);克里斯特福·杰克,《社会政策反思》(纽约:哈珀科林,1992)。
③ 我这里的概括是大大简化了的。虽然新保守主义质疑所有国家福利式社会政策,但他们主要直接集中于质疑所谓目标而非普遍利益。这意味着如果社会政策提供的是普遍机会,它们就偏离了新保守主义的目标。在莱斯利·雅各布一文中已经详尽地质疑了这一点,《权利与剥夺》(牛津:牛津大学出版社,1993)。
④ 斯坦·里根,《政治的可能性:福利国家的政治经济学》(牛津:牛津大学出版社,1987)。

言之,任何认真反思平权法案基础的努力,都必须接受意在改善弱势群体处境的政府干预的历史遗产。

第四节 多样性与一体化的价值

到目前为止,我的讨论没有解释为什么多样性或者一体化是有价值的,我也没有说明如何证明平权法案的正当性。我将在下一节说明这种联系。这里我将在机会平等的三维模式框架内,说明多样性与一体化作为风险公平竞争的价值。我论证的结构是,虽然多样性与一体化理由确认了平权法案目的的正当性,但只有机会平等的三维模式作为调节性的埋想时,才是风险公平竞争的基础。

多样性为什么重要?假设有一个在宗教、种族和语言等方面的观念和习惯都是多元的社会,则有明显的工具性动机来建设公民社会机构的多样性——也就是说,只有这样才能反映与经济全球化和族群构成、国内人口统计数字变化相适应的有效经济策略[1]。但还有一些工具性较弱的动机可以说明多样性的重要性。多样性反映了人们在文化认同上的差异。文化认同对我们的作用是什么呢?它提供我们生活选择的意义和背景。正如威廉·凯姆利卡(Will Kymlicka)所指出的那样:"选择的范围是由我们既定的文化所决定的。不同的生活方式并不只是不同的物质运动过程,物质运动过程只有被我们的文化赋予了重要性才有意义,因为它们必须适合被文化认同而指引我们生活的某种活动模式。[2]"没有文化认同,我们生活的意义将会枯竭。相应的,如果我们接受文化多元性的

---

[1] 见比翁·亨等,《做一个美国人:文化多元主义与同化的修辞学》(纽约:纽约大学出版社,1997),第156—157页。
[2] 威廉·凯姆利卡(Will Kymlica),《自由主义、共同体与文化》(牛津:牛津大学出版社,1989),第165页。文化的这种特性已经得到广泛承认,包括保守主义者。例如,托马斯·索维尔就论述道:"文化是完成生命可能性的特定方式——种族的延续、知识的传播、适应巨大变迁和死亡的冲击等。"见托马斯·索维尔(Thomas Sowell),《迁徙与文化》(纽约:贝斯科书屋,1996),第130页。

事实而又没能在公民社会机构中承认这种多样性,我们实际上就使一些人生活的意义更易受到伤害。

有关文化认同和多样性的解释能够直接与风险公平的观念建立联系。风险公平拒绝赢者通吃的方案,在既定的竞争中防止潜在的个人损失,竭力在更大范围内分配奖金。考虑到文化认同,即利害攸关——赋予个人生活以意义的粘合剂,风险公平的逻辑就要求个人在公民社会里为能赢得竞争机会,不能将其文化认同置于风险之中。例如,个人在跻身教育机构或进入劳动力市场时,不应被迫放弃有关头饰、祈祷和圣日等方面的宗教习惯。当然,这里还要考虑的是,少数人的文化认同往往面临着异质主导性文化征服的巨大威胁。换言之,正是少数人群体的成员承受着失去生活意义控制的风险。因此,逻辑上他们是需要促进其文化多样性的目标群体①。提升公民社会中的多样性将会降低对少数人文化认同的威胁,从而满足风险公平的要求。或许很多人质疑我对多样性价值的解释,但按照我对一体化与风险公平之间关系的理解,它的确争议性较少。一体化应该谨慎地区别于同化作用。同化作用是将一些群体完全融合到主流群体中。同化作用与多样性价值存在潜在的紧张关系,一般认为少数族裔成员的文化会威胁到为其提供生存意义的背景文化。相比之下,一体化是指少数族裔成员有机会参与到公民社会的主流机构和政府中,一体化可能导致同化,但其实践与其作为少数成员的文化完全相融,并保持着将其整合为一体、赋予其生存意义的独特的文化认同。可以想象没有同化作用的一体化,联邦制国家如加拿大就是一个

---

① 然而,我这里的论点不是出自代际保存的多样性的理由,关于这一理由查尔斯·泰勒早已敏锐地指出。见《承认的政治》,艾美·古特曼(Amy Gutmann)编,《多元文化主义与承认的政治》(普林斯顿:普林斯顿大学出版社,1992),第40—41页。对代际多样性的捍卫将不得不依赖于更有争议性的文化多元主义,像由亨(Hing)所提出的观点,见《做一个美国人》,第154—155页。

明显的榜样。① 加拿大与美国一样,联邦政府与地方政府享有不同的司法权限,它诞生于1867年,它明确承认讲法语的魁北克地区文化的独特性,而同时又将它们整合到社会的主流制度之中,特别是经济上将其纳入到整个英属北美地区中。

种族的一体化常被视为是缓和种族紧张关系有价值的工具或手段,如若属实,则对白人来说有显而易见的理由来支持一体化。但正如前所述,一体化进程实际上恰恰加剧了种族紧张关系,因为它事实上增加了种族交往的接触点。如果一体化的价值主要在于能缓和种族紧张关系,那结论就是,其正当化的理由具有很大的偶然性。我相信美国对一体化支持的下降,正是过份依赖这一理由的结果。

我认为,一体化的主要价值,不在于能够缓和种族紧张关系。而在于较之一个将少数种族与其他人隔离开的美国社会,它能够为少数种族在公民社会的机会竞争中更好地分担风险。理由很简单,历史上,黑人相比白人机会更少。如果没有一体化,就很难看到非裔美国人或其他任何历史上的弱势群体的机会如何得到增加,因为历史性隔离开的弱势群体将会延续他们在社会中占较小份额的机会。我这里关于一体化价值的观点——其工具性价值就是拓宽了公民社会体制里机会竞争中风险分配的范围,像包括非裔或其他少数族裔如拉丁裔人美国人——并不包括有关一体化的论点,即一段时间里提出的有关种族隔离的主张——反对在公共交通和学校里的体制性隔离,因为它否认了黑人在教育和自我发展方面的重要机会②。我本人关于隔离政策的观点,如前一章所述,即它威胁到非裔美国人的地位平等,而不是他们的机会多少。

---

① 我对这一个案有更深入的讨论。见"联邦制与少数民族",《多伦多大学法学期刊》,第49卷(1999),第295—304页。
② 贝拉德·R. 波克斯(Bernard. R. Boxil)详细讨论了有关隔离政策的两种不同意见——一种是基于机会,一种是基于地位。华盛顿,杜依波斯和普莱西诉弗格森,《法律与哲学》,第16卷(1997),第299—第330页。又见杰拉尔德·J. 波斯德玛(Gerald J. Postema)"隔离的原罪",《法律与哲学》,第16卷(1997),第221—244页。

有关一体化价值源于什么的理由,我认为可以从威廉·朱丽叶·威尔逊有关城市新贫民窟的分析中获得支持。威尔逊的研究表明,城市里贫民窟的突出特征是由社会变动所导致的失业。实际上,与两代人以前固定的黑人贫民窟相比,高失业率是新贫民窟的显著特征①。威尔逊认为,城市新贫民窟就意味着"贫困、隔离的社区,以及居住其中的多数成年人要么失业,要么完全丧失了劳动能力"。② 与我们的讨论相关的是,威尔逊并不认为是隔离加快了这些社区的贫困化;隔离早已存在,但显著的贫困增加和集中都发生在过去25年的时间里③。然而,威尔逊认为,考虑到现实中存在的不平等,隔离是这些社区的非裔美国人寻求平等机会的一个主要障碍。

"隔离的贫民窟相比城市的其他区域更不利于就业和就业准备。贫民窟的隔离恶化了就业问题,因为它导致脆弱的非正式就业网络,并加剧了个体和家庭的社会隔离,因而减少了他们获得人力资本,包括获得相应的教育培训以促进社会流动的机会。由于社会中没有其他群体像非裔美国人那样,经历过这样的隔离、孤立、累积的贫穷,当他们与社会中其他群体(包括其他受歧视群体)为资源和权利竞争时,他们更有可能处于弱势地位"。④

根据威尔逊对一个公认黑人社区边缘群体的研究,我的推论是,一体化对非裔美国人的价值就在于,它能促进公民社会中在大学名额、就业等风险竞争中福利和奖金的更广泛分配。

我认定三维平等机会是一个调节竞争的规范理念,从这一角度看,

---

① 威廉·朱丽叶·威尔逊,《失业来临:城市新贫民窟的世界》(纽约:温特书屋,1996),第18页。
② 同上,第19页。
③ 这与其他观点不同,例如,道格拉斯·梅西和南希·丹顿,《美国的种族隔离政策:分离和下层社会的形成》(剑桥,麻省:哈佛大学出版社,1993)。我有关一体化价值的主要观点也能得到他们关于隔离效果的更具有挑战性的立场的支持。
④ 威廉·朱丽叶·威尔逊,《失业来临》,第24页。

一体化的价值是工具性的,因为一体化是促进风险公平的必要途径。这一观点相异于其他人看待一体化价值的看法①。人们一直认为一体化的共同体有其内在的价值,而不是工具性的价值。然而,在我看来,这种观点与公民社会中的多样性是风险公平所要求的主张相抵牾。而且我同意公民社会的主张,我认为一体化的工具性价值只能来源于它潜在地能争取更普遍的机会竞争,这样,它针对的不仅是非裔美国人,而且还包括更弱势的其他少数种族,从而更有包容性。

第五节 支持平权法案的理由

我已经简洁陈述了有关一体化和多样性的价值所在,这似乎足以构成支持平权法案的理由,但如此下结论还为时尚早。到目前为止我还没有充分辩明,为什么还另外需要一个平权法案,以及为什么它必须是具有"肤色意识"的?平权法案的批判者也许会欣然同意我有关一体化和多样性价值所在的观点,但可能不清楚为什么因此就应由平权法案来开始某种公共干预或社会工程。毕竟,一体化和多样性对任何移民群体实际上都是有利的,但没有多少平权法案的支持者会提出包揽一切类型的平权法案。正如我在本章开始所论述的那样,平权法案仅仅只是针对特定的种族或民族群体,这需要一个正当的理由。平权法案的"肤色意识"也应得到辩护。不难想见,最常见的挑战就是不必诉求以个人种族身份为分类基础的政策就可以促进一体化与多样性的主张。这里的问题是为什么在雇佣和录取时,平权法案依赖于种族范畴而不是使用争议性更小的、如社会经济阶层作为差别对待的基础?

---

① 我在这里所作的区分类似于阿历克斯·约翰逊对作为过程的一体化与作为理想共同体的一体化之间的区分。白德·惠斯特,通克和美国诉福迪斯:《为什么对非裔美国人的一体化又失败了》,《加州法律评论》,第 81 卷(1993),第 1401—1470 页,但目的显然不同。

最先的质疑要求回答为什么平权法案将特定的群体作为其目标——即非裔美国人——是恰当的。这要求考量文化适应作用与结构一体化之间的区别①。文化适应发挥着使少数种族群体适应和改变自己文化以适应多数群体或主流文化的作用,另一方面,结构一体化承担着主流和多数群体在社会交往与社会体制方面包容和适应少数群体的功能。因而,文化适应的失灵应由少数群体负责,而结构一体化功能的缺失则是社会主导群体的责任。毋庸置疑,至少到60年代为止,非裔美国人一直都承受着结构一体化的缺失。许多60年代民权举措的支持者正是将那些举措理解为促进黑人结构一体化的措施。那些举措一直都得到美国白人的欢迎这一事实说明,他们承诺的确会认真对待其结构一体化的责任。但为什么那些民权措施还不够?为什么还需要平权法案呢?

最令人信服的答案在于,即使结构性一体化的责任现在得到了充分的承担,但历史上对这一责任的忽视仍然会对非裔美国人的机会和前景造成影响。我不认为平权法案应被视为是历史上对待黑人错误行为的一种补偿,它也不应理解为是针对白人先辈错误行为的一种索赔手段。和这两种观点相比,就其旨在矫正因为过去结构一体化的缺失而形成的对非裔美国人将来机会的影响这一目的来看,我竭力赞同将平权法案看成是前瞻性的。最显著的影响是非裔美国人可加利用的社会网络。社会网络是获取利益和机会的重要途径,例如,最近的一项研究表明,57%的美国人都是通过私人交往来找到工作的,而通过正式途径找到工作者仅占37%。②

我同意奥兰多·皮特森的观点,即基于种族的平权法案应被视为对

---

① 参见亨(Hing),《做一个美国人》,第167页。
② 约翰·大卫·斯克蒂(John David Skrentny),《平权法案的反讽》(巴尔的摩:约翰·霍普金斯大学出版社,1996),第60页。

非裔美国人现有社会网络受到以往歧视的影响的一种矫正①。皮特森特别列举了一个事实,即只有非裔美国人被"系统性地排斥在 19 世纪末兴起的工业革命之外,以阻碍他们发展那些关键的行为模式、必需的文化工具以便跟上国家经济发展的步伐"②。这种排斥的长期后果从人力资本的角度看,即非裔美国人已经丧失了获取两种关键因素的能力——宝贵的人力资本和家庭网络,以及几乎无可估量的被整合进主流工业文化中去的文化资本。而这里作为一个未作深入调查的社会学家来推测,我认为这一排斥的持久影响是明显的,例如,对非裔美国人的观察表明,他们仍然处于 20 世纪末现行信息技术革命的边缘③。对社会网络的强调也刻划出美国种族问题的某些更为复杂的方面。如很容易解释,为什么跨种族的婚姻是如此重要。在美国广为人知的是,白人与黑人联姻的数量一直都很低,且就比例而言,要远低于白人与亚裔、犹太人等少数族裔的跨种族婚姻。然而,跨种族和民族的婚姻似乎是一个获取和发展社会网络的关键因素④。这种对黑人的排斥——过去是法律和社会的,现在是社会的——间接地威胁到非裔美国人的机会和人力资本。这可以富于洞察力地解释,为什么从平等主义的立场,弗吉尼亚州臭名昭著的反对黑人与白人联姻的禁令成为了一个重要的法律冲突点⑤。类似的情况还在于美国缺少整合不同种族的一体化宗教团体,它是形成社会关系网

---

① 虽然我同意奥兰多·皮特森支持以种族为基础的平权法案的理由,但我不同意他有关同样的理由也可以用来支持针对妇女的平权法案的观点——即因为妇女已经从有用的社会网络中排斥出去了。正如我在第 8 章中所分析的那样,支持妇女的平权法案的更显而易见的理由可以考虑妇女在家庭中所分担的不公平的家务劳动,这一不公平的结果影响到劳动力市场上妇女的工作机会。另见我的论文,"平等机会与性别劣势",《加拿大法律与司法》,第 7 卷(1994)。第 61—72 页;"平等与机会",弗朗索瓦·金格拉斯编,《当代加拿大的性别与政治学》(多伦多:牛津大学出版社,1995)。
② 皮特森,《一致性的考验》,第 121 页。
③ 见安东尼·沃尔顿,"技术与非裔美国人",《大西洋月刊》,(1999 年 1 月),第 14—第 18 页。
④ 奥兰多·皮特森,"平权法案:开放对非裔美国人的职场网络",《布鲁金斯评论》,第 16 卷(1998 年春),第 18 页。
⑤ 见美国高等法院有关情侣诉弗吉尼亚的裁决,388 号,美国高等法院,1(1967)。See the U. S. Supreme Court decision in Loving v. Virginia, 388 U. S. 1 (1967)。

络的另一个重要背景。

认清美国政府在削弱非裔美国人的社会网络方面的重要作用也非常重要。人们往往重点关注政府在隔离非裔美国人方面的作用,而政府一直被视为要么是隔离政策不太情愿的反对者,要么是隔离政策的视而不见者。但历史事实是,美国联邦政府在维持劳动力市场的种族隔离政策和阻止非裔美国人融入20世纪上半叶新兴的工业经济方面的确起了很大的作用。不仅在军事和民用事业中隔离非裔美国人,即使是在庞大的政府干预劳动力私人市场的时期,非裔美国人都被排斥在外。如1933年美国政府的就业服务计划,旨在帮助失业者找到工作,就隔离了黑人工人,且只是在低工资的传统黑人主导职业领域帮助他们①。也许最令人震惊的证据来自政府管制学徒身份的计划,这些计划是美国熟练工人及技术行业的主要准入项目,而实际上非裔美国人被排斥在外。根据美国有色人种协会1960年的书面报告,根据当时的学徒培训参与率,"黑人将需要138年的时间,直至2094年才能够达到熟练技工培训及就业的平等参与"。② 有一点要指出的是,就其能增加个人在劳动力市场中的机会而言,学徒培训计划可能是社会网络方面最明显的一个例子。

平权法案所做和继续要做的,就是破除将非裔美国人一直排斥在外、可获得各种形式的人力资本的障碍。平权法案显然是对历史上将非裔美国人排斥在外的社会网络的一种人为补救。换言之,它促进了职业场所和高等教育接纳非裔美国人的多样性和一体化,而最终一旦社会网络成熟并能融合非裔美国人时,平权法案就将再无必要。与其他一些社会政策的意图不同,这种为平权法案辩护的理由很容易解释为什么平权法案是应当的。它所指向的问题是特定形式的人力资本,尤其是文化资本和社会网络对非裔美国人的排斥。平权法案在矫正各种形式的人力

---

① 这一观点遭到了德斯蒙德·金的系统质疑,《隔离与不平等:美国黑人与美国联邦政府》(牛津:牛津大学出版社,1995),第6章。
② 引上书第101页。

资本问题上特别有效,而且它能够很好地解释此前我所描述的这一事实,即非裔美国人的中产阶级而不是底层穷人,才是平权法案的主要受益者。实际上,聚焦于特定形式的人力资本问题就已经设定了平权法案的目标必然是那些中产阶级的非裔美国人,正如皮特森所指出的那样:

> "平权法案从未旨在帮助少数族群阶层和妇女中最贫穷和最无能力的成员。就其本质而言,平权法案是一种自上而下的策略,意味着能使中产阶级和工薪阶层,即那些能抓住因其性别或种族地位而被剥夺了机会的人,达到平等地位。而对于那些下层社会和长期贫困的工人,则需要一套完全不同的自下而上的策略。"①

从排斥特定人力资本的角度来为平权法案辩护可以很好地解释平权法案作为社会政策的意图,以及它所产生的实际效果。

还有一个广义的观点值得讨论,即将平权法案视为一种社会政策的批评者往往指责平权法案与机会平等的理念相对立。一些回应这种指责的观点认为,这些对平权法案的批评根源于一个错误,即最起码作为一种社会政策的平权法案将一些申请者的种族作为额外因素来考虑。(我认为,如果平权法案涉及配额问题的话,情况将变得更为棘手,则这一章的讨论就会以种族作为额外因素的考量为主题。)回忆一下从第二章第二节开始的讨论,作为达到特定资源或利益平等分配的一种手段,机会平等的三维模式作为调节性的理念,旨在提供一个可信赖的竞争程序。平权法案的批评者很少意识到,在一个更基本的水平线上,平权法案以这种方式承诺了更可信赖的竞争程序。平权法案允许种族在竞争中作为一种额外因素来考量,但这与竞争并不矛盾,而仅仅只是为确保更公平竞争所做的精巧修正。

然而,一些人会说,平权法案与机会平等的紧张在于其肤色意识,毕竟,从历史上看,平等机会的言词旨在消除法律与社会等方面因为肤色

---

① 皮特森,《一致性的考验》,第155页。

而歧视黑人的习俗。为什么社会政策的设计不能使用不带有肤色意识、如阶层之类的概念来使非裔美国人受益呢？对平权法案的支持者来说，有足够的理由说明使用任何种族的替代概念，特别是社会—经济的阶层概念，非裔美国人都将不是这些方案的多数受益者。理由相当简单，因为非裔美国人的比例相比白人较小，而非裔美国穷人的绝对数量相比白人就更小，因此，任何旨在帮助贫困家庭而不考虑种族因素的方案都会因为大量白人申请者而陷入困境。① 相比之下，族群意识的平权法案对非裔美国人和其他代表性不足的少数族群而言确有不同。在密歇根法学院最近质疑平权法案的过程中，这一点得到了公认，即在 2000 年的入学考试中，如果取消种族作为额外因素，则来自代表性不足的族群的学生将只会占 4%而不是实际上的 14.5%。②

但也还有一种更原则性的拒绝使用社会—经济分层来替代种族的意见，这种原则已经被艾米·古特曼清楚地阐述过了：

"阶层而不是种族的方案……受挫于不考虑种族肤色的公平，它不能做到同等情况同等对待。它歧视黑人，因为它有利于因贫穷而处于劣势的低分学生，而不利于确实因种族肤色而处于劣势的低分学生……最有力地证明表明肤色和阶层是两大障碍，相互作用于大多数美国黑人的生活"。③

这里重要的一点是，按照古特曼所指出的，关注弱势阶层而不计肤色的

---

① 对统计性预测，见琳达·怀特曼(Linda Wightman)，"对法学教育多样性的威胁：法学院入学考试弃用种族因素后果的经验分析"，《纽约大学法律评论》，第 72 卷(1997)，第 1—第 53 页。见威廉姆和德里克·博克，《河流的形状》，第 2 章，大量支持基于种族的平权法案者也支持基于阶层的平权法案。理查德·德尔加多建议，例如，少数族裔应断然放弃平权法案，除非它将白人穷人包括进去。白人及有色人种——无论如何都会加入这一新阵营的人——将会愿意一起颠覆和取消阻碍双方发展的这种社会标准、社会惯例及校友网络。见罗德罗戈，"第十纪事：应得与平权法案"，《乔治敦法学》，第 83 卷，1995 年，第 1747 页。
② 格鲁特尔诉博林杰。2002 年，0170P(第六巡回法庭)。
③ 艾米·古特曼，对种族非正义的回应，安东尼·阿皮亚和艾米·葛特曼，《肤色意识：种族的政治道德》(普林斯顿：普林斯顿大学出版社，1996)，第 145,143 页。

原则,逻辑上蕴涵着平权法案的肤色意识。

但我还是认为应该有所保留,因为基于种族的平权法案不能区分人们互动的两种方式——作为个体面对面的交往方式和作为机构(如政府、公司、市民和共同体机构)代理人的交往方式。① 面对面的交往要求我们给每一个人以同样的尊重和尊严,另一方面,就个人受到的对待取决于其社会结构(如种族、阶层和性别)的影响而言,代理人的交往则允许个人受到的对待有所差别。

肤色意识政策的批评者往往不能认识到两种交往方式之间的区别,并因此错误地将一种类型的规范应用于另一种类型的交往方式。面对面的交往的确应当无视肤色,在这种类型的交往中,确认人的种族身份并让其影响到你与他或她的交往是错误的。在我与学生的交往中,如果因对学生种族身份的考虑而有区别地对待他们,那是我的错,因为这否认了每一个学生作为个体的自主存在。②这并非意味着我不应该对学生个体需要和关心的差异保持敏感,但对社会性种族主义的矫正并不依靠面对面的交往,而毋宁说是强调代理人之间的交往正是社会性种族主义的主要领域。企业、社区、市民和政府的代理人因此不应当无视肤色,反而必须是对之保持敏感,以保证对一些人的特别对待——尤其是那些面对严峻社会条件的人,如受阻于种族主义而影响到他们生活的重要领域和一生中的平等机会的人。

重要的是平权法案的要害所指是代理人之间的相互交往,而非是个人的面对面交往。平权法案目的在于指导各种机构及其代理人的决策。它确有肤色意识,因为其目的就是要凸显公民社会机会竞争中遗留的种族主义。当批评者反对这种肤色意识而主张代之以无肤色意识的社会政策时,他们却诉之于面对面的交往规范,因此犯了范畴上的错误。

---

① 这是皮特森在《一致性的考验》中所做的区分,第115页。
② 兰德尔·肯尼迪,"我的种族问题——与我们",《大西洋月刊》(1997年5月号),第60页。

虽然这里我说代理人之间的交往会带有肤色意识,但我承认允许各种机构和社会政策这样做是一个真正的危险。政府和法律机构在更大的社会里如何界定种族以形成普遍的种族话语,显然,在美国这一点并不令人满意。① 因而在代理人交往中便存在着废除任何种族分类的诱惑,尽管这将使平权法案成为不可能。但正如我在 3.5 节中所质疑的,这会使少数人而不是作为多数人的白人来承受其后果,因为他们的种族身份是无足轻重的。与之相关,我从对种族分类的使用和滥用中得到的一个教训就是,它们应被非常谨慎地用于严格限定的特定目的,例如,基于种族的平权法案所服务的多样性和一体化等。

第六节 结论

本章开始,我就指出,斯克特威镇教育委员会诉特克斯曼一案在其提交高等法院之前的庭外和解如何表明了应当重新思考平权法案的规范性基础。策略性促成庭外和解的民权团体正是视此案为检验法庭对待平权法案态度的脆弱案例。这一章里我已经讨论了平权法案意在促进多样性与一体化的主要观点,依靠自身鲜明的肤色意识,平权法案难以达到目的。这一政策仅立足于多样性理由的困难也在斯克特威镇教育委员会诉特克斯曼一案中得以呈现。在同等资格的雇员遭遇解雇时,将种族作为额外的因素来考虑,教育委员会为其行为所给出的理由是它能够促进教育职员的多样性。如果我此前陈述的质疑是正确的,那么就必须更好地说明,在解雇同等资格的雇员时,为什么应有种族偏好而不是其他的某种偏好。或许这应该参照人力资本的考量,譬如提升非裔美国人社会网络的重要性,高等教育教师的网络承担着重要的作用,且教育委员会和其他社会机构有责任推进形成一个重要的非裔美国人中产

---

① 见迈克尔·奥米尼,"种族认同与国家",《法律与不平等》,第 15 卷(1997),第 7—24 页。

阶层。

　　本章更深一层的理论要点是，阐明风险公平的理念作为一种潜在价值，为有族群意识的平权法案辩护时，它能促进多样性与一体化。在这一方面，这里所提的理由与最后一章基于公民权利所提出的有关地位平等的观点形成补充，这两章合起来就说明了，机会平等的三维模式作为调节性的理念，以及它对程序、背景及风险公平的崭新论述，能够加深我们对有关种族和公共政策的重要和紧迫问题的规范性基础的理解。

第三部分
阶 层

第六章　为工作福利制度正名

第一节　导论

前两章讨论了种族作为弱势群体的观点以及由作为调节性理想的机会平等三维模式所激发的法律救助。美国的法院和政策制定者的活动为我在那些章节中的论点提供了背景,这主要是因为相比于其他先进工业国家,美国人在有关种族的法律和社会政策方面拥有丰富的成败经验。本章和下一章的关注点将由种族转向阶级。

阶级的含义通常涉及两个要素——社会分化和分等(social differentiation and ranking)。首先,它们是突出某些个体的相似性并把他们与其他人区分开来的途径。克里斯托弗·杰克思指出:"阶级标签为同时描绘在许多方面相异的人提供了一种便捷的方法。"① 不过阶级不仅与社会分化有关,而且意味着等级结构或者社会学家有时所谓的"社会分层"(social stratification)。

在解释阶级分等或社会分层的分化形式方面,各种阶级理论大相径

---

① 克里斯托弗·杰克思:《社会政策反思》(纽约:哈珀柯林斯出版公司,1992),第 201 页。

庭。例如,马克思主义者认为它与对生产资料的占有和控制有关。社会学家特别突出基于收入来源的社会分层——诸如有偿劳动、遗产、投资、福利等等。许多经济学家强调财富和收入,而社会科学家则侧重于以文化变量,比如家庭结构以及对学校、劳动力市场、教会之类的主流社会机构的态度和参与状况来解释社会分层。

本书注重阶级研究是因为下述结论频频出现,即,个人阶级背景在他们整个一生中都影响着他们所获机遇的范围和质量。平等主义者所关心的是有些人因父母的阶级成分而享受不到平等机会。当自由主义者一直还在关注结束世袭特权时,平等主义者已经着力于挑战因出身于最底层而导致的机会障碍。这种关心通常以"最贫困者优先"、"向贫穷开战"之类的原则和口号表达出来。

在20世纪,把宏观经济政策和社会再分配政策独特地结合起来的现代福利国家通常被视为减少阶级影响以实现所有人的平等机会而非单纯的收入均衡的机构。现代福利国家的早期捍卫者就明确支持这种功能。例如,T. H. 马歇尔在1949年阐述二战后英国福利国家的建设时就写道:

> 扩大社会福利事业首先并非是收入平等的手段,它视情况而定,这个问题相对来说并不重要,它属于社会政策的不同范围。关键是在文明生活中共同致富,普遍减少风险和不安全,从所有层面在幸运者和不幸者之间追求平等——在健康者和病人、就业者和失业者、年老体衰者和精力充沛者、单身汉和一家之长之间。与其说是在阶级之间寻求平等,不如说是在个人之间寻求平等,所有这些人因为这一目的而被视为似乎是属于同一个阶级。地位平等比收入平等更重要。①

---

① T. H. 马歇尔:《公民权利与社会阶级》(1949),重印于 Robert Goodin 和 Philip Pettit 编辑:《当代政治哲学文选》(牛津:巴西尔·布莱克韦尔出版公司,1997),第309页。

第六章　为工作福利制度正名

　　本章在分析福利国家的计划时采取了类似于马歇尔的观点,即突出阶级调和(class-abatement),而不是阶级终结(the end of class)。①

　　福利国家的基石是对社会中最贫困家庭的收入资助计划。这些计划(通常置于"福利"这个普遍名目之下)包括公房、食物券和现金划拨。过去二十五年来,这些计划由于在克服贫困方面的无效乃至使贫者更贫而受到保守主义者的尖锐批评。例如,在美国已经对穷人收入资助计划进行了庞大的学术性的重新评估。大部分结论表明这样的计划确实使穷人境况好转。② 尽管对福利的许多攻击是无根据的,然而几乎无可置疑的是,它们还是对公众和公职人员如何看待福利产生了巨大影响。

　　撰写本章的社会政策背景是大量先进的工业国家通过引入所谓工作福利制度(workfare)③改进福利事业。一般福利④通过再分配性转移支付发挥作用。无论是非现金所得还是现金,再分配性转移支付都是政府对不能从事当前生产活动的个人或家庭的补偿。相比之下,工作福利措施则通过让个人承担某种劳动或参与就业培训计划而使这种补偿成为有条件的。自 20 世纪 90 年代中期以来,英国、加拿大和美国各自都已成为基于工作福利制度的重大立法改革的地区。在英国,作为工党政府新政组成部分的 1999 年福利改革和养老金法案就对那些接受救济者提出了劳动要求。在加拿大最大的省份安大略省,由社会救济系统提供

---

① "阶级缓和"是马歇尔的用语:"阶级缓和仍然是社会权利的目的,但它取得了一种新的意义。它不再仅仅试图消除社会最底层令人不堪的贫困,而且还采取修正整个社会不平等的行为方式"。见《公民权利与社会阶级》第 306 页。
② 例如,见 Rebecca M. Blank 的洞见:《国家作用:反贫困的新议程》,平装本(普林斯顿:普林斯顿大学出版社, Russell Sage 基金会,1998),第 4 章。
③ Workfare 有"工作福利"、"工作福利制"、"劳动福利计划"等意思,作者通指作为一种普遍性措施和政策的工作福利。除少数地方译为"工作福利制"或"工作福利制度"之外,为行文方便,多数都译为"工作福利"。——译者注
④ 下文凡是出现 welfare 的地方,除了在专有名词中或在特殊情况下,通常都翻译为"一般福利"或"普通福利",以便与"工作福利"相对应。——译者注

的一般福利和家庭收益在1996年变为安大略工作计划,该规划要求受助者参加特地为其准备和安排工作的劳动力就业计划。大多数其他省份现在都有类似的方案。1996年,美国联邦政府颁布个人责任与工作机会协调法案,废止了抚养未成年儿童家庭援助(Aid to Families with Dependent Children,即AFDC)的福利计划,代之以向各州固定拨款,鼓励它们各自设计具有强制性求职特征的公共援助制度。

本章将为在机会平等三维模式的基础上产生的工作福利制度正名。初步解释和厘清工作福利计划的涵义之后,我将指出三种最为人熟知的(非平等主义的)常见辩护——通常由一般福利的保守批评者提出——都有严重缺陷。我在这里要表明在工作福利的一般基础方面有个真空地带。然后我将证明在第二章概述的机会平等三维模式能填补这一真空并提供实施工作福利制的令人信服的理由。

基于平等主义为工作福利辩护是有争议的。平等主义通常对工作福利有一种出于本能的反感,例如在我1993年出版的《权利与剥夺》中的确就有这样的本能反应。① 但在本书中我极力主张对工作福利进行原则性的重新思考,这为重新思考和取代长期被平等主义者视为有缺陷的一般福利制度提供了真正的机会。最后,工作福利问题并不停留在原理层次上,而在于如何贯彻实施个人就业方案。澄清工作福利的一般基础,改革议程将有希望更加明朗。

通过运用机会平等三维模式为工作福利辩护,我还想表明,本书前述平等主义正义理论已开始伸手拥抱这类政策创新,而它们往往落在平等主义的社会政策视野之外。在论及种族的章节中,我为平等主义者所熟悉的对公民权利的理性态度和积极的行动辩护。在这里我的观点更

---

① 莱斯莉·雅各布:《权利与剥夺》(牛津:牛津大学出版社,1993),第197—202页。在撰写一本多学科性的合作著述时,我有关工作福利的观点发生了改变,该著作是:《工作福利制:它有效吗?它公平吗?》(蒙特利尔:雷诺夫/公共政策研究所,1995),著作者:帕特丽莎·米埃文斯、莱斯莉·雅各布、阿兰诺埃尔和伊丽莎·雷诺兹。另见我在报纸上发表的文章:"以工作福利代替一般福利",《环球邮报》,多伦多,1999年4月29日。

显得标新立异,至少在平等主义者看来是如此。针对面向穷人的收入资助政策危机,平等主义者的典型反应也许只是教条化地要求更多的一般福利并为所有人确定基本收入。而我对工作福利的看重则是要表明,当我们认真考虑风险公平时,就会促使我们对现代福利国家开支的缩减持更加创新而又富于想象力的反应。平等正义的道德律令应该是消灭贫穷和不平等,而不是挽救福利事业。如果说美国为我有关种族的讨论提供了大量背景,在加拿大思考消灭贫穷的社会方案则为我探讨工作福利提供了推动力。

第二节 审视工作福利制

在研究工作福利制的一般论点之前,有必要阐明我所乐意为之寻找合理性的社会政策,因为工作福利制度通常涉及范围广泛的社会计划。让我们回顾一下前面讨论的内容,即,工作福利在很大程度上正逐渐成为对一般福利的矫正,后者被理解为划拨现金和实物救济社会最贫困人口的计划,而前者则使劳动作为受惠者获得现金或救济品的条件。

这意味着建立在工作福利基础上的社会政策有两个特征,它们对突出和说明工作福利的一般论点特别重要。第一,救济不是无条件给予的,而是依照诸如在贫困调查或经济情况调查的基础上提出的标准。工作福利与众不同的条件是要求工作。我很快就会详细说明哪些内容适合"工作"这个题目。工作福利的第二个特征是它只关心社会的某个部分——穷人或最弱势群体。

这种双重强调既成功地标注了工作福利与众不同的地方,又成功地为其提供了足够灵活的解释,以至于它涵盖了全部的工作福利类型系统。在从福利到工作的转换方面,工作福利并不是独一无二的。工作优于福利的信念深入人心并且显然没有多大争议,因此肩负救助失业或最贫困公民重担的政府始终重视从福利到工作的转换。然而实际上,提出并致力于从福利到工作的转换计划一直是民间行为。工作福利制度独特之处在于它的强制性特征。①

这种双重强调也为接纳不同的工作福利方案留下了相当大的余地。许多方案根据指派工作的不同而各异。实际上大多数工作福利计划都认可这样的观念：倘若一个人在熟悉的领域工作，或参加就业培训之后工作，或边求学边工作，则这种工作要求就得到了满足。不过对下述问题还是有很大分歧，即，这种工作应该是政府提供的公共工程类的工作还是非官方的劳动力市场所提供的工作。在美国，最重要的自由主义的社会政策分析专家如威廉·朱利叶斯·威尔逊和米奇·考斯赞同政府部门提供工作。② 相反地，在安大略省，安大略工作计划就以私营公司和其他非政府组织提供的工作为中心。

关于工作性质也有一系列争议。对工作福利的普遍批评是它必然导致低技能和低收入工作而难以持久。当然，事实上许多建议也只关注这类工作。例如，米奇·考斯在他颇有影响的《平等的终结》一书里就概述了这样一种方案：政府提供工作现场，几乎所有劳动都是体力活——搞卫生、涂油漆、填坑洞等等。而且必须承认任何全面的工作福利计划都会包括这类工作。但我想强调的是，工作福利并不必然只包括缺乏内在价值和要求很少技能的工作。公共事业振兴署（Works Progress Administration）就是证明我如下观点的历史实例：工作福利可以包括有益的、高品位的、高技能的和有意义的工作。③ WPA 是富兰克林·罗斯

---

① 同样地，平等主义者的下述论辩也没有什么不同寻常之处：工作固然是首要的，并且理应受到社会政策的特别重视，但这种使工作福利独具特色的强制性要求却普遍缺乏平等主义的合理性。例如，见理查德·爱默生的杰出论文："工作与众不同吗？正义与就业分配"，《美国政治科学评论》，1990 年第 84 卷，第 1127—1147 页。
② William Julius Wilson，《当工作消失时》（纽约：古典书局，1996）；Mickey Kaus，《平等的终结》（纽约：基本书局，1992）。
③ 参见 Jonathan Kesselman，《大萧条期间的以工代赈项目》，载于 J. Palmer 编辑《创造就业岗位》（华盛顿特区：布鲁金斯协会，1978）。感谢弗兰克·施瓦茨让我注意到佐证我的主张的有关工作项目管理（WPA）的特定细节。

福总统1935年新政的一个重要组成部分,处理当时美国的高失业问题。根据该计划,政府为三百多万人提供了从事各种工程的工作。罗斯福强调WPA提供的工作要有社会效益,反对所谓"制造工作"的工程。大多数人把WPA与修建高速公路、桥梁、飞机场和公园之类的基础工程联系在一起,然而WPA的一个重要成分就是特地为艺术家和作家设计课题。例如这些课题就包括让作家编写美国各地旅游指南,这些指南是无与伦比的,并在游客中拥有数量可观的读者。

相应于必须拥有何种适当的计划以维持工作福利的问题,也产生了有关方案设计方面的争议。一些工作福利的支持者提倡仅仅增加工作要求作为接受社会援助的条件。另一些人拥护某种公平的工作福利,它包括儿童保育、牙科护理与健康护理、住房供给以及职业培训之类的资助计划。① 还有些人,像罗伯特·索罗(Robert Solow),则指出工作福利制对工资市场有错综复杂的影响,特别是易导致工资被压到最低点,因而倾向于把所得税减免和最低工资增长作为工作福利的一个要素。②

最后,本章对待工作福利设计的问题与我在全书中探讨有关社会计划设计的所有普遍性问题的方式相同,实质上就是为富有争议的特定社会政策提供规范性辩护,这意味着我们一开始就要弄清一项计划的价值和目的,然后才能制定出设计的细节。

一、三种有缺陷的工作福利观

尽管下述三种最为人所熟悉的工作福利观缺少平等主义的意味,不过认真检视它们还是有助于阐明对工作福利制度所做的平等主义的成功辩护的基本内容。记住这一点很重要,即这三种观点并未受到严格的

---

① 参见Christopher Jencks,《重新思考社会政策》,第233—234页;Amy Gutmann为Robert M. Solow《工作与福利》所做的导论(普林斯顿大学出版社,1998),第x页。
② Solow,《工作与福利》,第27—43页。又见Joel Handler,"美国的福利改革",《奥斯古堂法律杂志》,1997年第35卷,第302—307页。

区分，相反，它们当中有些主张是共通的。从批判性地评价它们的角度看，首要的根本任务就是辨明每种观点。我假定每种观点的一般目的都是要实行我所强调的具有两个特征的那种工作福利计划。

二、应得论

福利国家理论中很少有像"应获得救济的穷人"那样莫衷一是的概念。产生该概念的主要想法是，健全的社会政策应在穷人和弱势群体中区分应该和不应该受政府资助的人。社会政策制定者和政治精英们在过去三十多年来普遍接受了这个概念，但现代福利国家的拥护者，特别在加拿大和西欧，却认为这种概念让人想起社会再分配政策的一个较早的落后时期，也即维多利亚济贫法（Victorian Poor Law）时期。尽管存在着这种敌意，应获救济的穷人这个概念在一般公众那里还残留着强烈的吸引力。① 工作福利作为一种社会政策措施鉴别并只援助应获救济的穷人，有人已设法以此为理由支持它取代一般福利。这种支持使工作福利制度带有一种民粹主义的意味。

工作福利应得论涉及两个特别重要的因素。第一个关系到谁是真正应获救济的穷人的问题。根据该派观点，应获救济者是那些乐意工作但由于运气不好而无机会工作的人。与他们相对照的是这样一些人，他们贫弱是因为懒惰和不负责任。第二个因素涉及什么样的社会政策可能推行这种应得标准。作为普通福利和其他类似的社会救济典型特征的现金救济，据说对这种应得标准产生的效应并不强烈。相反，人们支持工作福利是因为它推行应得方案。工作福利方案据说只酬劳那些乐意工作者，而拒绝施惠于懒惰者。

---

① 在美国这已成为一些有趣的实证研究的主题，它们说明在声称遵循"应得"路线的社会政策与公众对这些政策的支持之间具有高相关性。参见 Fay Lomax Cook and Edith J. Barrett，《拥护美式福利国家》（哥伦比亚大学出版社，1992）第 4 章；Jeffrey A. Will，《应该得到帮助的穷人》（纽约：加兰出版社，1993）。

请回顾一下第四章第三节关于优长(merit)和应得(desert)的区别。优长是最好地服务于社会利益的东西,而应得则涉及对个人品质的判断。当代关于应得的哲学论争是复杂而多方面的,值得注意的是,实际上连应得概念的价值都几乎没有统一意见。一些现代道德和政治哲学家认为它是正义的核心概念,[1]他们质疑如果不先理解应得概念,还怎么可能想象正义。一些功利主义哲学家则持另一种极端看法,认为该概念在道德理论中没有什么真正的作用。[2] 在他们看来,应得是个空洞的概念,没有与正义概念相联系的实质内容。其他人承认这个概念也许很重要,然而其标准是如此含糊不清,因此要让它在社会正义概念中发挥基本作用是不明智的。还有人赋予应得以基本地位,但又强调它只是包括平等在内的一系列相持不下的价值中的一种,[3]其理由在于,正义要求我们在多样的价值中权衡轻重。在此我们不能进一步深入地阐述哲学界的论争,但至少这些纷争的存在表明,我们应该认真对待以应得论为基础的社会政策改革。

与工作福利制度更相关的是有关应得根据的争论。一般地,应得的权利要求都有三要素组合的特征:某人 x 由于 z 而应得 y。[4] z 所指的正是应得的根据。约耳·范因伯格大胆地指出:"没有根据的应得完全不是应得。"[5]尽管大多数哲学家似乎都承认有多种应得根据,但对其确定的根据则有不同意见。对应获救济者来说,这种工作福利观首先取决于一个唯一的基础:乐意工作。不过大多数这种观点的支持者也承认应得

---

[1] Alasdair MacIntyre,《追寻美德》(圣母大学出版社,1981),第17章。
[2] J. J. C. Smart,《功利主义伦理学大纲》,载于《功利主义:赞成与反对》(剑桥:剑桥大学出版社,1973)。
[3] 参见 David Miller,《社会正义》(牛津:牛津大学出版社,1976);Michael Walzer,《正义诸领域》(纽约:基本书局,1983)。
[4] 参见 Owen McLeod,《对应得的当代诠释》,载于 Louis P. Pojman and Owen McLeod 编,《我们应得什么?》(纽约:牛津大学出版社,1999),第62页。
[5] Joel Feinberg,《正义与私人应得》,重印于《我们应得什么?》(纽约:牛津大学出版社,1999),第73页。

的其他根据。例如，几乎没有人赞同向老年人或者有严重生理或智力缺陷的人提出工作要求。同样也没有人当真支持向儿童实施工作福利。（1993年，加拿大接受普通福利的有37%是儿童；1995年，就在美国废除AFDC之前，从中受惠的个人中有67%是儿童。）然而即使对那些"可雇用者"来说，情况也要复杂得多。例如，一些工作福利制的铁杆支持者也承认，穷人和长期失业者的一个突出缺陷实质上是缺乏信心，而不是缺乏工作意愿。[1]

有关应得根据与责任之间关系的争论使问题变得更加复杂了。很少有人严肃地质疑过下述主张：出身对个人一生的机会有重要影响。这种主张是令人困扰的，因为正如许多政治哲学家所强调的，一个人出生于什么样的家庭是运气问题，子女不能为此而负责。这会削弱所有与应得有关的权利要求吗？如果像我们在第三章所看到的那样，把这种推论从出身转向先天禀赋，争议就更激烈了。这方面的主要观点是，先天禀赋是你的遗传运气问题，它们似乎像你的出身一样不能被说成是某种你"应得"的东西。

因此，工作福利应得论特别成问题的特征是，它所依赖的穷人的应得根据的范围狭窄得令人难以置信。如果根据只是乐意工作这一标准，工作福利也许的确能找到谁应该受到救济。可是一旦承认有多种应得根据，我们就更难坚持认为跟依靠再分配性转移支付的传统福利相比，工作福利是推行应得方案的更好途径。很难想象这么一种工作福利计划，它会考虑到可能"获救济"者的所有差异。如果我们真想设计某种唯一的社会计划，它遵从应得的基础以及所有这些基础的复杂性，那么似乎更有可能执行某种基本收入保障制度，该制度能适当容忍社会最低限

---

[1] Lawrence Mead,《有关新福利的论辩：福利将改变被动接受者》，载于Beverly Fanning编辑，《工作福利对一般福利》（威斯康星州哈得孙：宝石出版公司，1989），第61页。

度之上的基于应得的不平等。①

三、自尊论

这一节我将质疑下述观点：工作福利优于一般福利是因为它能更有效地促进那些受惠于这类政府计划者的自尊。② 该观点强烈批评当前盛行的现金与实物转移的再分配社会政策。这一批评可以概述如下：

1. 再分配性的转移支付是用来满足个人需要的。

2. 任何个人都有自尊需要，自尊在此是指"这样一种信念，即一个人要遵循某些社会标准去生活，这些标准规定了什么样的人有价值并有资格受到尊重"。③

3. 我们社会衡量个人自尊最重要的社会标准是自食其力。

4. 像普通福利这种再分配性转移支付涉及的补助不是起因于当前的生产活动。

5. 因此再分配性转移支付有弄巧成拙的方面，因为它们在满足受助者部分需要时也使他们的其他需要受挫。

我的目的不在于挑战该观点对再分配性转移支付的有力批评，我反倒认为它正确地指出了传统社会政策的真正问题。我所关心的是其进一步主张，该主张认为工作福利是满足个人需要的更好途径，这一辩护根据如下观点：工作福利不像再分配性转移支付那样会威胁受助者的自尊，因而不能说有对其伤害的一面。该观点看似有道理，因为根据工作福利方案，失业者和贫弱者是通过为其所得而工作来获取满足自己需要的机会。可是值得注意的是，这种对工作福利的辩护取决于下述进一步

---

① Philippe Van Parijs 对这种结果给予了一定的讨论：《对所有人的真正自由》（牛津：牛津大学出版社，1995）。类似的讨论参见 Joseph Carens，"补偿正义与社会制度"，《经济学与哲学》，1985 年 4 月第 1 卷第 1 期，第 39—67 页。
② 我在本节大量运用了《权利与掠夺》第 197 至 202 页的论述。
③ J. Donald Moon，《民主福利国家的道德基础》，载于 Amy Gutmann 编辑，《民主与福利国家》（普林斯顿大学出版社，1988），第 32 页。

推论,即,工作福利不会威胁失业者和贫弱者的自尊。然而该推论有个基本问题。

让我们假定一个人是因为工作福利方案而不是因为竞争而得到工作。如果自尊的确要求一个人自食其力的话,那么我很怀疑任何以这种方式获得工作的人是否真的不会体验到对其自尊的某种程度的伤害。难点在于如何不使这种工作机遇伤害个人自尊,并且在运用工作福利满足人们需要时不要弄巧成拙。① 毕竟,如果一个人不得不接受由政府工作福利计划提供的一份职业,那么从自尊的角度就很难看出这与接受再分配性转移支付有什么不同。

有人也许回应说,尽管运用工作福利确实有弄巧成拙的方面,但它还是比运用再分配性转移支付更可取,因为它伤害受助者的自尊比后者少。这种回应的有效性取决于再分配性转移支付实际上伤害受助者自尊有多少。我对此提三点意见,综合起来将会表明,跟一些工作福利倡导者的主张相反的是,普通福利对自尊的负面影响未必跟工作福利有多大区别。

首先,请注意在此略述的观点并不能真正确证这样的事实,即,所有意在满足需要的再分配性转移支付都会威胁自尊。让我们考虑两条截然不同的途径,其中向某人的划拨可以说是社会财富的再分配。再分配既可以发生在不同人之间,也可以贯穿同一个人的一生。为每个人提供同等福利的社会规划是人与人之间再分配计划的一个范例,如果它是通过累进所得税提供资金的话,将导致高收入者出资购买低收入者可以直接领受的福利。强制性的养老金缴款方案是贯穿个人一生的再分配计划的一个范例,这种做法的理念在于,当人们年轻并有工作时,应该缴纳养老金,以便年老不再工作时有一份收入。(这也是一种再分配性转移支付,因为养老金的偿付并不来源于当前的生产活动。)贯穿一生的再分

---

① Jon Elster,"有(或者应该有)工作的权利吗?",载于 Gutmann 编辑,《民主与福利国家》,第 74—75 页。

配是二战后英国和加拿大建立福利国家的基本目标。很难看出运用贯穿一生的再分配开支如何会伤害接受者的自尊。

我的第二个更重要的意见涉及下述经验主义的主张:再分配性转移支付威胁受助者自尊的程度,取决于社会视这种划拨为慈善行为还是实现社会正义所要求的一种权利。公认的观点是,基于权利的再分配性转移支付被视为一种社会正义的诉求,因而不会对受助者的自尊造成威胁。① 假如社会保障网络是正义的,那么依赖一般福利便不会对受惠者的自尊有什么伤害。因此关键是确认一般福利的确是一种正义的社会政策。

我的最后一点意见是要指出对普通福利的保守批评中某种具有讽刺意味的情况。许多保守主义者哀叹现在承认一般福利的重要性几乎不是什么耻辱了。正如格特鲁德·希姆法卜在1998年的一篇评论中所说:"最近几十年来,我们目睹了蓄意建立一般福利(不再叫救济)制度的成果,它是'价值中立的',通过把福利当作权利问题而回避所有道德辨别和判断,并且承认一般福利的重要性既不受良心谴责,也不是什么耻辱。"②这些工作福利的拥护者期望这样的氛围,在那里接受普通福利对个人自尊是毁灭性的。然而如果是那样的话,他们所谓工作福利在保护个人自尊方面优于普通福利便是循环论证。

四、社会责任论

迄今我已指出,我们很难基于规范性理由为工作福利辩护:它能有效执行应得方案,或者说它更能提升个人自尊心。现在我将转向这样的观点,即工作福利的规范性基础在于工作福利计划具有促进社会责任的潜力。该观点在美国和加拿大产生了惊人的影响。

该观点的背景是各种权利话语正在不断增长的公共领域,权利话语

---

① 参见 R. Plant, H. Lesser, and P. Taylor-Gooby,《政治哲学与社会福利》(伦敦:劳特利奇与柯根·保罗出版公司,1980),第22—25页。
② Gertrude Himmelfarb,《评论》,载于 Solow,《工作与福利》,第82页。

是如此深入人心,以至于在实践中所有的政治问题都显示为要么侵犯了权利,要么实现了权利。不过权利话语的这种优势地位并非未受到挑战。加拿大一些批评家指出社会正义的合法性问题对我们的民主制度形成了威胁,他们还强烈要求避开权利的困扰。① 在美国,有关个人权利问题的系列文章的中心论题是,这种权利话语的优势地位已经对公共机构产生了灾难性的影响。也许权利的实践造就了根深蒂固的个人主义,它威胁了作为美国公共生活基础的共同体和共同责任的意识。② 公民身份不仅包括权利,而且包括承担基本义务。

工作福利的拥护者们抓住这一点为工作福利辩护。③ 据说当把福利好处看作权利或资格问题时,便导致普通福利受益人忽视社会责任。在涉及再分配性转移支付的方案中,个人坚持权利要求福利。换言之,他们关心自己应该获得什么。但这样就忽视了他们应该为他们的政治共同体相应地承担什么。在此暗含着这样的原则:社会福利方案要以对等性为前提,人们应对方案有所贡献,而不是退避三舍。使福利权利和资格处于福利方案的中心地位,扭曲了对等性原则。赞同工作福利的理由在于声称工作福利计划能用于纠正权利和义务间的不平衡。其主要观点是,针对获取福利好处的工作要求恰恰把受惠者对其共同体所欠的东西表现为义务。不像现有的社会救助计划,工作福利制度把社会责任强加到人们身上。我们的社会政策忽视社会责任的重要性是因为我们对

---

① 在加拿大最有影响的阐述出自我的两个同事:Michael Mandel,《今年的权利宪章与政治合法化》,第二版(多伦多:汤普森出版社,1994);Allan Hutchinson,《等待克拉夫:法律与权利批判》(多伦多大学出版社,1995)。
② 当前经典的社会学阐述是 Robert Bellah 等人的《心灵的习惯:个人主义及美国人生活中的义务》(纽约:哈珀与罗出版公司,1985。最有影响的哲学阐述是 Michael Sandel 的《自由主义及正义的局限性》(剑桥:剑桥大学出版社,1982)、《程序共和与不受妨碍的自我》(《政治学理论》,1984 年 2 月第 12 卷第 1 期,第 81—96 页)、《德行与自由主义的理想》(《新共和周刊》,1984 年 5 月 7 日,第 190 期,第 15—17 页)。
③ 最有影响的阐述是 Lawrence Mead,《超越权利:公民的社会义务》(纽约:自由出版社,1986)。又见其更近的作品:《贫困政治学新论》(纽约:基本书局,1992)。

权利的困扰考虑不周。

支持工作福利的社会责任论的主要说服力产生于权利和义务紧密相关的基本要求,我无意质疑这一要求,①也不怀疑社会政策应该像其他领域的公共政策那样更加关注社会责任。可是对我来说,社会责任论似乎有个相对简单然而又是决定性的问题。② 这个问题是,当依靠社会责任论的工作福利支持者说社会政策应该增强福利接受者的社会责任性时,他们也许是正确的,然而他们未能说明工作福利制度是比其他社会规划更好的途径,比如说这样一种计划,它能使各种社会经济背景中的个人参与由志愿者和慈善团体组织的社区工程。

请让我进一步解释。社会责任论者一般强调,普通福利的长期接受者不仅不工作,而且行为举止更加明显地不同于加拿大和美国的主流社会,因为他们没有把劳动和贡献社会的义务内化于心。可以说现有的社会政策增强了这种"依赖性"以及对他们的政治共同体中其他人的寄生性。这些工作福利的拥护者一度悲叹不知道什么时候每个人才会承担起自己的那份社会责任。我所强调的问题是:为什么我们应该提倡工作福利,而不是其他社会计划,来促进社会责任感。

这个问题的确切意义可以通过参考英国的例子得到阐明。在那里人们普遍相信,过去二十多年来人们的社会责任感严重下降了,然而那些最令人信服的政策举措却并未诉诸工作福利制度。例如1994年,社会正义委员会提出了公民服务性工作计划,这种服务性工作的主要目标是"复兴国家公民生活"。③ 该计划的要点是,出身不同社会经济背景的

---

① 其实我在其他地方就提出了一种权利理论,我称之为"权利的个人情感作用理论(person affecting theory of rights)",它恰好与这一点相对应。参见《权利与剥夺》第2章。
② 至于更复杂的经验主义的批评可参看:William Julius Wilson,《真正的劣势》(芝加哥大学出版社,1987),第159—163页;David Ellwood,《少得可怜的支助》(纽约:基本书局,1988),第5章。至于部分回应参见:《贫困政治学新论》,第5—6章。
③ James McCormick,《公民服务》,《社会公正委员会问题报告》,第10卷(伦敦:公共政策研究所,1994年5月),第1页。

年轻人都有机会参加平均为期三个月的计划，从事志愿性的服务活动，以获得少量补助、教育贷款或失业保险贷款。此举关键是通过对年轻人进行有关社区公共领域的教育并让他们参与该领域而提高有关公民权利和义务的社会责任感。从提高社会责任的观点看，这种计划优于工作福利制度，因为它针对每个人，而不仅是穷人和弱势群体。毕竟，如果人们真的以为权力话语的统治已经导致了社会责任的沦丧，那么这种沦丧也必定在普罗大众而不仅仅是贫弱人群那里泛滥开来。① 因此意在提升社会责任的计划应该针对所有公民。

上述论证为最近的研究结论所加强，这些研究是：福利接受者实际上是如何看待诸如个人责任、公平、工作等等的社会价值的。与声称接受福利者罔顾社会主流价值相反，这些研究一致表明，加拿大和美国接受与不接受福利者在价值方面不存在什么显著差异。②

那么我对社会责任论的反对就是，说我们应该具有提高社会责任感的社会规划，享有权利和资格的同时也必须承担义务，这些也许都是正确的，然而拿它们作为提倡工作福利的理由就不可信了。要表明我们为什么应该提倡工作福利而不是其他并不针对穷人和社会最弱势群体的计划，至少就有必要对像英国公民服务性工作计划这类议案进行认真的分析研究。

第三节　工作福利与风险公平的相关性

现在我们可以考虑作为调节性理想的机会平等三维模式能否作为

---

① 有人也许会说，与失业者不同，其他公民通过工作和交税公平地承担着他们份内的社会责任，为此只应把失业者作为社会规划的目标以提升他们的社会责任。但是，大概很少有人当真认为只有失业者才逃避社会责任。我的要点是，只要承认这一点，则基于社会责任的工作福利观就是有疑问的。
② 关于加拿大的研究，参见 Solow，《工作与福利》，第 7—10 页；Christopher McAll，《社会救助的恶性循环》(Le Cercle Vicieux De L'Aide Sociale)，《政策选择》，1995 年 5 月，第 16 卷，第 4 期，第 29—32 页。关于美国的研究，参见 Wilson，《当工作消失之时》，第 3 章。

工作福利的规范性基础。为什么这种调节竞争的平等主义模式可能与有关工作福利的争论相关呢？工作福利和普通福利都被最大程度地视为劳动力市场的必然结果。假定大多数人都参与常规的劳动力市场并通过挣得收入满足自己的需求，只是对那些相对较少的不能在那里获得满足的家庭，才产生了两种福利的争议。正是在这个意义上，这类社会规划具有保护网的特征。当然这种比喻是指高空秋千演员，他远在安全网之上表演并极少坠落，掉落网上则是意外情况。在社会政策方面与之相对的有公共教育，它被设想为是被每个人都实际享用的，很少被描述为保护网！劳动力市场的显著特征是竞争性——它有规则条例、报酬和输赢。

在第二章我指出，作为一种规范性的竞争调节物，平等机会模式在三个不同方面提出了公平问题——程序、背景和风险。劳动力市场造成了众所周知的程序和背景公平问题。发达工业国家标准的法规和政策——劳动与工作场所安全标准、职工补偿方案、最低工资制、法定加班条件等等——全都可以被视为促进劳动力市场程序公平的措施。与此不同的是那些解决产生于劳动力市场之前的公平问题的措施，①这便是背景公平所关心的领域。

不过劳动力市场竞争还产生了被我称为风险公平的问题。我在第二章提到，风险公平涉及竞争中所得与负担的分配。比如说，赢者通吃的方案公平吗？众所周知，劳动力市场竞争的支出是千差万别的，有些职业提供高收入高福利，其他的则没有。或许令人惊讶的是，国际间的比较表明，根据收入差异和差额大小，各国在职业等级方面具有相似性。② 这本是习以为常的，一些著名的平等主义者却极力主张收入差额最小化乃至不存在的劳动力市场。然而这些规定反过来又产生一些复

---

① 对于劳动力市场之内和之前的区别，我在此运用了劳动经济学中的一般划分。参见 Henry Phelps Brown,《平等主义与不平等的产生》(牛津：牛津大学出版社,1988年), 第 518 页。
② 同上，第 398 页。

杂问题,即,劳动力市场在收入平等的情况下如何还能运作,平等主义者以一些极好的建议对此作了回应。①

传统的平等主义者对工作人员之间的收入差额的强烈关注,导致他们忽视了更为严重的风险公平问题——也就是就业者与失业者在利益上的差距。劳动力市场竞争不仅意味着有些人比其他人得到收入更高的工作,而且意味着还有些人根本就得不到工作。劳动力市场失败者的实际比例各国差别很大。美国自上世纪90年代中期以来就多次经历了过去三十年中失业率最低时期,而在经济合作和发展组织(OECD)的其他地方,失业率则持续高涨。这使我所提的问题在那里更加明显。菲利普·凡·帕里斯(Philippe Van Parijs)为了撰写西欧社会民主主义的福利国家高失业率的影响,试图重新思考福利国家资本主义社会中基本的阶级划分问题。② 他强调,阶级划分是指那些有稳定而体面工作的人和被剥夺了获取这种工作的机会的人(诸如失业者和临时工)之间的区分。帕里斯得出这样的深刻见解:从分配正义的角度看,阶级的根本对立不再是工人和资本家,而是拥有职业资产(job assets)的工作者和就业困顿者(job poor)。二十五年来,西欧和加拿大持续经历着高失业率,结果导致有稳定职业的人获得了一种宝贵资源,它不同于他们可能具有的技能和天赋之类的东西,这大概是因为有些(被迫的)失业者也有类似的技能。说工作就是资源,不仅在于它赚得了工资,而且在于它还在非金钱的途径上获取了健康保险、自尊、社交圈以及抚恤基金之类的好处。③ 这里跟我的分析相关之处在于,劳动力市场竞争不仅分配职业,还分配这些其他的职业资产。这产生了风险公平的紧迫问题,因为市场上最大的

---

① 特别参见 Joseph Carens,《平等、道德激励与市场》(芝加哥大学出版社,1981)。
② 本段和后两段应用了我最初在《经济学与哲学》(1995年第11卷第1期第197—203页)评论帕里斯的要点,以及《分析马克思主义的第二波》《社会科学哲学》1996年6月第26卷第2期,第279—292页)。
③ 关于失业的其他损失方面的杰出研究,请参看:Patrick Burman,《消磨时光,每况愈下:失业的遭遇》(多伦多:汤普森出版社,1988)。

输家在某种意义上受到双重损失,他们不仅得不到工作,还被排除在其他工作资源之外。

向无业者支付现金当然能部分弥补劳动力市场竞争的不良后果,这其实是普通福利和失业保险的任务。支付率越高,救助因失业而导致的贫困家庭的效率也越高。为阐明这一点,丽贝卡·布兰克在美国和加拿大之间作了个有趣的比较。[①] 尽管在两个国家单亲家庭的贫困都是主要问题,并且这些家庭的工作情况都是相似的,不过她认为值得注意的是,加拿大的单亲家庭贫困率比美国低三分之一。布兰克指出加拿大的公共援助要慷慨得多,在20世纪80年代中期其拨款就是美国的两倍。

然而,如果对拥有工作的双重利益(收入和其他职业资产)的分析令人信服的话,那么无论福利金定得多高,都无法弥补失业者不能享受其他资源的缺憾,即便更激进的增加养老金之类的福利改革也解决不了拥有工作能带来的更加本质的利益问题。这对帕里斯这样的提倡基本收入制度者来说是个严重问题。我同意他关于长期失业的诊断,但基本的或最低限度的收入制度并不是合适的补救方法。

反之对我来说,上述分析表明,让失业者拥有职业资产的最有效方法恰恰是为他们提供工作。工作福利措施使得来自政府的收入转移支付以个人从事某种工作或参与职业培训计划为条件。除了收入外,这类工作也为个人提供社交网络、身心健康、自尊之类的职业资产。因此,跟简单的保障最低收入的方案相比,工作福利的真正优点是能够解决劳动力市场竞争在职业资产方面的风险公平问题。

[①] Blank,《国家作用》,第142页。其他人则强调,通过比较其他国家可以发现,加拿大在利用社会救济援助单亲家庭方面进展糟糕,例如在荷兰,社会保障网络付出了如此多的补助以至于单亲家庭的贫困率近似于双亲家庭。参见 Anne-Marie Ambert,《离婚:事实、数据与后果》(渥太华:温尼亚家庭学会,2000),第12页。

有关底层工作有时被贬称为"快餐店式的"工作①的研究加强了上述洞见。对我提出的工作福利的优点持怀疑态度的人也许会说,某些工作确实产生了额外的资源,可是当人们从事的是工作福利所要求的那种工作时,情况就不是这样了。凯瑟琳·纽曼对在哈莱姆区②快餐店工作的一批年轻人进行了详尽的人类学研究,发现甚至在那里也有工作带来的诸多好处——人际关系网、增强的自尊、自律——这些都是我所表明的工作福利能够提供的。③ 问题就在于依照无条件的基本收入方案的简单拨款不会提供那些好处。

我所提出的支持工作福利的观点建立在劳动力市场竞争中风险公平的基础上,它阐释了工作福利计划的一种典型特征,这是我在本章第三节批评的那三种观点所忽视的。这特征就是设想工作福利的要求主要用于长期失业者。在大多数情况下,对短期失业者则应该通过失业保险或普通福利予以现金救济。通过聚焦于劳动所得之外的职业资产,我认为该设想是完全可以理解的,因为就眼前来说,无论有没有职业资产都几乎无关紧要。实际上它们是维持稳定工作或长期失业负担的资产。以健康为例。④ 在美国,当一个人失去工作时,他肯定也会失去健康保险。不过在英国和加拿大却不是这样,因为这里的卫生保健是公共投资,所有人都能享受。但失去健康保险不应混同于失去健康,英国和加拿大人即使失业也有这种保险,但它却不能确保健康。值得注意的是,

---

① 原文为"McBurger jobs",McBurger 在美国似乎有两种含义,一是指汉堡,二是指某个快餐店的名称,由于汉堡和快餐店在美国都太流行了,因此 McBurger jobs 指平常而又低下的工作。——译者注
② 哈莱姆区(Harlem):纽约市的一个黑人住宅区,位于曼哈顿北部,倚傍哈莱姆河和东河。——译者注
③ 1998 年 3 月在哈佛大学法学院一场报告中提出的结论,发表于 Katherine S. Newman,《我的职业没什么可羞耻的:城市中心报酬低下的劳动者》,纽约:拉塞尔塞奇基金会/诺夫出版社,1999 年。又见 Michael Massing 的评论:《福利的终结?》,《纽约书评》1999 年 10 月 7 日,第 22—26 页。
④ Richard Wilkinson,《不健全的社会:不平等之痛》(伦敦:劳特利奇出版社,1996),第 59—60、67 页。

长期失业者更容易陷入不健康状态,不管是否享有普遍的保健机会。不是他们糟糕的健康状态导致失业,情况似乎恰恰相反。

工作福利的严谨批评者也许同意我目前所说的一切,但却否认这些能构成支持工作福利的有说服力的论证。他可能会说,我所表明的无非是工作福利的确优于普通福利,因此政府应该优先考虑让失业者获得工作。继而他会说,工作福利有争议性的特征不在于强调工作,而在于参与工作的强制性,实质上就是受助者为了获得公共援助而必须工作的强制要求。就此而言,我未能为工作福利的这个基本特征提供基础。

现在让我来回应这种批评。我们都同意,工作对于我们社会中的个人生活的确很重要,这或许是我们社会的一个依附性特征,但你却无法否认它。因此在社会中被排除在工作之外是不公平的,哪怕发给失业者的救济金接近他们拥有工作时能赚到的数量。一个实例说明了这一点。加拿大残障人权益运动近来大力推动教育机构给残障人提供更多机会,并挑战阻碍残障人谋求某些职位的措施。这一行动蕴含着这样的敏锐洞察,即工作为加拿大残障人提供了掌握其命运的最佳手段。这反映了社会政策从为残障人提供再分配性的现金转移支付到侧重于工作与培训机会的重要转换。口号便是:残障人有就业权利。工作福利像这场残障人权益运动一样是根本性的,因为它是要重视失业者的就业权利问题。

从这个角度看,工作福利是一种进步的社会政策,因为它能使贫弱者行使他们的就业权利。在劳动力市场竞争中,得不到工作的人遭受着双重的报酬/风险不公——既得不到工资,也得不到拥有工作所带来的其他资源。作为调节性理想的机会平等三维模式要求人们注意并解决这种风险公平问题。工作福利作为劳动力市场的一种平等主义的补充可以被证明是合理的,因为它能为失业者提供就业者从劳动力市场获得的利益。(这并不排除利用工作福利计划提供的工作机会可能在某种程度上伤害个人自尊。)跟社会责任论不一样,我的论点侧重于工作福利对每一个公民有何作用,而不是对政治共同体中的公民生活有何作用;它关注在一个平等的社会中实现所有公民就业权利的工作福利方案,而不是普通福利风险公平要为其共同体的幸福作贡献的义务。

在讨论工作福利的语境中,转向就业权利话语也许令人惊讶。原因之一是工作福利常被视为一种反对普通福利接受者各种权利的社会政策。(当然这是前面讨论的社会责任论和应得论的主题。)特别是,工作福利与其说是让人们自愿去工作,不如说是通过利益机制强迫人们去工作,这因与就业权利的观点正相反而对许多人造成冲击。但显然这种反对建立在对权利性质的概念性误解之上。说某人对某物具有权利并进而迫使他去行使该权利是没有什么问题的。或许最清楚的例子是受教育权问题。在加拿大和美国,几乎没有人怀疑儿童有权接受教育,但我们还是要根据这些权限强制儿童入学。此外,像政府社会保障和养老金这样的计划也常根据权利来制定。而这些计划也是强制性的,个人贡献是非自愿的,并可从收入来源上推断出来。

实际上,从就业权利的角度看工作福利,并注意其他相似的诸如受教育权和养老保险之类的一般福利权利,就可以深入理解为什么工作福利是强制性的。标准教科书解释受教育权和养老金之类的社会方案为什么具有强制性的理由已经为人们所熟知:集体化风险、其他人都享有的保险、防止短视倾向。① 确切地说,这些理由也足以解释工作福利的强制性。我认为拒绝这些理由的工作福利的批评者不仅怀疑工作福利而且怀疑现代福利国家的重要支持者。因而具有讽刺意味的是,当这些批评者代表性地把自己说成原本是福利国家的拥护者时,事实上他们却在大肆攻击大多数进步的社会再分配政策。

工作福利的强制性还有一个更加复杂的原因,它也与强制性地参与

---

① 参见 Nicholas Barr,《福利国家的经济学》,新版(伦敦:韦登菲尔德与尼科尔森出版公司,1993),第4—5章。

提供养老金和公共教育的公众计划相似。我已论证了工作福利制度作为劳动力市场的一种平等主义的补充可以被证明为合理的,因为它作为风险公平的要求,能为失业者提供就业者从劳动力市场获得的利益。这个理由突出了弥补劳动力市场竞争不公的公共责任。现代福利国家非官方的公共计划的一个众所周知的缺陷是:它们常变得边缘化,并易屈从于成本削减措施。反之,使工作福利强制化就能防止公共决策者向失业者推卸责任并漠视他们的权利。换言之,主张工作福利的强制特征并不必然导致对受惠者的家长式统治。

第四节 结论

本章我表明了作为理想规范的机会平等三维模式如何能为工作福利提供规范性基础。利用每个人都有就业权利的理念,我论证了具有强制性要求的工作福利制度可以用来实现长期失业者的权利。显而易见,这种从三维平等机会观念为工作福利所作的辩护是独一无二的。从第二章可知,与罗尔斯和其他平等主义的自由主义者提出的更为人所知的二维方法相比,三维方法的区别在于引入了风险公平。我指出,面对劳动力竞争市场中那些更持久的失业者,风险公平对充分认识这种困境来说是根本性的。作为对竞争中风险不公的一种平等主义的弥补,工作福利已经得到了合理的辩护。

不过必须承认,我的观点主要是赞同工作福利优于一般福利。安德鲁·莱文评论道:"为了使政府给予[有偿雇用]这样一种权利——通过支持充分就业政策和/或最终充当幕后雇主——一个人必须说明,对一些个人来说就业的好处如此之多,以至于任何东西都不足以替代它们。"①莱文设置的标准太高了。据我分析,不规范的劳动力市场把负担

---

① Andrew Levine,"失业公平:有不劳动的权利吗?",《经济学与哲学》,1995 年第 11 卷,第 263 页。

强加到找不到工作的人头上,并引发了对风险公平的强烈关注。普通福利和其他类似的社会救济被视为弥补这种不公平的尝试。工作福利比普通福利更可取,因为它实际上是一种更全面的补偿,不仅解决劳动收入的缺乏问题,而且解决职业的其他利益的缺乏问题。因此在这里实现就业权利的主张并非因为工作是不可替代的,而是因为一种社会规划(工作福利)比另一种(普通福利)能够更有效地解决劳动力市场的风险不公平问题。

第七章 医疗保健的普遍机会①

第一节 导论

本书到目前为止一直都在关注说明，机会平等三维模式作为调节理想在涉及法律和社会政策时的动态适应性。现在我将阐明这种平等机会理论的局限性。我已特地强调过，平等机会仅在围绕资源存在竞争的情况下才是一种切实可行的平等主义理想。而在为资源不宜展开竞争的情况下，该观念只能保持沉默。许多平等机会论者未能察觉它的边界，却因试图在法律和社会政策中无限制地运用它而反倒削弱了机会平等。本章要提出一种原则性的根据来限制对机会平等的应用，用于阐述这种限制的例子是医疗保健。我把对普遍机会的广泛承诺作为一种证据，在澄清为什么保健资源的竞争是违背直觉的之后，我将指出平等主

---

① 根据汉语习惯，universal access to health care 最好翻译为"普及医疗保健"，但由于作者在书中还单独考察 universal access，并把它与 equal access 进行比较，而且在第一章还出现了 allocation of access to health care（医疗保健机会的分配）这样的短语，因此我们基本上译为"医疗保健的普遍机会"，下文除具体说明外，一般简称"保健机会"。——译者注

义者采取机会平等或其他强调竞争的方法来为医疗保健的普遍机会提供理由的缺陷。

第二节 普遍机会的含义

指明机会平等理论应用限度的部分质疑就是挑选一个有关非竞争性机会的例子。任何这类选择都必然会引起争议,因为一定有人认为经由选择的例子实际上被不恰当地分类了。为了本章的目标,我挑选了医疗保健作为非竞争性机会的例子,以阐述我关于机会平等的一般观点。请发现这种争议的读者暂且把他们的怀疑搁置一边,而尽量记住本章的总目标。但首先让我解释一下为什么我认为医疗保健与非竞争性机会有关。

我认为分配稀缺的医疗保健资源的公平途径无论是什么,竞争都是一种不恰当的分配方式。换句话说就是,个人不应该被当作竞争者来获得医疗保健,医疗保健不应被视为竞争目标。尽管有关医疗保健资源的悲剧性抉择是无法避免的,但这种分配方式的受益者和未受益者各自都不能被称为赢家和输家。正因为竞争不适用于医疗保健资源的分配,所以平等机会理论在此几乎没有什么市场,从而我们需要一种不同的原则。我在此不能提供这样的原则,我的主要目的是表明机会平等的竞争模式在医疗保健的情况下是一种误用。我在本节意在通过表明医疗保健支持对普遍机会的广泛承诺来解释它不适用于竞争。保健机会的含义是,只有在它不适用于竞争时它才是有意义的,它与我在第二章第三节所说的非竞争性机会有关。

我所一直赞同的机会平等观念,其魅力之一在于它洞察到社会正义的复杂性。一些哲学家力图找到单个原则或价值作为分配社会生活利益和负担的根据,而多数反思者已经意识到这一做法说明他们未能认识那些利益和负担的多样性。试图发现单一原则似乎是对社会正义观十足的简单化。更大的挑战与其说是认识到利益的多样性以及不同原则都可以发挥作用,不如说是识别判断某种原则切实可行的根据。

对这种挑战的大多数应对都是力求提供一种原则性的根据,以辨别哪些(若有的话)社会利益和资源不应该通过市场实行分配。在一篇写于多年前的很有影响的论文中,伯纳德·威廉姆斯认为,什么是特殊物品的观念包含着分配某种特殊物品的根据。例如他声称,"医疗分配的正当根据是不健康,这是个必然真理。"① 像罗伯特·诺齐克这样的批评家就回应说威廉姆斯的主张是无用的,因为威廉姆斯把医疗保健与"必然真理"联系起来的做法实际上也可以适用于任何物品或服务。比如说,"分配理发服务唯一正确的标准就是理发的需要。"② 诺齐克责难的效力在于,既然理发显然应受市场分布的支配,所以医疗保健也应如此。在修正威廉姆斯的主张时,迈克尔·瓦尔泽指出,虽然特殊物品应该如何分配在本质上无关紧要,但每种物品都有一种"社会意义",而且它们应该如何分配要随那种意义而变。沃尔泽实际上是说,"分配依据物品是什么以及为了什么的观念进行"。③ 既然社会意义从历史观点上看是或然性的,因此说某种物品应该一直以这种或那种方式分配就没有根据。不过当前那些意义为分配提供了根据。从这一观点来看,诺齐克在医疗保健和理发之间所作的分析是靠不住的,因为这两种资源的"社会意义"是不同的。反过来,瓦尔泽这样富有同情心的批评家则怀疑社会意义是如何建构的,以及它们能否发挥社会正义原则所要求的那种关键作用。④

---

① Bernard Williams,《平等的理念》(1962 年),重印于 Robert E. Goodin and Philip Pettit 编辑,《当代政治哲学选集》(牛津:巴兹尔·布莱克维尔出版社,1997),第 471 页。
② Robert Nozick,《无政府、国家与乌托邦》(牛津:巴兹尔·布莱克维尔出版社,1974),第 234 页。
③ Michael Walzer,《正义诸领域》(纽约:基本书局,1983),第 7 页。
④ 参见 Ronald Dworkin,《正义不是什么?》,载于《原理问题》(马萨诸塞坎布里奇:哈佛大学出版社,1985);Susan Moller Okin,《正义、性别与家庭》(纽约:基本书局,1989),第 6 章。

玛格丽特·简·瑞丁提供了一个替代威廉姆斯和沃尔泽的解释,她突出了可互换和不可互换物品之间的区别。不可互换物品实质上是那些与我们的个人身份也即我们是谁联系在一起的东西,这样的例子有结婚戒指或家庭。相比之下,可互换物品完全可以替代或交换。① 后者完全通过市场以一种前者所不能的方式获取。既然医疗保健似乎与我们的个人身份有密切关系,从而可以说是一种不可互换物,因此从瑞丁的解释中可以推断,市场在医疗保健上是不适用的或者应该加以限制。瑞丁的解释所产生的一大问题是物品类型与个人身份之间的关系过于主观化。健康也许对某些人极为重要,然而对另一些人却并非如此。

我发现所有这些方法都是刚愎自用的。我认为,当一系列复杂的社会正义原则都得到确认时,什么应当或不应当受制于市场分配,并不是确认某种原则是否有切实可行的理由这一问题的核心。我们所举的医疗保健的例子就生动地表明了这一点。对医疗保健和社会正义的关注主要不在于利用市场,而在于反复考虑医疗保健机会。市场构成争论的一部分,但不是焦点。

关于医疗保健的讨论大多限于美国与加拿大、西欧保健制度的比较。关于美国这两个主要方面是我们所熟悉的:(1) 大量美国人没有任何健康保险或相当数量的人保险额不足——2000 年分别达到四千五百万和两千万。(2) 相较于其他 OECD② 国家,其医疗保健的支出占国内生产总值的百分比极为庞大——更具有讽刺意味的是,尽管美国在医疗保健方面的花费远高于所有其他国家,它却并没有为所有公民提供保险。人所共知的是与加拿大保健制度的比较。加拿大为所有公民提供

---

① Margaret Jane Radin,《财产和人格》,《斯坦福法律评论》,1982 年第 34 卷,第 960、986—988 页。
② 即经济合作与发展组织,是二战后由 35 个市场经济国家建立的政府间国际经济组织(The Organisation for Economic Co-operation and Development)。——译者注

健康保险,然而1995年它的人均保险额只占美国的55%。① 而且如果考虑婴儿死亡率之类的测量标准,加拿大做得还要好得多。但在其他方面,美国显然做得更好,特别是在费用庞大的技术利用方面。例如,这造成癌症治疗方面的成功率高出很多。美国乳腺癌患者的五年成活率占84%,比世界成活率第二高国家(德国)高出12%。②

美国保健制度的成败似乎不应简单地归因于市场。当然在美国,市场在服务于医疗保健方面的作用是很广泛的,不过,认为在加拿大之类的国家没有类似的市场则是误解。加拿大和美国一样,大多数医院都是私立的非盈利机构。医生收入以服务费为主,因而他们彼此会争夺病人。处方药物由私有制药公司生产销售(尽管加拿大的强制性许可比美国更普遍,这导致更多廉价的普通药物上市)。主要差异是,对于必要的医疗服务在加拿大只有单一的支付者——省政府,而在美国则有包括州政府、联邦政府、保险公司和个人在内的多种支付者。这种差异也许影响每个国家在医疗保健方面的市场的个别特征,但不能否认市场在这两个国家的存在。

如果对美国在超越意识形态领域的医疗保健(加拿大相对强调这一点)有什么普遍疑虑的话,大概就是不能成功地实现普遍机会了。保健机会的实现是指所有公民,不论社会经济地位、种族或性别,都被确保享有某种基本的或"医疗上必需的"保健服务或产品。根据保罗·斯塔尔颇有影响的叙述可知,美国二战后在医疗保健方面发生了这样的转变,即从大规模的不平等(大部分人都享受不到提供给中产阶级和上流社会的医疗保健)转向少量的不平等(贫困人口被排除在这种机会之外)。③ 加拿大自1971年起每个人就享受健康保险,保险

---

① Pat and Hugh Armstrong with Claudia Fegan,《普遍的医疗保健:美国可以从加拿大的经验中学到什么?》(纽约新出版社,1998),第104页。
② 《纽约时报》,2000年2月10日,星期四,A版第14页。
③ Paul Starr,"美国医疗保健与对平等的追求",载于《保护医疗保健权》,第2卷,华盛顿特区:研究医学、生物医学和行为研究中的伦理问题的总统委员会,1983年,第3—22页。

范围据说是普遍的,而不是有选择性的。没有人因以下原因被拒绝保险:不能交纳保险费、高风险或不能通过经济情况调查。1984年加拿大健康法案为该层次的保险提供了法律保障。在美国医疗保健改革者那里,"普遍机会"的陈词老调到现在已经唱了十年。一些重大进步,如国会在1997年通过的儿童健康保险计划就为每个美国儿童寻求普遍机会,说明了老调子的力量。

但陈词老调通常对保健机会的承诺根本就不清楚。当然,人们早就认识到普遍机会不等于平等机会(equal access)。① 在加拿大要宣称这一点就是无稽之谈,即,与大城市中心的居民相比,农村和偏远地区的居民也有平等的医疗保健机会。同样地,加拿大尽管一致同意要重视普遍机会,但对于那种机会针对哪些方面却没取得相应的一致。它包括家庭护理和处方药吗?在加拿大看待当前医疗保健危机的一个方法是根据普遍机会针对哪些方面。② 类似的地方还有普遍机会面向谁的问题。在美国,各民族和种族群体没参加健康保险的情况并不一致。例如在加利福尼亚,比例大致相近的白人(23%)、亚裔美国人(22%)和非裔美国人(22%)未参加保险,而拉丁美洲人没保险的比例却几乎是其两倍(42%)。③ 这意味着日益增多的机会对这些不同的族群将产生不成比例的影响。非法移民之类的因素发挥什么样的作用?医疗保健这样的社会利益应该不考虑这些因素就可获得吗?

---

① 据艾米·古德曼(Amy Gutmann):"医疗保健平等机会原则要求,每一个具有同样类型和程度的健康需求的人都必须被给予同等有效的机会,以便只要某种治疗可以用于任何人,他就能获得同等质量的适当治疗。"参见《对保健机会的支持和反对》,载于 S. Gorovitz, R. Macklin, A. Jameton, J. O'Connor, and S. Sherwin 编辑,《医学中的道德问题》,第二版(新泽西洲英格伍德克里夫:普伦蒂斯霍尔出版社,1983),第558页。
② 参见 Margaret A. Somerville 编,《我们关心了吗?重申加拿大的保健责任》(蒙特利尔:麦吉尔与女王大学出版社,1999);Lesley Jacobs,"保健机会:为了谁?面向什么?",《加拿大文学评论》,1999年11月,第24—26页。
③ Dwayne Banks, Kimberly Kunz, and Tracy Macdonald,《医疗保健改革》(加州大学伯克利分校政府研究学院出版社,1994),第23页。

如果不揭示这种普遍机会赖以存在的更深层的规范性原则,就不可能解决这些问题。保健机会的基础是什么?如何证明使每个人都能获得医疗保健是正当的?也许最常见的回答是,医疗保健机会不应建立在支付能力的基础上。这个回答实际上是前述威廉姆斯、瓦尔泽和瑞丁的观点的融合。既然商品市场一般建立在支付能力的基础上,那么为每个人所拒斥的保健市场就此而论就是说得过去的。他们的要点似乎是,个人不论社会经济地位和贫富,都应该拥有医疗保健机会。不过,无论它有什么天生的吸引力,忽视支付能力似乎都不能解释普遍机会。就是加拿大或英国这些实现了普遍机会的保健制度,也保留了支付能力特征。在英国就有一个双重保健制度,其中富人和私自购买健康保险的人可以在国民医疗服务制度之外支付医疗保健费用。这当然会带来更快的并且很可能更好的治疗。在加拿大,这种双重制度为健康法案所禁止,但支付能力在法案所不及的诸如处方药、家庭护理和牙科护理等物资和服务方面起主要作用。比如在药物方面,政府开支只占总支出的35%,另外65%则由个人或通过私人保险计划支付。① 因此对享有这些物资和服务机会的人来说,问题是个别人能支付什么或者他们的私人保健计划包括什么。但不管支付能力在这种制度中有什么作用,似乎还是可以毫不犹豫地认为它促进了普遍机会。

我的主张是,从根本上说保健机会反映了这样的信念,即个人不应该为了医疗保健而处于彼此竞争之中。这种普遍机会所要的是否认医疗保健是对优胜者的酬报。既然每个人都有机会,因此没有人能被说成是输家。通过利用不能作为现金或其他商品交易的医疗保健非现金所得,普遍机会方案不允许个体公民彼此竞争医疗保健服务和产品。对保健机会超党派的广泛支持证明了医疗保健不适于竞争的观点是如何生

---

① Armstrong,《普遍的医疗保健》,第100页。

动有力。①

医疗保健不应受竞争支配的原则具有讽刺意味地比医疗保健资源分配不应受市场力量支配的主张更加广泛和明确。它为支付能力为什么是错误的这个问题提供了更好的解释。支付能力在道德上的问题并不在于它所暗含的商品化,而是支付能力在其中发挥作用的标准情形——例如,在这里物价被制定,以便买家彼此抬价竞买直到全部成交。这个洞见对大多数受公众支持的保健制度有重要意义。一般性的争论都围绕着是否要对某些或所有服务付费。例如在加拿大,根据加拿大健康法案,在必要的医疗服务方面收取费用是非法的。但服务费的支持者认为,应该修改法律认可服务费,以便在该体系中增加资金,并减少医疗服务中的滥用。他们面临的主要挑战是如何安排服务费,以免穷人因缺少支付能力而过度受损。一些非服务费的支持者特别是医疗保健经济学家已经令人信服地质疑了医疗保健中服务费的所谓有利效果,②不过另一些支持者则诉诸道德上的争论,指出即使安排将穷人分开对待,服务费也会导致医疗保健的商品化,因此应该反对。我个人认为只要服务费不导致对医疗保健资源的竞争,它们在道德根据上就没有什么问题。在涉及服务费的改革中需要避免的是竞争,而不是医疗保健的商品化。

第三节 两种平等主义的策略

到目前为止,我一直试图论证医疗保健不应受竞争支配这个观点的合理性,我是通过这样的方式来证明的,即指出只有接受该观点,对医疗保健普遍机会的广泛承诺才有意义。医疗保健不应在竞争中分配的结

---

① 在本章我不打算阐释医疗保健普遍机会的规范性基础,这是另一本书的主题。参见我即将出版的《加拿大医疗保健:价值观、权利与法律》(温哥华:不列颠哥伦比亚大学出版社,法律与社会丛书)。我在本书中的任务只是表明平等机会的竞争模式不能提供那些基础

② 至于最近的总结,参见 Rachel Grad,《加拿大的保健改革:还有效率空间吗?》,《加拿大卫生法》,1999 年第 20 卷第 2 期,第 17—30 页。

论是很重要的,因为它意味着机会平等概念对于在人们之间分配稀缺的保健产品和服务的规范机制根本就没有提供任何洞见。

我的看法也许显得特别令人吃惊,因为人们广泛认为对普遍机会的承诺建立在平等主义的基础上。正如罗伯特·韦彻(Robert Veatch)所言,普遍的保险范围"反映了平等主义的道德担当,它们深深植根于美国社会的精神特质,无论使这种精神发挥作用的努力是多么不成功"。[①] 确实,常识认为保健机会产生于某种分配平等理论,哲学家们为表明这一点已做了一些重要尝试。我在此将证明这些尝试都是失败的,而且认为普遍机会依赖于平等主义的基础的常识性信念也是错误的。该论证被用来维护我在本章的一般论点,即,对作为调节性理想的机会平等三维模式的运用存在原则性的边界。因为如果保健机会是一种平等主义正义的要求,那么要像我这样坚持认为这种平等机会模式不应用来调节医疗保健分配就毫无意义。

一般地说,可以区分平等主义者通常为保健机会辩护的两种基本策略。[②] 第一种策略(我称之为全面策略,comprehensive strategy)认为,分配平等要求每个个体都应该平等地分享社会资源,并且在享有的权利中就包括某种最低标准的医疗保健机会。这种策略的支持者首先必须提供令人信服的一般理论,解释哪些要素构成了对社会资源的平等分享,继而表明为什么保健机会产生于该理论。第二种策略(有限平等策略)

[①] Robert Veatch,"单一保险人与多重名单:每个人都必须按照全民健康计划获得同样的保险范围吗?",《肯尼迪伦理学研究所杂志》,1997年第17卷第2期,第154页。

[②] 在这里可以说我忽略了第三种平等主义的策略,它诉诸某种帕累托原则(Pareto principle)。Allan Gibbard对普遍机会的这种类型的辩护做了有力的阐释,参见"医疗保健与准帕累托原则",《伦理学》,1984年第94卷,第261—282页。关键问题是帕累托原则究竟是不是平等主义的理论。我不想在任何严格意义上回答这个问题,但我显然怀疑它是这样。况且Gibbard也承认跟该理论恰当的联系是功利主义而不是平等主义。我猜想把帕累托原则与平等主义联系起来的主要原因源于罗尔斯在《正义论》(Cambridge, MA: Harvard University Press, 1971)中对差异原则的阐述和辩护。德里克·帕菲特(Derek Parfit)已经对分配平等与最弱势者优先之间的紧密关联给予了重大冲击,参见其论文"平等与优先权",载于Andrew Mason编辑,《平等的理想》(牛津:布莱克威尔出版社,1998)。

不以分配平等的一般理论为基础,而是坚持认为保健机会因对机会平等来说是必须的而能以一种更加有限的方式加以辩护。由于我在本书中的努力,第二个策略尤其与把平等机会恢复为一种严肃的平等主义正义理论有关。

我反对为保健机会辩护的全面策略和有限平等策略(restricted egalitarian strategy)的主要意见很简单。保健机会政策要为人们提供健康保险,哪怕他们宁愿将用于那种保险的钱花在其他方面。在我稍后要介绍的情况中可以看到,这种政策依赖于非现金所得(in-kind benefits),并且不允许市民同他人买卖或交换。对平等主义者来说,该政策的这个特征很难被证明是合理的。当平等主义者寻求全面策略时,他们被迫解释如果个人更喜欢相似价值的其他事物时,健康保险为什么还应该是他对社会资源的平等分享的一部分。当他们寻求有限策略时,他们不能解释如果每个人都有钱购买足够的健康保险时,为什么机会平等就不存在;这种设想提出了一个难题,因为有的人事实上并不想买保险,在这种情况下就没有什么普遍机会了。实际上平等主义者所能辩护的只是使所有愿意的人都买得起医疗保健(保险),而不是使医疗保健普遍可得。①

一、全面平等策略

在平等主义的基础上为保健机会辩护的全面策略以分配平等的一般理论为基础。什么是对一个人社会生活的平等份额的组成因素的最好说明呢?有各种相互竞争的理论声称能回答这个问题。目前我想根据罗纳德·德沃金的分配平等(他本人称"资源平等")一般理论着力于考察为保健机会辩护的情况,并试图从该分析中得出有关任何全面策略的可能前景的一般结论。我们将看到,德沃金的理论就其包含有个人为

---

① 在本章我回避了普遍机会是否与完全私营的健康保险市场相容这个复杂问题,关于不相容的讨论请参见 Allen Buchanan,"私有化与公正的保健",《生命伦理学》,1995年第9卷,第3/4合刊,第220—239页。

稀缺资源而竞争的理念来说,类似于竞争性的机会平等理论。它作为重要内容被挑选出来,既是因为它在过去十年的突出影响,也是因为德沃金最近使他的分配正义的一般观点转向医疗保健分配问题。请记住我在第二章就已对获得平等的全面途径表示了怀疑,在此,我先将这种怀疑置于一边,以便在更小范围内评估为保健机会辩护的前景。

尽管德沃金对政治道德的研究在许多不同方面都有创新性,但他所提出的两个主张对他有关正义社会的平等主义视野尤其重要并起支配作用。第一个主张是,在当代政治哲学家中尽管有诸多根深蒂固的分歧,但对作为民主社会所有政治道德基础的原则还是具有一致意见的。这个原则被德沃金称为抽象平等原则,指的是:"政府必须采取行动使它统治的人们的生活变得更好,并应同等地关怀每个人的生活。"[1]在德沃金看来,这种抽象平等原则在哲学家和政府工作人员中不过是老生常谈,分歧主要产生于如何理解它。第二个主张在他对抽象平等原则的独特理解中具有中心地位。德沃金特别主张,政府为了同等地关怀它所统治的每个人的生活,必须设计这样的机制,它把每个人当作平等的个体来分配私有资源,而且要做到这一点,还要敏锐地感受到每个人的不同抱负、目标和选择。德沃金把这个要求称为"抱负敏感性"(ambition-sensitivity),我在后面还将更深入地加以解释。我将表明德沃金对抽象平等原则的解释,特别是抱负敏感性的要求是与保健机会的政策不相容的。证明了德沃金不能为保健机会辩护之后,我还将指出为什么他的失败对任何证明普遍机会合理性的全面平等策略具有重要意义。

二、资源平等

对德沃金来说,抽象平等原则优先之所以重要,是因为它在某个重

---

[1] Ronald Dworkin,"什么是平等? 第三部分:自由的地位",《爱荷华州法律评论》,1987年第72卷,第7页。类似阐述参见《认真对待权利》(哈佛大学出版社,1978),第182—183页,尤其是其论文"自由主义",载于《原理问题》,第191—192页。

要方面缩小了分配正义竞争理论的范围,它表明在正义社会中分配私有资源的机制的核心特征是平等地对待所有个体。只有分配方案平等地对待一个人时,他才有权要求平等地分享社会生活利益。资源平等是德沃金有关分配方案平等地对待个人的特有理论。我所感兴趣的是他的资源平等理论如何才能很好地适应保健机会政策。不过在转向这个问题之前,首先必须简要解释一下资源平等论的主要观点,尤其是对抱负敏感性的要求。①

德沃金分配正义的核心是个体人格(personality)与其境况(circumstances)的区别。德沃金认为个体人格特征包括信念、抱负、品味和偏好等等;个人境况包括他的资源、天赋和技能、体能和智能等等。② 后面我们将更多地讨论在个人境况中所包括的天赋、技能和能力的独特性,而不是他的人格特征。根据德沃金的观点,如果没有进一步的经济转换可让一个人拥有比任何其他人更加平等的境况,则这种分配体制就平等地对待了每一个人。换言之,资源平等认为,如果人们的境况是同等的,则他们就得到了平等份额。

但这反过来也产生了究竟什么时候人们的境况是同等的这个问题。德沃金观点的基本原理是:资源平等从根本上说与一个人一生拥有的资源份额相关。③ 如果人们贯穿一生的资源份额是相同的,则他们就受到

---

① 对德沃金分配正义理论远为详细的批评请参见 Lesley Jacobs,《权利与剥夺》(牛津大学出版社,1993),第 5 章。
② R. Dworkin,"什么是平等? 第二部分:资源平等",《哲学与公共事务》,1981 年第 10 卷,第 283—345 页,第 302 页;"什么是平等? 第三部分:自由的地位",第 18—19 页。这两篇论文都重印于其《至上的美德:平等的理论与实践》(哈佛大学出版社,2000),页码索引见原著。注意德沃金有时根据个人与其境况的对照来表达这种区别。G. A. Cohen 在《当前流行的平等正义理论》中指出德沃金错误地叙述了这种至关紧要的差别(crucial cut),正确的区别应该是选择与无情的厄运之间的区别(《伦理学》1989 年第 99 卷,第 906—944 页,尤其参见第 916—944 页)。这种修正(relocation)对我后续的讨论没有什么严格的意义。德沃金对该批评的回应请参见《自由主义的平等的基础》,"坦纳人类价值讲座",1991 年第 11 讲,第 106—110 页,尤其请参见《至上的美德》,第 287—299 页。
③ Dworkin,"资源平等",第 310 页。

了平等的对待。决定是什么构成了平等境况的指导原则就建立在这个基本原理之上。它要求任何分配方案都洞察每个人相对于其他人的生活成本。这种成本通过下述方式来估算，即，看这个人所消耗的（广义上也可以指使用等）资源和其他环境因素在其他人看来价值几何。德沃金称这种成本为一个人一生的"机会成本"。但显然人们应对他们最初的境况会有不同的选择。这些差异反映出他们的不同人格。一个人也许喜欢利用自己的资源来生产，而另一个人则可能只喜欢消费。随着时间的逝去，第一个人将比第二个人拥有更多的资源，但这并不意味着他受到了不平等的对待。假若每个人在伴随他们整个生命的境况方面都是平等的，那么源于人格差异而来的差别并没有破坏他们所拥有的平等份额。因此正是在这个意义上我们也许可以说资源平等是"人格敏感性的"，或者用德沃金偏爱的表达，就是"抱负敏感性的"。[1]

如果我们像德沃金那样承认分配平等具有抱负敏感性，那么分配资源的最佳方法是什么呢？估算机会成本的最佳方法又是什么呢？这一任务由市场来完成。德沃金举例说明了它是如何决定机会成本的。设想这样的情形，一群船只失事生还者被冲到一座资源丰富的孤岛上。问题是如何平等地分配那些将归私人所有的资源。于是有人提议实行某种买卖或市场。（这表明德沃金赞同利用竞争实现平等主义正义。）一个基本要求是所有失事移民都应该以平等地位进入市场。[2] 如果每个人首先都有同样数目的"代币"用于竞价拍卖购物，那么这个要求就是可以实现的。最难的是合理定价以便让岛上的资源都能卖出去，拍卖者必须提出一套"市场清仓"的价格。从技术上说，这要求每个出价的买方应该愿意为每种资源支付价款，而且所有资源都要售完。以这种方式定价的重要性在于它测定每种资源对其他人有多大价值。这样我们便有一种估

---

[1] Dworkin，"资源平等"，第333、338页。
[2] 同上，第289页。

算机会成本的方法。当然,如果一个人以价格 X 购买了某种资源,那么这意味着他只有更少的代币购买其他资源。在每个人花完所有代币的交易市场成功运作之后,他随之拥有的资源数量即是其平等份额。①

最初的交易之后,市场将保持开放。这对德沃金的分配平等理想提出了一个问题。可以设想,如果每个人都有等量的代币,那么他们就会平等地参加交易。然而明显的是,人们并不具有同等的禀赋和能力,有的人有身心缺陷,其他人则有受到高度尊重的天资和技能。请记住德沃金把天资和能力都包括在境况之中,后者是资源平等论所要力求平等化的。这难道不意味着人们不能平等地进入市场吗?问题在于,由于天资和障碍不能在人与人之间进行转换,因而它们不能像其他更具偶然性的商品那样出价竞卖。②

那么给予遭受身心缺陷或其他低能的人的补偿如何才具有"抱负敏感性"呢?德沃金对这个问题创造性的解决方法是,一边为可转让物品运行市场经济,一边实行累进所得税方案,该方案依照假想的保险市场,在其中,人们为防止身心缺陷或缺乏才能而给自己购买保险。尽管德沃金对这种保险市场的概述相当复杂,但其基本理念却很简单。假定人们为防止身心缺陷或缺乏才能而给自己支付保险费,费用根据每个人视其遭受特定的障碍或某方面低能的程度而定。如果一个人遭遇了某种他本将投保的不利条件,那么保险机构则给予相应的补偿,补偿水平根据还有多少其他人也有补偿资格的考量来决定。这种制度设计就是"抱负敏感性的",因为根据这种假定的保险市场提出的保险项目据说反映了个人相比他人,在缺少某种才能或遭遇某种缺陷时,评估自己机会成本的实际价值。

---

① 这稍微有点简单化,因为它没有重视德沃金对"妒忌心测试"的强调。在这方面对德沃金依赖(华乐士式的[Walrusian])市场理论的批评,请参见 Jonathan Bennett,"伦理学与市场",《哲学与公共事务》,1985 年第 14 卷,尤其第 199—204 页。
② Dworkin:《自由的地位》,第 18 页的注释 19。

三、医疗保健的地位

我们现在可以把注意力集中于德沃金为保健机会辩护的全面平等策略了。他的资源平等理论能够为这种政策提供规范性基础吗？德沃金实际上写了两篇文章，从资源平等的视角明确地提出医疗保健分配中的正义问题。① 德沃金还特地设法表明，分配正义一般理论的主要理念，尤其抱负敏感性理念，是如何帮助解决英、美、加拿大等国医疗保健分配的下述两个紧迫问题的：全社会在医疗保健方面应该花费多少？从什么人应该接受保健以及应该提供什么样的保健来看，应该如何分配支出总额？

德沃金支持他所谓医疗保健分配的"审慎保险"办法，其核心是下述原则：

> 如果人们在其中进行选择的经济制度和[医疗保健]的分配本身是公正的话，那么一种[医疗保健的]公正的分配是借助良好信息状态下人们自身的个人选择而形成的。②

德沃金的意思是，一个公正社会在医疗保健方面的应然花费不过是在那个社会中个人花费的总额。换言之，社会对医疗保健花费的决定应该取决于个人在公正境遇中的花费情况。关键在于，由于医疗保健花费意味着只会有更少的钱花在其他有价值的物品上，因此有关其正确的支出量的决定应该与它对特殊个体的重要程度相应。基本观点是，医疗保健花费主要是个人责任问题。在面临平等的资源初始分配且熟悉医疗保健

---

① Ronald Dworkin，"保健分配中的正义"，《麦吉尔法律杂志》，1993 年第 38 卷，第 883—898 页；"克林顿方案会公平吗？"，《纽约书评》，1994 年 1 月 13 日，第 20—25 页。后一篇稍作修改后在《至上的美德》第八章重印。
② Dworkin，"克林顿方案会公平吗？"，第 23 页。不过需要注意的是，德沃金把他所考虑的这个原则分成两个小的方面：(1) 必须采取一些措施防止人们特别是年轻人做出轻率的选择；(2) 必须采取措施保护未来后代。参见"克林顿方案会公平吗？"，第 23 页注释 12 与"保健分配中的正义"第 889—890 页注释 3。

详细程序的效率与成本的背景下,每个人都应该对决定医疗保健的支出负责,其花费量取决于与可能获得的其他利益相比,他认为医疗保健重要到何种程度。

依靠审慎的保险途径来实现医疗保健分配中的正义,这与德沃金更加全面的资源平等理论一致并且实际上产生于该理论。这里的基本主题是,医疗保健资源分配必须在下述意义上是抱负敏感性的,即,我们在医疗保健上花费多少以及该为哪些医疗程序付费要考虑到每个人的特殊抱负、偏爱排序、人生规划、品味和义务感。在医疗保健分配中引入抱负敏感性之所以重要,不仅是因为它让我们把对医疗保健花费的社会选择视为个人选择的总量,而且它使个人直接为他们受到的医疗保健成本负责。

德沃金带给医疗保健分配正义的方法在面临分配医疗保健花费的艰难选择时——也就是说,确定哪些医疗程序该受投资哪些不该时,尤其富有洞察力。他认为,当个人抉择是否该为某个特定的医疗程序投资时,他们的选择将影响他们获得其他有价值的商品和机会,比如去度假或买一辆新车,当他们在这种意义上被要求为他们的选择付出该承担的费用时,这些选择就会被最好地做出。

在我看来,德沃金有关医疗保健资源分配的探讨是值得注意的,不仅是因为它提出要把抱负敏感性理念运用于同公正的医疗保健有关的问题,而且因为它未能成功地把他设想的技能和缺陷方面的保险市场这个创新观念延伸到医疗保健分配领域。[①] 后一个特征令人惊讶,因为既然健康状况不佳的个人一般来说好像也遭受着无情的厄运,那么他们之间的差异似乎恰恰会以与技能和缺陷差异相同的方式威胁境况平等。[②]

[①] 不过他在"平等是什么? 第三部分:自由的地位"第 43 页表示了对此观念的赞同。
[②] 似乎显而易见的是,缺乏天赋和技能与健康不佳在不幸方面具有相似性,但有时据称两者还是有某种相应的道德差异。例如 Thomas Nagel 在《平等与不平等》(纽约:牛津大学出版社,1991)第 103 至 104 页就持此看法,不过我无法理解他做这种区分的理由是什么。

因此减轻这种威胁的再分配的情况好像也是如此。而且看起来对其观点的这种延伸也必定能解释任何具有再分配特征的医疗保健政策。

回想一下,对德沃金而言,资源平等要求人们的境况平等,个人境况包括天赋和技能、身心能力。德沃金区分人格与境况的逻辑也许是这样,以至于并非源于私人选择的健康不良也包括在个人境况之中。换言之,在努力使人们境况平等时,应该认真考虑个人健康状况。然而实际困难是,健康像技能和缺陷一样也是不可转让的资源——它不能在市场上买卖。

平等主义者应该如何应对因不健康而产生的不平等境况?也许在德沃金看来,解决这个问题的最佳途径是通过他设计的假想保险市场。假定人们为预防医疗保健花费而付保险费,费用根据每个人看待遭受特定的不健康的程度,对此每个人都不能确知他一生中详细具体的健康情况。如果一个人最终遭受了某种他本来会保险的不健康,那么保险机构在理论上就要给他相应的补偿。这种解决健康资源分配问题的方法是"抱负敏感性的",因为根据这种假想保险市场提出的保险项目据说反映了每个人对不遭遇某种不健康,相比于他所珍视的其他商品或机会,所给出的实际价值。

这种假设的保险市场方案可解决因健康不良而导致的境况不平等问题,它怎样才能变为具体的医疗保健计划?这种计划会是什么样子呢?当然这种计划必定是再分配性质的,有些人对这种保健计划的投资必须多于他们在实际保健中所需要的,另一些人则要少。换句话说,要实行仿照德沃金的假想保险市场的医疗保健方案,就需要从某些个人到另一些个人的(间接的)再分配。这不是一个令人吃惊的结论,因为德沃金已表明在技能和缺陷方面的假想保险市场的运用是如何能转化成具有再分配特征的累进所得税制度的。对我们来说,问题的实质是这种计划能不能确保医疗保健的普遍机会。

在检视为保健机会辩护的问题方面,我将提出一个值得认真注意的区别。

回顾上一章可知,再分配一般通过经济学家和公共政策分析人士所谓"再分配划拨"实现,再分配划拨可以是现金或非现金。我将用所得(benefits)这个术语表示特定的现金或非现金划拨。非现金再分配划拨涉及对某种特定物品的划拨。关键问题是,保健机会政策涉及非现金划拨,并且不允许公民以医疗保健所得兑换现金或其他物品。非现金所得除了医疗保健之外还包括教育、住房供给和食物券等。这些都不同于现金所得。典型的现金所得有儿童补助金、税额减免、社会救济金、失业保险、伤残保险、社会保险金等。这类所得由接受者决定现金的花费方式。对实施现金再分配划拨来说,显然必须有市场允许人们用现金所得购买商品。①

我认为大多数有关医疗保健分配正义的讨论都没有足够重视以下事实:要成功地为保健机会辩护,就不仅要说明再分配性的保健政策,而且要比现金划拨更清楚地说明非现金划拨的运用及其附带限制——禁止用这种所得兑换现金或其他物资。对我们来说,实质问题是:德沃金有关医疗保健的假想保险市场能够为非现金再分配划拨的这种运用辩护吗?他实现医疗保健公平的方法能转换为确保每个人某种最低标准的医疗保健的制度吗?

我认为德沃金不能为保健机会辩护,这可以通过两个步骤证明。首先我要指出,德沃金的资源平等理论因坚持抱负敏感性要求而适用于现金划拨的使用,但通常不适用于非现金划拨。这堪称是对德沃金看待现金划拨使用的初步印象。其次,我要检视似乎可以从德沃金的分配正义理论中找到足够理由使用非现金划拨的三种情况,并指出它们为什么与替医疗保健辩护的问题没有任何关系。论证结果是,德沃金的全面平等策略不能替保健机会政策的存在辩护。

---

① 要保持现金与非现金划拨的区别,非现金所得绝对不得兑换。参见 R. A. Musgrave and P. B. Musgrave,《财政理论与实践》第三版(纽约:麦格罗—希尔国际出版公司,1980),第103页注释19。

德沃金资源平等理论的主要支柱是：要决心平等地分享资源，就要求所有人都得到平等的对待，并且同样都是抱负敏感性的。也就是说，一个人对资源的分享必须反映了他的个性偏好、目标、抱负以及相对于其他人的成本。我在前面强调过，市场在德沃金那里是如何成为适应这些要求的分配机制的。在关于荒岛的例子中，每个人都持有一些用于购买待售的各种资源的代币。在实际的市场上，现金具有跟德沃金所说的代币非常相似的功能，我们可以用它购买商品。因此荒岛上代币的原始分配在本质上就类似于现实世界中的现金划拨。

现金再分配划拨的可靠性取决于下述说法：任何其他类型的划拨都不会使每个人受到平等对待。现金的优点是，在每个人对某些资源比其他资源更有能力把握时，它能反映出他估计的相对价值。现金划拨天生就是抱负敏感性的。也就是说，现金所得符合德沃金所谓"抽象原则"。抽象原则认为任何声称要平等对待每个人的分配方案，都应该充分重视个人做自己想做的事的自由。[①] 在德沃金看来，现金的吸引力恰恰在于它能让人们购买任何他们想要的东西。相比之下，非现金所得如何使用就受到诸多限制。

我所指出的德沃金的抱负敏感性要求与非现金划拨使用之间的不相容，还可通过一个例子得到更清楚的解释。请设想一下，某人不幸染上重病。假定该病人是某个国家的公民，该国实施确保普遍机会的医疗保健方案，正在考虑的手术正好属于该方案的保健范围。但这个病人与众不同，他说要把钱花在其他方面，花在他认为比保健更有价值的好事上。（不难想象，目前某个艾滋病人正会这样说——他宁愿拥有现金做他一生中一直想做的事，而不愿把它花在延长自己生命的昂贵的医疗设备上。）为什么跟负担手术费相比，医疗保健方案不应该以这种方式给他以补偿呢？对涉及抱负敏感性的平等主义者来说，这恰恰是合乎逻辑

---

① Dworkin，《自由的地位》，第 25、28 页。

的,即如果医疗保健方案的规范性基础建立在分配平等之上,那么给病人补偿任何他认为最有价值的东西是合理的,无论是医疗保健还是其他等价物。① 然而在那种情况下,医疗保健方案就不能通过非现金划拨发挥作用。相反地,它要通过现金划拨来补偿,现金划拨让受助者比较医疗保健和其他物品的价值然后作出自己的选择。但那样我们就不再有确保普遍机会的医疗保健方案了。②

迄今我的分析都意在证实,一方面对现金划拨的明确赞同产生于对抱负敏感性的要求,另一方面在抱负敏感性要求和非现金划拨使用上存在着普遍的不相容性。德沃金也许承认对其分配平等理论的分析揭示了对现金划拨的明确赞同,但他可能会反对资源平等从来不考虑非现金划拨使用这个结论。资源平等似乎可以为非现金划拨留下三种可能的平等主义理由:效率、外部性、轻微的家长作风。可是反过来考虑这些理由时,我念念不忘的问题是其中任何一种理由是否能为这种涉及保健机会的非现金再分配辩护。

德沃金与许多赞同平等的人不同,他否认这种赞同需要在平等与效率之间进行妥协。我们可以简要地总结他的观点。③ 衡量每个人在什么时候同等地分享资源的基本标准,是我们在前面看到的德沃金所谓"机

---

① 有趣的是,至于普遍机会方案为什么应该提供最少而不是大量的医疗服务和产品,德沃金在《至上的美德》中也提出了类似的意见。在他看来,数量更多的方案会被强加到一些不愿接受的人身上,这将是不公平的。反之,他说:"这样做也许是公正的,即,设想大多数人都认为适当的东西,同时允许少数人按他们所愿在特别关心的方面花费更多,他们可以通过附加必须做到这一点,根据这样的设想来建立强制性的保险方案",第315页。
② 这也影响到其他版本的全面平等策略,比如埃里克·拉考斯基(Eric Rakowski)在《平等正义》(牛津:牛津大学出版社,1991)中所探求的。拉考斯基不像德沃金,他很清楚自己作为平等主义者的主要任务是使医疗保健对所有人来说都是担负得起的(affordable for all),而不是普遍地可以获得的(universally accessible):"只要人们有平等机会和理性能力向减轻[疾病和伤残造成的]不幸的措施贡献部分个人财产,他们以后就不会抱怨,如果他们没有考虑好未来,在突遭不幸而又没有恢复正常时会受到不公正的对待。"(第89页)
③ Dworkin,"为什么需要效率?",载于《原理问题》,第267—273页。这个观点也由 Julian Le Grand 以不同方式加以辩护,参见"平等对效率:难以把握的平衡",《伦理学》,1990年第100卷,第554—568页。

会成本"。机会成本反映了人们对其他人也拥有的资源的估价。效率主要是使社会财富或可利用资源总量最大化的问题,由此可见效率的价值可以根据机会成本来衡量。更高的效率也许会对某些人产生有害影响,比如说拒绝向他们提供某些本来可以利用的资源。但促进效率会增加社会可利用资源总量,从而使他人分享更多资源。问题在于,决定是否在特殊情况下提高效率要求机会成本的平衡。尽管在某些情况下,这种平衡可能会阻碍效率,但在大多数情况下,从效率中获益者的机会成本很可能超过受损者的。因此在那些情况下资源平等会支持提高效率。那么在分配平等与效率之间就没有什么不可避免的妥协。

德沃金能以平等主义为理由支持提高效率这个事实似与医疗保健的供给直接相关。毕竟许多有关医疗保健供给的争论都围绕着效率问题。例如目前一些有力的证据表明,加拿大医疗保健供给制度比美国的效率高得多。[①] 但对我们来说重要的是,要注意这些效率观通常只说明政府为什么应该调整医疗保健供给,却不直接认可普遍机会的效率。支持现金所得的基本理由是它们是唯一能够平等对待所有人的交换。其问题在于,医疗保健所得并不能平等地对待更喜欢其他东西而不是保健的人。为所有人提供现金所得,让他们自己作主购买由维护健康组织(HMO)或政府提供的健康保险,这样做从逻辑上讲是符合资源平等观念的。

当决定在这种划拨中投入多少现金时,就会产生效率方面的争论。例如,如果政府能为个人提供1200美元的保险费,私营公司则能提供2000美元,那么现金所得的适当水平似乎就是1200美元。实际上,假如像前述艾滋病人这样的个人偏好构成是个例外的话,在第一种情况下甚至可以通过政府管理的方案为每个人提供医疗保健所得,这种方案设有一条撤退条款,允许个人退出该方案,同时获得与该保健所得等价的现

---

① 参见 Theodore L. Marmor, Jerry L. Mashaw, and Philip L. Harvey,《美利坚——被误解的福利国家:持久的神话,不变的现实》(纽约:基本书局,1990),第六章;Armstrong,《普遍的医疗保健》,第六章。

金。当然,假若他的退出可能对得自政府管理的保健方案的规模经济收益产生影响,那么实际情况甚至可能是,现金所得会以比他所退出的健康保险的市场交换价值稍低的价值告终。然而,提供普遍的医疗保健所得的理由不能建立在这样的基础上,即把它们跟现金所得比较,估算这种所得的机会成本,因为现金所得的标准可以调整,以便弥补提供现金的任何成本,而非现金所得则不行。

德沃金也许会用于支持保健机会的另外一种方法基于以下理由:就医疗保健供给而言,由于信息或知识不完全而产生的外部性因素,市场定价机制是不适当的。德沃金坚持认为由抽象原则提出的选择自由可以在这种情况下受到限制。[①] 问题是,假如在医疗保健中存在外部因素,那么使分配划拨少一些抱负敏感性,并且为个人提供非现金保健所得而不是现金,这样做也许是适当的。反对在医疗保健中推行市场的经典争论由肯尼思·阿罗作出。[②] 正如阿罗所指出的,预期的病人没有足够知识对治疗、转诊或住院作决定,因而不能对医疗保健服务的销售者进行准确的判断。这意味着市场定价机制不再是探明人们更喜欢如何分配保健资源的正确途径。阿罗关心的是这样一些人,他们需要医疗保健但又缺乏对想要的保健类型作出可靠选择所必备的知识。可是,虽然让专家去决定病人应该接受的保健品种也许是合理的,但这就违背了德沃金平等主义的核心思想,转而认为个人不能最有效地判断医疗保健的价值是否高于其他非医疗物品。我认为个人也许缺少能够可靠地挑选彼此竞争的医疗保健提供者的知识,可是当一个人比较医疗保健跟他用同等数量的现金可以购买的其他(非医疗)物品的价值时,是不存在什么类似的信息问题的。然而根据平等主义,正是这种信息问题,对于确保医疗

[①] Dworkin,《自由的地位》,第 32—33 页,还要注意德沃金在医疗保健分配争论中引入审慎保险者的观念的一个重要部分取决于个体保险者不会受信息或知识不完全之苦。
[②] Kenneth Arrow,"不确定性与医疗保健的福利经济学",《美国经济评论》,1963 年第 53 卷,第 946—995 页注释 1,尤其第 965—966 页。

保健非现金所得而不是现金所得来说是必不可少的。

德沃金可能会为非现金保健所得，进而为保健机会辩护的最后一种方法基于他所谓"轻微的"家长作风——"迫使人们在自己的优先选择范围内采取合理的防预措施"。① 也许可以说，许多选择把现金花在其他方面而不是医疗保健的人，都是因为不能自制或意志薄弱②。在这些情况下，提供非现金保健所得而不仅仅是现金的轻微的家长作风具有合理性：显然这种划拨会平等对待所有人，因为根据定义它们是"抱负敏感性的"。麻烦的是，在宁愿选择某种其他资源的艾滋病人的例子中，我们不能基于表面的家长作风而光明正大地为他提供医疗保健，因为这种保健供给没有反映他的优先选择——他并没有遭受不能自制的缺陷。换言之，在有些情况下，以轻微的家长作风提供医疗保健所得可能是正当的，但并非在所有情况下都能证明这种非现金所得的使用是合理的——而这正是保健机会的先决条件。

四、全面策略的一般前景

到目前为止我已表明，在保健机会政策下，德沃金不可能使对抱负敏感性的承诺与对非现金所得的必要利用相一致。结果他为保健机会辩护的全面平等策略便告失败。这失败对其他可能也会利用全面策略的平等主义者来说意味着什么呢？这恰恰取决于抱负敏感性要求在一般的分配平等理论中处于何种中心地位。某些很有影响的分配平等的一般理论一直都并不强调抱负敏感性的重要性，它们为保健机会辩护大概没有那么困难。然而正如我在第二章所指出的，忽视抱负敏感性和个人责任的一般的平等主义理论现在恰因为这种忽视而往往遭到拒斥。

---

① Dworkin，《自由主义的平等的基础》，第85页。
② 此句原文为 experiencing some form of *akrasis*, or weakness of will，*akrasis* 疑为 *akrasia* 的笔误，是希腊文，译为英文是 incontinence 或 weakness of will，指明知道怎么做最好却偏偏做了别的事。——译者注

德沃金资源平等理论的力量和影响主要缘于它要求以抱负敏感性的方式确定资源的平等分享。德沃金赋予竞争特别是买卖中的竞争以重要作用，这种作用与他对抱负敏感性和个人责任的关心密切相关。但我发现对全面策略产生兴趣的平等主义者面临着一个两难困境：一方面抱负敏感性要求使之难以证明保健机会的合理性，另一方面分配平等一般理论又似乎必须重视抱负敏感性要求。我认为我们应该通过转向一种机会平等模式来彻底克服这个困境，这种模式不是全面普遍的，而是对稀缺资源竞争起调节性理想的作用，同时又认识到社会正义的多元特征。

五、有限平等策略

我们已经看到，德沃金替保健机会辩护的全面平等策略未能成功，这是因为抱负敏感性要求通常需要使用现金划拨而不是非现金划拨。不过我已提到，全面策略不是平等主义者用于替保健机会辩护的唯一策略。另一种拥护这种机会的平等主义的策略被我称为有限策略，它基于这样的理由：这种普遍机会是机会平等的要求。

有必要至少区别两种不同的有限平等策略。一种（所得均等形式）由约翰·哈里斯、[1]托马斯·珀戈、[2]罗伯特·韦彻[3]等人以不同方式提出，实质上是说每个人都应该有同等数量的钱花在健康保险上，假若这一点成立的话，那么医疗保健方面的机会平等也是成立的。我感兴趣的另一种有限平等策略由诺曼·丹尼尔斯以相当谨慎而又巧妙的方式作

---

[1] John Harris,"何谓医疗保健之善?",《生命伦理学》,1996年第10卷第4期,第269—291页；"医疗保健中的正义与机会平等",《生命伦理学》,1999年第13卷第5期,第392—413页。

[2] Thomas Pogge,《理解罗尔斯》(伊萨卡：康奈尔大学出版社,1989),第181—196页。我在其他地方已相当深入地批判了博格,我对其主张的批评跟本章主题无甚关系。参见Lesley Jacobs,"平等主义能为医疗保健普遍机会辩护吗?",《社会理论与实践》,1996年第22卷,第3期(秋季号),第338—344页。

[3] Robert Veatch,《单一保险人与多重名单》,第153—169页。

了详细阐释。① 这种形式以第二章已讨论过的罗尔斯的公平的机会平等观念及其在教育上的运用开始,并把它延伸到医疗保健领域。然而遗憾的是,任何一种有限平等策略最终都不能替保健机会辩护。

六、所得均等的有限策略

许多平等主义者认为,公正的保健制度应该为所有人提供均等的利益,并以这种方式确保普遍机会。这种为普遍机会辩护的策略之所以是有限的,是因为与设想所有资源平等的德沃金不同,它的提倡者并不致力于任一种全面的分配平等观。

例如我们来看看罗伯特·韦彻采取的方法。他宣称:

> 在普遍的单一支付者保健制度中,合理而又适当的目标似乎应该是,让每个人都获得一般的医疗保健消费者能以固定钱数购买到的收益。因此在我们当前医疗保健的趋势下,每个家庭每年三四千美元的固定保费可能会达到相当不错的基本保险水平。②

韦彻的重要创新在于,这种单一支付者制度能够考虑到许多品种的基本保险,而不是通常所认为的单一服务品种。其要点是个人可以用固定币值(每个家庭三四千美元)选购不同的保险服务。尽管韦彻在所有保险品种中确定了一些核心服务,但他还在它们之中设想了相当多的区别,特别是那些有争议的或仅仅针对固定人群的服务。举例来说,一些服务品种包括按摩服务或输血,另一些可能包括堕胎或产前护理。韦彻主张政府应该在普遍机会政策下促成多种保险而不是单一保险,因为只有以这种方式才会使每个人得到平等的对待。按他的观点,任何对基本医保服务的选择都取决于对其价值和重要性的正常判断。在价值多元

---

① Norman Daniels,《公正的医疗保健》(纽约:剑桥大学出版社,1985);《我是我父母的监护人吗?》(纽约:牛津大学出版社,1988);《正义与正当:反思性均衡理论与实践》(纽约:剑桥大学出版社,1996)。
② Veatch,《单一保险人与多重名单》,第160页。

的社会中,似乎不可避免的是,单一品种的保险对某些人比对另一些人更有利。韦彻推断:"任何单一品种的基本服务都不能提供平等对待,如果平等以某种方式与获利机会有关的话。这样的品种将会给最接近品种设计者的那些人带来最大价值,他们可以从医疗保健投资中获得这种价值。"①而边缘人物将获得少得多的价值和利益。只有承认反映所有人各种正常判断的多品种的基本的医保服务,才能消除不平等待遇。

韦彻主张的问题在于,同样的推理恰恰会削弱保健机会政策的基础。他关注的是那些因单一保险服务而遭受不平等待遇的个人,他开出的药方是让个人或家庭用固定的现金所得,从反映社会各种正常观点的多种保险服务那里购买某种层次的健康保险。然而正如我在批评全面策略时所强调的,很可能有些人宁愿把所得花在其他方面而根本不愿花在保健上。难道韦彻不必承认,即便有多种服务可供选择,迫使他们用固定资金购买健康保险也会产生不平等待遇吗?

约翰·哈里斯提倡的医疗保健平等主义方法也有类似问题。哈里斯倡导医疗保健的平等机会,他认为:

> 任何对保健资源或分配这种资源的优先考虑体制都应该受下列原则支配,即,每个人都有平等机会从任何公共保健制度中获益,这种权利既不与他们受益的多少、机会或质量成比例,也不与一直都能获益的寿命长短成比例。②

哈里斯原则的煽动性寓意在于,分配保健资源的两个一般基础——年龄待遇和成功可能性待遇(the likelihood of success of treatment)——是不公平的。按照他的观点,依赖于这些基础的决策过程实际上存在着歧视,③它们拒绝向年老病人和没有前途的人提供平等的保健机会。"否

---

① Veatch,《单一保险人与多重名单》,第159页。
② Harris,《医疗保健中的正义与机会平等》,第392—393页。
③ John Harris,"何谓医疗保健之善?",《生命伦理学》,1996年第10卷第4期,第281—282页。

认平等机会是对人的一种侮辱",哈里斯控诉说,"它是对人的存在的拒斥,与机会也许已提供的利益或福利的价值不相称。"①因此他呼吁:"机会开放表现了并认识到个人目的的重要(无论它们是什么——不管是微不足道的还是举足轻重的)……对它们的拒斥就是对平等的拒斥,从而是对人的尊严的公开侮辱。"②但跟德沃金和韦彻的理论一样,问题是对于宁愿把现金花在某个事物上的人,哈里斯作为平等主义者,如何才能证明他为什么必须接受保健机会政策所要求的非现金所得呢?根据哈里斯本人的推理,这种要求难道不是对前述假想的宁愿要去巴黎的艾滋病人的侮辱吗?

七、丹尼尔斯的有限策略

在平等机会如何用于保健资源的分配方面,最谨慎而又最巧妙的阐述已经由诺曼·丹尼尔斯提出。丹尼尔斯所辩护的阐述是多方面的,其复杂性大大超出目前所讨论的问题。我对这种阐述的转述当然是择其重点,但同时也力求准确。

丹尼尔斯所依据的中心观点就是在第二章讨论过的,罗尔斯支持公平的机会平等而非程序的机会平等的逻辑。它不仅仅关切防止社会经济阶层对一个人成功机会的影响,而且还关切那些遭受不良健康这一厄运的人。其基本理由是,既然不良健康像一个人所出身的社会阶层一样是不确定的,并且也对他一生的机会产生重要影响,因此它也应该作为公平的机会平等的背景条件得到矫正。丹尼尔斯说:"这种保健制度的道德功能应该是帮助人们确保公平的机会平等。"③罗尔斯本人(在最近

---

① Harris,《医疗保健中的正义与机会平等》,第 399 页。着重部分乃笔者所为。
② 同上,第 399—400 页。
③ Daniels,《公正的医疗保健》,第 41 页。

逝世之前)也赞同了丹尼尔斯的推论。①

在基于上述认识建构公正的保健理论的过程中,丹尼尔斯诉诸两个基本理念。首先是关于健康的生物医学模式,它把疾病和不健康确定为对他所谓"物种特有的正常机能"的背离。② 该模式对正常的人类机能采取了某种理论阐述,使健康随这种阐述而定。那种机能水平成为人们作为从他们的个体差异中抽象出来的人而进行活动的底线。对丹尼尔斯来说,"医疗保健核心而统一的作用是维持和恢复我们人类这个物种特有的或正常的机能。"③因此防止疾病的保健事业可以被视为使人保持正常的器官活动。另一个理念是"正常的机会范围",丹尼尔斯解释说,这"对特定社会来说是有理性的人可能会为自己制定的一系列人生规划"。④ 这个范围的详细构成将依赖于这个社会的技术发展、财富、文化等等之类的历史因素。

丹尼尔斯以下列方式把这两个理念联系起来:

> 正常的物种机能提供了影响我们分享正常机会范围的清晰界限,这范围向特定的个人开放,而这个界限又受保健资源分配的影响。这种对向个人开放的正常范围的分享,也以一种根本方式由他的天赋和技能决定。公平的机会平等并不要求机会对所有人平等,它只要求它对拥有相似技能和天赋的人平等……这里有个重要问题是,疾病和伤残对正常机能的损害会限制一个人在正常范围内能得到的机会,假如他是健康的,他的技能和天赋本来是有可能使他得到那种机会范围的……通过医疗保健恢复正常机能……让他享有充分的天赋和技能本来会给予他的那份机会范围。⑤

---

① Rawls,《政治自由主义》,平装本(哥伦比亚大学出版社,1996),第184页注释;《作为公平的正义——正义新论》(哈佛大学出版社,2001),第174—175页。
② Daniels,《公正的医疗保健》,第26—28、32—33页。
③ Daniels,《正义与正当》,第269页。
④ 同上,第214页。
⑤ 同上,第214—215页。

这番论证的结构如下:(1)医疗保健之所以重要是因为它有助于正常的物种机能;(2)正常的物种机能之所以重要是因为它影响个人机会范围;(3)个人机会范围之所以重要是因为至少在平等主义者看来有义务致力于机会平等。因此丹尼尔斯得出结论说:"因为我们有义务确保人们拥有公平的机会平等,所以我们有社会义务提供医疗保健服务以保护和恢复正常的机能。"①

到目前为止,我批评了平等主义者,因为他们为使所有人都买得起保健(保险),而不是都能获得保健的政策辩护。当我们考虑那些买得起健康保险但又不愿买的个人时,这两种政策就发生分歧,这在普遍机会政策下是不允许的。丹尼尔斯的公正保健理论也容易受到类似的反对吗?

跟我们讨论的其他平等主义者相比,丹尼尔斯在某些方面处于应对这种批评的更好位置。这是因为他在机会平等框架内提出了医疗保健的背景公平问题。我们知道,韦彻和哈里斯容易受到我一直强调的批评,因为对他们来说医疗保健是一种"机会",在这种情况下就令人困惑,为什么有些人因受保健机会政策限定,必须放弃某些他更喜欢的其他机会。丹尼尔斯并未把医疗保健仅仅当作一种机会。医疗保健有助于确保机会平等,在他看来,医疗保健制度包括在背景制度之内,后者"提供有关自由和机会的框架,在其中个人可以用公平的收入购买他们认为好的东西"。② 按照他的说法,它们具有一种巨大的"战略上的"重要性。

最富于启发的参照物是教育。教育制度像医疗保健那样也是重要的背景制度,必须用于确保机会平等,因此教育也具有巨大的战略重要性。丹尼尔斯存在的问题是,教育和保健按需要来看似乎不比衣食

---

① Daniels,《正义与正当》,第269—270页。
② 同上,第192页。

之类的事物更紧急,但平等主义政策对于衣食显然是确保所有人买得起,而不是普遍获得。为什么拥有医疗保健和教育的普遍机会是合理的而衣食却不是呢?根据丹尼尔斯的说法,保健和教育需要在人们之间的分布是不均等的,有些人的需要比另一些人大得多。比如说,某个乳腺癌患者的保健需要比得了普通感冒的人当然要大得多。相对来说,衣食需要据说在个人之间的分布更加均等。"需求不均与拥有保健和教育机会的战略重要性的联结",丹尼尔斯指出,"把这些需要置于与基本需要分开的类别中,我们能够预期人们可以用他们应得/公平/合理的收入获得后者。"①

但即使丹尼尔斯对医疗保健为什么特殊作了有趣的解释,也不能成功地为普遍机会辩护。② 跟现金政策相比,他未能解释这样一种政策,即它利用非现金所得援助患有影响人体正常机能的疾病的人们。首先我们来看看他所指出的保健与教育之间的相似性。教育因其背景重要性,不是像任何其他事物那样的一种机会,因而具有一种独立于一个人主观偏好的紧迫性。但假定教育费用,比方说上大学的费用,正引人注目地逐步增多。(这在当前高等教育形势下是毫不困难的。)如果费用增到某一点,以下做法就是合理的,即,将被放弃以便支付上大学费用的其他机会,其估值将上升,但同时仍然承认教育在丹尼尔斯所声称的意义上是特殊的。假定费用是每年50000美元,有适当的国家政策向个人提供承担上学费用的划拨。我在丹尼尔斯这里找不到任何理由反对这样的一个人,他说他应该把现金花在除大学之外的其他方面,因为假如获得这么一大笔钱,他这么做比上大学更能扩大机会范围。

---

① Daniels,《正义与正当》,第193页。
② 有人已指出丹尼尔斯有关普遍机会理论的其他缺陷。参见 Allen Buchanan,"令人满意的最低限度的保健权",《哲学与公共事务》,1984年第13卷,第65页;Einer Elhauge,"合乎道德地分配保健资源",《加利福尼亚法律评论》,1994年第82卷,第1469页。还请参见我对丹尼尔斯的不同批评:"平等主义能为医疗保健普遍机会辩护吗?",《社会理论与实践》,1996年第22卷,第334—338页。

根据丹尼尔斯的阐述,对于医疗保健恰恰可以得出同样的结论,在这种情况下他不能为普遍机会辩护。丹尼尔斯成功地指出保健(和教育)因与正常范围内的机会相关而是特殊的,但他没有把它们完全与损害非现金所得使用的那种交易考虑隔离开来。特殊化也许会增加这种考虑的难度,但只要用机会平等的放大镜看待医疗保健,就会有某个限度,在这里当受益者宁愿他的机会以其他方式增多时,基于平等主义的理由提供昂贵的保健资源就不再是合理的。换言之,我用于反对德沃金全面策略的艾滋病人的例子,对于反对丹尼尔斯替保健机会辩护的有限平等策略具有同样的效力。

第四节 结论

本章目的是阐述机会平等三维模式作为调节性理想的局限性。从一开始我就强调只有竞争激烈时该模式才是适用的。跟构想适用于每个社会问题的平等正义理论相比,我宁愿提出一个更加有限的模式。这种谨慎是指如果竞争是不适当的,三维模式就要保持沉默。沉默并不必然是缺陷,我们都知道,在交谈中知道何时保持沉默是一种巨大的优点,并且表示了真正的礼貌和尊重。这一点同样适用于平等主义正义理论。

我通过关注医疗保健阐述了这种平等主义正义方法的力量。我在本章第二节指出保健资源不能基于竞争来分配,正因为如此,医疗保健处于所有调节性的机会模式之外,而和非竞争性机会直接相关。我也指出试图将平等机会竞争模式或其他强调竞争的平等理论应用于医疗保健的谬误。对大多数人包括坚定的平等主义者来说,下述说法其实都是陈词滥调:保健制度无论具有什么其他特征,都应该包括普遍机会政策。因此我们期望任何合理的保健分配理论都应该能解释或论证普遍机会政策的合理性。通过分析可以发现,无论全面的还是有限的平等策略都未能成功地满足这个要求,从而不足以胜任公正地分配保健资源的任务。这强化了我的一贯主张,即,社会正义是一项复杂的事业,作为调节性理想的机会平等三维模式只能被视为其中的一部分。

第四部分

性　别

第八章 职业场所中的性别不平等

第一节 导论

本书最后两章旨在讨论追求男女平等的问题。过去 25 年里,法律法规的平等主义诉求也许已经导致了现代工业社会最显著的变化。在 50 年前,对女性的歧视和阻碍还是非常普遍的,然而近些年来已经发生了一些变化。妇女在一定程度上有机会进入所有主要的公共机构,其中最重要的变化可能发生在劳动力市场。例如,在加拿大,1931 年参加工作的妇女只有 22%,而至 1998 年,这一数字已经达到了 54.8%。同样的情况也发生在美国,在 1950 年到 1998 年间,就业女性从 30% 增长到 55%。然而,这一统计数据掩盖了女性之间的一些复杂差别。以有色人种的女性为例,她们在劳动力市场中的高比率具有长久得多的历史,单亲家庭中的女性尤其如此。[①] 但是,妇女以前所未有的增长速度进入劳动力市场,这从总体上揭示了一个事实,即从社会公平的角度来看,30 年

---

① 该问题已由 Julianne Malveaux 作了简要的论述:"性别差异及其他:对女性差异性与共同性的经济学考察",载于 Deborah Rhode 编辑,《性别差异的理论透视》(耶鲁大学出版社,1990)。

前出现的劳动力市场为缓和男女不平等做出了重要贡献。

第一轮法律改革的主要目的是消除女性进入劳动力市场的无法否认的障碍。在改革之前,通常要进行影响广泛的公众调查。比如在美国,肯尼迪总统于 20 世纪 60 年代初期就专门成立了妇女地位总统委员会,紧接着加拿大政府也于 1967 年建立了妇女地位皇家委员会,英国政府于 1974 年成立了收入和财富分配皇家委员会。这些改革的主旨都是为了终结那些将女性边缘化的正规措施。在军队之外的公共部门,所有工作岗位和职位都对男女一视同仁;在私人部门,为保护妇女不受歧视,任何雇佣和晋升行为都要服从公民权或人权法规。

新一轮法律改革的主要目的同样是为女性消除劳动力市场中的障碍,不过人们开始越来越关注这些障碍的构成要素。一个明显的例子就是人们把职业场所中的性骚扰视为性别歧视。① 交易式的性骚扰(Quid quo pro sexual harassment)现在已被明确视为一种对平等的阻碍,而对"漠视女性的环境"这一说法却仍有争议,尽管各级法院和人权法庭对此持有相当的同情。在第二轮改革期间,还有一种遭到攻击的障碍是所谓的玻璃天花板②。当然,不管人们对这些特殊问题持何种意见,他们无疑都在关注女性的就业障碍。总之,在这方面为女性追求就业平等的做法主要是否定性的批判工作。

与此不同的是那些着手消除职场中性别不平等的积极措施。本章就是要集中讨论政府采取的两个最重要的措施——(1)女性雇佣与晋升中的反歧视行动(affirmative action);(2)薪酬公平,或价值可比(comparable worth)。虽然人们普遍认为平等机会模式能够说明在职场消除性别歧视的重要性,但还是很怀疑它们能否为政府的种种积极措施提供规范性基础。事实上,批评这类政策的保守主义者往往坚持

---

① 经典分析见 Catharine A. MacKinnon,《职业女性遭受的性骚扰》(耶鲁大学出版社,1979)。
② 玻璃天花板效应:指女性或是少数族群并非因为能力和业绩,而是因为隐形的偏见或歧视无法晋升到企业或组织高层——译者注。

认为它们与机会平等思想是不相符的。本章目的是要阐明,反歧视行动与薪酬公平是如何产生于作为调节性理想的机会平等三维模式。

尽管我希望自己的论证具有普遍的适用性,但我并不想以抽象形式来讨论这些政策,而用两个加拿大的例子开始我的分析。第一个例子是加拿大联邦政府实施的反歧视行动,该行动方案由两个部分组成——1986年的就业平等法案,它批准了联邦政府的反歧视措施;1986年的联邦承包商计划,它强制要求所有与联邦政府签订了重要合同的公共机构或私人控股公司,都加入反歧视行动之中。值得一提的是,该计划既要调控公营部门,又要调控部分私营部门。1992年,众议院共同委员会就该计划提出了一项评估报告,指出它至少影响了150万人,这比加拿大全部劳动力的10%还要多。[①] 反歧视行动在美国广泛地并且几乎直接地与种族意识方案相联系,但在加拿大却不一样,它主要是(有人甚至认为完全是)针对妇女,而不是少数民族与土著居民。实际上,根据两年前一份皇家委员会报告的建议,加拿大联邦政府于1986年就把反歧视政策重新定义为"就业平等",目的是避免泛滥于美国的有关"反歧视行动"与"逆向歧视"[②]的负面含义。(基于这个原因,我在本章会不时地将"反歧视行动"与"就业平等"互换着使用。)

第二个例子是加拿大安大略省的薪酬公平法案,它使同工同酬原则,或者说像美国经常提到的价值可比原则制度化。(在本章我也会不时将"薪酬公平"与"价值可比"互换着使用。)当这项法案通过后,它被视为全世界为妇女工资立法所做的最具有深远意义的尝试,而且十多年后仍然居于最雄心勃勃的薪酬公平法律之列。这是因为,它把价值可比原则运用于安大略省经济领域的公私部门,还为评估妇女工资规定了一条

---

① 加拿大政府,《公平问题:公平就业法特别审查委员会报告》(渥太华:众议院,1992),第1页。
② 由于在反歧视政策上矫枉过正而使劣者胜出的负面淘汰效应。

性别中立的底线。① 该法案的目的在于确认公营和私营部门中女性主导的职业,并确保她们工资的增长,以使它们最终堪比男性主导职业的水平。

反歧视行动与薪酬公平都具有争议性,原因在于它们似乎侧重考虑女性这个特殊群体,仅仅因为她们是女人。② 对此,批评者认为就业与薪酬公平同机会平等的核心思想是相矛盾的,因为后者既反对性别歧视也反对性别特权。③ 针对这一问题,我将解释为什么作为调节性理想的机会平等三维模式要求实施这些政策——实施反歧视行动,是因为它可以对妇女在职业场所面临的背景不公做出补偿;实现薪酬公平,是因为它可以对妇女在劳动力市场经历的风险不公做出补偿。我对这两种政策的辩护依赖于对职业场所中的性别劣势所做的特殊分析,该分析在过去十多年里已经得到广泛认可,其中心内容是宣称妇女在职业场所中遭受的许多不利都有它们的根源,那就是承担了不平等的家务重任。换句话说就是,家庭内部的不公引起了劳动力市场的不公。尽管现在平等主义者很普遍地支持基于这种分析的反歧视行动与价值可比,但是我依然要在本章说明作为调节性理想的机会平等三维模式对下述问题的解释是新颖的,即,为什么立法者制定解决职场而不是家庭中的不平等的政策是合理的。

第二节 认识职业场所中的性别差距

一系列众所周知的经济指标揭示了男女在职业场所中的重要差

---

① 该法案的创新性在以下论著中得到论述:Carolyn P. Ergi and W. T. Stanbury,"安大略是如何实现薪酬公平的",《加拿大公共行政》1989 年第 32 卷,第 274 页;Judy Fudge and Patricia McDermott,"前言:让女性主义有效开展",载于 J. Fudge and P. McDermott 编辑的《公正的薪水:对薪酬公平的女性主义评价》(多伦多大学出版社,1991),第 8 页。
② 这些政策在落实中也是有争议的,例如,关于为评估女性工资制定性别中立的底线这个问题,我在本章以及与此相关的本书其他地方,关注更广泛的规范性论争。
③ 参见 Martha Minow,"不完全的正义:法律与少数民族",载于 Austin Sarat and Thomas R. Kerans 编辑,《法的命运》(安娜堡:密歇根大学出版社,1993),第 24—26 页。

距——性别工资差以及高层职位雇佣与晋升差距。这些指标显示,在北美,同是全日制工作,女性薪酬要大大少于男性。虽然这个所谓的性别工资差在过去二十年中有了变化,而且这个差距在逐渐缩小,但是女性工作收入仍然只相当于男性所得的70%。同样,高层职位雇佣和晋升方面的差距也是显而易见的,如果浏览一下重要的财经报刊如《华尔街日报》或《金融时报》的相关版面,就会注意到在这方面男性远远多于女性,哪怕公司的女性雇员和男性一样多甚至比男性多。类似的情形还出现在法律、医疗等领域内,哪怕女性以与男性同等的水平毕业已经超过十年,然而在有声望的专业、在高级管理层以及收入最高人群等方面,男性一直都大大超过女性。

如本章导论所提到的,在法律改革的浪潮到来之前,把上述这两个差距归因于女性在劳动力市场遭受了明显的阻碍似乎是正确的。可以说女性过去在雇佣、晋升、工资等方面遭受了男性的蓄意歧视,不仅过去如此,如今也还在一定程度上存在着。但是,如果以此充分解释当前性别工资差之类的现象,则意味着反性别歧视的法律在职业场所一直被漠然置之,对女性明显的阻碍依然如故。可是事实上,我们又几乎没有证据说明妇女在雇佣、晋升和薪酬方面反对歧视的合法权利正受到系统性的侵害。(我姑且不问有关悬而未决的法律权利的争论。)甚至那些对第一轮法律改革持强烈批评意见的人也承认,初始的公民权利行动已经成功消除了女性在职业场所中面临的部分障碍。保守主义者通常感叹改革使女性融入了职业场所,女权主义批评者却辩称,需要清除的障碍只是问题的一部分,还有更多的工作要做,以实现职业场所中的男女平等。

另一种不同的解释是前述性别差距揭示了反对妇女的"反弹现象"。[①] 这种观点认为,过去三十年为妇女消除阻碍的法律改革,例如

---

① 其中最有影响的无疑是 Susan Faludi,《强烈反对:对美国妇女不宣而战》(纽约:铁锚书业,1991)。

为保护女性免受歧视的民权或人权改革,是一项重大成就,它们最终将结束性别工资差,并为女性在雇佣和晋升方面赢得同等地位。但作为对此成就的回应,据说自20世纪80年代中期以来就产生了对女性追求平等的反弹声浪,媒体和官员将清除障碍的法律改革描绘成使女性境遇变得更糟的行为。据称这场反对的结果是,男女工资差距并未缩小,妇女仍然没有在商业及职业领域享受到更多特权。这种观点的主要问题在于,它假设在这场反对之前,抵制歧视女性的法律改革就导致了这两种性别差距的消失。然而这个假设在20世纪80年代初期就已经受到了质疑。① 换句话说,甚至在这场所谓的反对之前,消除女性障碍的运动也并没有对工资差或者高层职位雇佣与晋升差距产生多大影响。

我的观点是,从历史上看,我们正在研究的职业场所中的性别差距问题有多种根源。一些不利因素是妇女在过去所面临的正式障碍的残余,它们意在促进当时所认定的最佳社会利益。这包括把女性排除在许多职业之外;雇佣和晋升政策优先考虑男性;从事同一工作时,男性获得比女性更高的报酬。这些明目张胆的歧视行为现在都被法律所禁止。另一些不利因素则是当时认定的最有利于女性个体的障碍。那些措施是家长式社会政策的典型例证——制约了女性的选择,却标榜这种约束能够最佳地服务于她们的利益,尽管女性也许并不欣赏。② 例如,限制女性的工作时数(但不包括男性);规定女性结婚后必须辞去工作;禁止女性从事某些危险工作。大部分的家长式政策现在也正被反歧

---

① 参见 Deborah Rhode,《正义与性别》(马萨诸塞州坎布里奇:哈佛大学出版社,1989),第8章。
② 对这种对待女性的家长式做派的经典抨击是约翰·斯图亚特·密尔的《对女性的征服》,1869年,重印于 Lesley Jacobs and Richard Vandewetering 编辑,《约翰·斯图亚特·密尔的〈对女性的征服〉:其同时代与当代的批评者》(纽约州德尔玛:大篷车书业,1999)。也请参见编者前言。还有一些现代的批判,参见 Catherine A. MacKinnon,《迈向国家女性主义理论》(马萨诸塞州坎布里奇:哈佛大学出版社,1989),第165—167页;Drucilla Cornell,《自由的关键:女性主义、性与平等》(普林斯顿:普林斯顿大学出版社,1998),第72—81页。

视法明令禁止。

到底如何解释这种持久的性别差距呢？主要答案可以从家庭中找到，特别是有孩子的家庭。虽然我们已经目睹了在过去五十年中妇女进入劳动力市场的人数急剧增加，但是家庭内的劳动负担却并没有同时改变。历史上，妇女在整个20世纪承担了比男子要多得多的家务劳动，特别是养育子女。这些统计数字是耳熟能详的。20世纪90年代初，在美国的家庭中妇女至少承担了70%的家务劳动。① 尽管据传在抚养未成年子女方面，可能出现了从女人到男人的重大转变，但此说并不为有关社会政策的具体调查数据所认同。例如在加拿大，自1990年10月起，国民政府就为一个新生婴儿的或者刚收养孩子的父母之一资助十周的带薪育儿假（自2001年开始提高到35周）。这种假期对男女都适用，并保障休假者能再返回工作岗位，同时他或她固定工资的55%可以达到最高的周薪。（育儿假不包括在产假之内。）虽然育儿假是提供给男女双方的，但在该方案实行的第一个八年期间，96%的受益者是女性，男性只有3%至4%。② 换句话说，尽管加拿大确实有男人休假照料小孩，可是这样做的妇女要多得多，是男人的30倍。总之，纵使家庭已经历无数演变，女人还是承担着男人无法相比的家务劳动。

正如本章开头提到的那样，这里新的复杂之处在于过去50多年里妇女以前所未有的增长速度进入了劳动力市场。如果不是这样，那么男女之间家务劳动的分配不均也就不足为奇，甚至不足为虑了。然而事实是许多妇女不仅承担了大量的家务劳动，而且还在外从事全职工作，于是问题就产生了。社会学家阿莉·霍克希尔德（Arlie Hochschild）这样形容有家庭的职业女性：当她们回到家时，还得值"第二班"（the second shift）。③ 与丈夫相比，这些妇女会付出更多：请假照顾生病的孩子，接

---

① Faludi,《强烈反对》,第 xiv 页。
② 加拿大统计局,《家庭主男》(Stay-at-Home Dads)（渥太华：加拿大政府,1998）。
③ Arlie Hochschild with Anne Machung,《第二班》（纽约：维京企鹅出版社,1989）,第 4 页。

送孩子去学校或托儿所,不得不拒绝有偿加班,为孩子预约牙医或其他医生等等。霍克希尔德指出,当女人在劳动力市场上与男人竞争时,她们还要肩负起家务劳动的重担。

"第二班"现象能在很大程度上解释男女性别工资差以及高层职位聘用和晋升差别的原因。加拿大安大略省在推行薪酬公平之前对性别工资差做了深入研究,发现有三个主要因素造成了全职工作男女的这种差距:(1) 男人工作的时间比女人长;(2) 男人比女人更容易进入工会;(3) 女性为主的职业的平均工资低于以男性为主的职业工资。①(蓄意的员工歧视总的来说只对妇女工资产生了很小的影响)。从"第二班"这个角度就很容易理解为什么女人的工作时间比男人少,因为她们要顾及照料孩子和其他家务劳动的需要。如果不存在公开障碍,为什么没有更多妇女选择参加工会,或者选择以男性为主导的高薪职业?一个可能的答案就是,以女性为主的工作更有利于值第二班。其次,有工会的职业场所的一般特征,比如说看重资历,往往不能反映女性工作模式的真实状况。例如,妇女为了生育和抚养孩子,更可能有中止工作的经历。用一句老生常谈来形容,就是"最后被雇,最先解雇"。

高层职位雇佣和晋升差距的原因也类似。实际上,妇女在家里上的第二班妨碍了她们的晋升前途。律师业通常可以作为这一问题的例证。在律师事务所,同事之间的晋升通常依据多年建立起来的持续的时间排名记录(record of billing hours)。晋升标准根据一名男律师的优秀记录制定出来,这种记录的特点在于他的职业生涯始终遵循一条直线的路径,即从大学法学院毕业,再进入律师界等等。问题在于,男性职业发展的路径被规定为任何律师的常规路径,这反映了律师界对女性的偏见,

---

① 伊恩·斯科特(负责妇女问题的部长),《薪酬公平绿皮书》(渥太华:加拿大政府,1985),第2—3页。

因为它使人的职业发展缺乏灵活性。① 我们知道,有小孩的女律师往往不能遵循直线型的职业路径,而且持续的时间排名记录也与她们在家中的第二班工作不相容。

第三节 第二班对女性不公平吗?

前述分析把性别工资差以及高层职位雇佣和晋升差距在很大程度上归因于男女负担的家务劳动不平等。这些差距反映了女性在劳动力市场的工作表现受到繁重的家务劳动的影响,在她们还有年幼子女时更是如此。

那么这些性别差距对女性来说是不公平的吗?对此任何相宜的回答都应先讨论:某事为什么是不公平的。有两种观点很流行,一方面,有些人坚持认为,如果女性个人选择从事第二班,这样的差距就不是不公平的。在这里,性别差距似乎只是反映了女性必须为她的选择付出代价。另一方面,许多女权主义者认为,男女之间任何形式的差别至少第一眼看上去都是不公平的。正如凯瑟琳·麦金农(Catharine MacKinnon)所言,"这一切都是相对不平等造成的。"②这种观点假定两性平等要求相同的结果。让我们看看该观点在论辩中提出的薪酬公平的作用。起初人们对它缩小两性工资差距是相当乐观的。例如,一位经济学家在 1987 年预计,安大略薪酬平等法可以使该省的两性工资差下降 10 到 15 个百分点。③ 薪酬平等的基本原理就是设想借助它的有效实施达到特定目的——消除性别工资差。

---

① 这个问题在加拿大律师协会下述报告中得到了重视:法律界男女平等工作队队长 Bertha Wilson 法官,《变革的试金石:平等、多元与责任》,渥太华,1993;重印于 Donald Buckingham, Jerome Bickenbach, Richard Bronaugh, Bertha Wilson 编辑,《加拿大法律伦理学》(多伦多:哈考特—布雷斯出版公司,1996),第 269 页。
② MacKinnon,《职业女性遭受的性骚扰》,第 118 页。
③ Roberta Edgecombe Robb,"同工同酬",《加拿大公共政策》,1987 年第 8 卷,第 455 页。

我将从作为调节性理想的机会平等三维模式出发,发展一种新的观点以替代前两种看法。当前的情境是,男女在劳动力市场处于竞争状态。本章第二节的分析表明,家庭内部的不公正正在逐渐腐蚀这种竞争。换言之,公民社会一个领域(家庭)的不公平会在另一个领域(劳动力市场)兴风作浪以至于扰乱其公平竞争的前景。(在第四节我会从常规角度细致地论证家庭和劳动力市场的差异。)因此同样地,对两性机会平等的关切似乎也能为公共政策反应提供正当理由。

从分析来看,可以将由这种关切激发出来的公共政策分为两大类——着眼于家庭和着眼于职业场所的政策。前者包括在现行养老金制度中加入家庭主妇这一对象、责成政府从另组家庭的父亲那里征收儿童抚养费等等。后者包括为就业和薪酬公平立法,它旨在促进作为调节性理想的机会平等。逻辑上,着眼于家庭的政策似乎更可取,因为它们设法解决问题的根本,不过,我稍后会指出,三维模式并不能用于家庭内部不公正这一问题。家庭和基于家庭的政策属于社会正义的范畴,不应该属于机会平等这种调节性理想的关注领域。由此看来,只剩下着眼于职业场所的政策需要分析了,其中特别是——反歧视行动和价值可比。

着眼于职业女性的反歧视行动其实是要弥补劳动力市场竞争中的背景不公,这种不公之所以存在,是由于女人比男人承担了更为繁重的家务劳动。本书第二章提到背景公平的核心就是所有竞争个体都应处在公平竞争的环境中。地位平等原则确定了一个起始位置——人人平等的道德地位——在竞争中所有人都享有这个位置,不可能更高或更低。第二班现象的基本问题在于,男女双方在劳动力市场往往不能公平竞争,一些女性承担的家务重任使她们从竞争一开始就处于不利地位,这显然有利于男性,这一点已被前面讨论的法律界的例子所证实。劳动力市场中的许多机会都建立在下述假设的基础上,即"正常"的竞争者是不会值"第二班"的。对女性而言,第二班却是很正常的,然而,在统一的职业场所中被视为正常者的只能是男人,譬如,不用上第二班或者从事负荷较轻的家务劳动。换言之,劳动力市场中的女性是以更低的地位参与竞争的。从背景公平的角度看,双重不利因素导致了这种低下的地位:一是正在上第二班,二是第二班在职场中看不见、未被意识到而且不被承认。① 前者主要落在有小孩的女性身上,后者则需要所有女性去面对。

在劳动力市场竞争中,女性自然对这两种不利因素很敏感,因为这需要谨慎对待。对女性而言,她们或者正在上第二班,或者预见到将来会这样(北美超过80%的女性最终都会生孩子),所以她们不得不选择适应家务劳动需要的就业岗位和职业路径。② 当然也有相当好的适应现象,例如个别女性适应自己的工作意愿和选择,兼顾了她们期待的工作方式和家务劳动。③ 但男人在劳动力市场就不需要这样的适应。

反歧视行动并不是要直接结束第二班本身,而是要消除它对背景公平的负面影响。(相反,着眼于家庭的改革往往直接解决第二班问题。)第二班现象的一个重要后果是,许多女性选择专门针对女性的职业(female-segregated occupations),如文秘和儿童保育工作,因为它们有利于值第二班——既可以灵活地调整工作时间,又可以频繁地更换工作。反歧视行动或就业平等的目的就是给予女性更多的机会,以追求前景更为广阔的职业而不是那些传统意义上的女性职业。它力图确保第二班的不利因素不会影响女性的雇佣和晋升,通过为她们专门制定工作时间表和工作分配额,来弥补第二班现象造成的损失。当然,问题远为

---

① 我并不是说第二种不利是由雇主有意强加在女性身上的,而是要指出,对第二班的部分顾虑确实在劳动力市场上产生无形的负面影响。
② 必须承认,对女孩和年轻女子在家庭预期(familial expectations)方面的教育和社会化过程,在这些选择中也起到一定作用,我们有令人信服的理由质疑这个过程的公正性。这提出了一些超出本章范围之外的问题,比如说教育改革问题。
③ 欲深入考察有关适应的综述性文献,请参见 Martha Nussbaum,《女性与人类发展:能力取向》(剑桥:剑桥大学出版社,2000),第 2 章。

复杂,因为女性并非唯一在劳动力市场中遭遇背景不公的参与者,[1]残疾人、土著居民和某些其他少数民族同样面临这种不公平。仅仅关注性别不公的就业平等计划必然会导致新的不公平,很可能受益的主要是家庭背景优越的白人女性。为此,要有一个像加拿大联邦就业平等计划(the Canadian Federal Employment Equity Plan)那样整体性的反歧视行动方案,它不仅解决劳动力市场竞争中处于劣势的性别问题,而且解决残疾、民族、性取向等等社会地位的问题。

同样地,薪酬公平计划也不是要结束第二班,而是要消除它对劳动力市场竞争中风险公平的负面影响。薪酬公平能够理想地纠正在女性职业中以市场决定工资的状况。从三维模式的角度来看,如果仅仅依靠市场来确定女性职业中的工资,那么这样的工资必然反映了她们遭受的不平等的起始位置,而市场天生就不能纠正这种不平等。打个比方,市场就像一个带有输入和输出功能的黑箱,有什么样的输入就有什么样的输出。当然,这并不是说市场就必然是不平等的,其实从逻辑上讲,如果投入市场的都是平等的,那么产出的也是如此。[2] 那么构成女性进入劳动力市场的风险公平是什么呢?薪酬公平可以回答这一问题,它要使女性为主的职业的工资,与男性在价值相当的职业上由市场决定的工资相等同。从这个意义上讲,薪酬公平是市场决定工资的基础。任何薪酬公

---

[1] 反性别歧视与反种族歧视的一个重要区别涉及群体成员的地位平等问题,这一点未被反歧视行为设为目标。在第四章第五节,我坚持认为针对非洲裔和拉丁裔美国人的反歧视行动方案并未危及申请入读高校的白种人,而针对女性的反歧视行为则至少对劳动力市场中某些男性具有大得多的潜在威胁。(更具体地说就是,跟种族问题不同,我更不能确信所有男性的地位平等都无条件地得到充分尊重。)这种差异导致我在本书对反性别歧视与反种族歧视行为区别对待,并以作为调节性理想的机会平等三维模式为它们提供不同的正当理由。在反种族歧视的例子中,我根据风险公平为那种政策辩护。在这里我则把反性别歧视的正当性建立在背景公平的分析上,并承认了提高女性在劳动力市场中的竞争地位,这将可能不可避免地降低一些男性的地位。尽管为了一些人的利益需要调节另一些人的地位,但在总体上这不会妨碍男女之间的地位平等。
[2] 这是罗纳德·德沃金的下述重要论文的基本内涵:"什么是平等?第二部分:资源平等",《哲学与公共事务》,1981年第10卷,第283—345页。

平方案都与市场有关;当第二班与其他家庭内部不公影响了女性工资时,任何这样的政策要做的都是纠正不公平的市场工资。

对于薪酬公平,我明显不同意这样的看法,即如果个别女性已经选择了承担家务劳动,那么性别工资差距就是合理的。我已经提到过,虽然女性确实经常自愿地选择收入低、晋升机会少的职业,但这应被视为对环境的一种适应,因为她们是在预料到以后要值第二班的情况下做出选择的。这并不意味着这些选择不合理或者不真实,倒是认为薪酬公平欠妥的想法才的确显得不诚实,这种想法的理由要么是工资差距的根源在于女性对工作时间和地点的选择,①要么是薪酬公平必然导致一种破坏个人合法选择的社会工程。② 我从这种适应现象得出的结论不是说女性的选择是错的——一位母亲休假照顾婴儿怎么能说是错误的呢?——而是说,通过诉诸适应现状的选择来证实工资差这种现状的合理性,这具有循环论证的意味。此外,现在还有相当多的证据显示,在雇主对男女为主的职业进行工资评估时,市场往往只能发挥很小的作用。③

我也不认同一些女权主义者的看法,他们要求基于职业场所的政策应根据它们在促成男女工资平等方面的效力来评判。早些时候我已注意到,安大略薪酬公平法案的某些最初拥护者为该法案辩护,是因为他们认为它将大大缩小性别工资差距。但迄今还不清楚薪酬公平已经或将会对性别工资差产生什么样的影响,因为该法案的目的是平衡不同工

---

① 参见 Ellen Frankel Paul,《平等与性别:价值比较的争论》(新泽西州新布伦兹维克:事务出版公司,1989),第121—122页;Thomas Flanagan,"同工同酬:一些理论批评",《加拿大公共政策》,1987年第13卷,第66页。
② Rainer Knopf with Thomas Flanagan,《人权与社会技术:对歧视的新战争》(渥太华:卡尔顿大学出版社,1990)。
③ 这一点在 William Bridges 与 Robert Nelson 的下述著作中得到深入讨论:《让性别不平等合法化:法庭、市场及美国妇女的不平的薪酬》(纽约:剑桥大学出版社,1999)。

作类型之间的薪水,而性别工资差只是男女个人工资的函数。① 具有讽刺意味的是,这意味着那些要求男女薪酬公平的人,可能提不出很好的理由来拥护薪酬公平或价值可比法案。② 我坚决拥护薪酬公平法案,因为我断定它们能够弥补第二班对女性就业竞争产生的损失,哪怕它们不能缩小性别工资差。

第四节 为什么家庭在平等机会规则之外

前面对就业和薪酬平等所讨论的中心思想是将这些富有争议的公共政策视为解决下述影响的措施,即家庭内部的不公——第二班——对妇女在劳动力市场竞争中的影响。这些政策旨在为劳动力市场提供规范性的调节,而不是在劳动力市场竞争中产生某种特定的结果。我不赞成通过着眼于家庭的法律改革直接废除第二班,作为调节性理想的机会平等三维模式只要求减轻它的负面影响。家庭内部的诸多不公不同于它们对劳动力市场竞争的影响,也不同于婚姻破裂产生的不公,它们并不属于平等机会模式的调节范围。因此,关注家庭内部不公的平等主义者应该全力以赴改进着眼于职业场所的政策,它们建立在反歧视行动和价值可比这类原则之上。

我的观点在这里可能会受到三种不同的批评。第一种批评对于我拒绝将平等机会模式应用于家庭内部不公提出质疑。比如,苏珊·摩勒·奥肯(Susan Moller Okin)虽同意我的这一观点——将第二班现象视为职业场所中性别歧视的重要原因,但她认为,从逻辑上说,在家庭内

---

① Nan Weiner 与 Morley Gunderson,《薪酬公平:问题、选择与经验》(多伦多:巴特沃斯出版公司,1990),第 11 页;Morley Gunderson, Leon Muszynski, Jennifer Keck,《妇女与劳动力市场的贫困》(渥太华:加拿大妇女地位咨询委员会,1990),第 159—161 页。关于美国情况大意相同的论点,参见 Paul Weiler,"性别工资:价值可比性的运用于局限",《哈佛法律评论》,1986 年第 100 卷,第 1728 页。
② Patricia McDermott,"加拿大的薪酬公平:对减少工资差异之承诺的评估",载于《工资公正》,第 31 页。

部也适于追求机会平等。① 然而从平等机会的观点出发,我只认可着眼于职业场所的公共政策。因此,卡罗琳·安德鲁(Caroline Andrew)将我的观点描述为"主流政治学",实质是因为它不准备重构家庭问题。②

澄清这一点很重要,我并不是说家庭处在公正领域之外。确切地说,我坚持认为,平等机会这个正义原则并不适用于调节家庭内部关系。在最后一章我指出社会正义涉及诸多原则,并指出由于医疗保健不应属于竞争性关系,因此利用平等机会模式来思考卫生保健服务的分配问题,将会产生一种范畴错误。相似的情况表现在有关家庭的论断中。家庭并不被认为是成员间竞争的最好场所。(然而不幸的是,实际上有的家庭还是存在着紧张的竞争。)由于各种平等机会模式只是为了规范调节竞争,因此,它们并不能为家庭内部追求正义提供指导。就像在医疗保健的例子中那样,平等主义者显得过于热切,冒着错失发现家庭正义正确原则的风险,他们竭力将机会平等应用于家庭之中。

我想他们这么做是出自对妇女婚姻破裂的经济和社会后果的担忧。正如奥肯所言,"夫妻之间利益和负担的不平等分配产生了巨大影响,越来越多的离异妇女和单亲儿童最艰难最直接地感受到了这一点"。③ 我认为,三维模式尽管不适用于家庭,却可以用于离婚协议中,原因是离婚和分居可以视为竞争过程,对此我将在下一章进行深入阐释。

我在这里强调家庭与离婚协议之间的对比,前者处于平等机会范围之外,后者则属于平等机会题中应有之义。杰里米·沃尔德伦(Jeremy Waldron)通过对康德和黑格尔的深刻讨论增强了这种对比。围绕婚姻问题,康德和黑格尔给出了截然不同的看法。康德坚持认为婚姻是一个契约模式,即配偶是平等的,他们在婚姻中的受益和牺牲都是同等的。

---

① Susan Moller Okin,《正义、性别与家庭》(纽约:基本书局,1989),第 16—17 页。
② Caroline Strange,"完美界线——博格的策略",载于 Francois Gingras 编辑,《当代加拿大的性别与政治》(多伦多:牛津大学出版社,1995),第 249、253 页。
③ Okin,《正义、性别与家庭》,第 160 页。

黑格尔对此进行了有名的抨击,认为婚姻从根本上说与爱情、信任和分享有关。康德认为婚姻应该突出权利和义务,黑格尔则更少考虑个人竞争,更多考虑婚姻关系和归属感。虽然沃尔德伦支持康德,却对黑格尔做出一个根本让步:"我们很少有人反对黑格尔的基本观点:在一个正常的充满爱的婚姻中,权利诉求几乎没有存身的余地。"① 不过在沃尔德伦看来,当婚姻中的爱或信任消退或者丧失时,权利诉求就出现了。康德的观点预示着这是一种真实的可能性,黑格尔则无此意。对我们来说,根据沃尔德伦的阐释,平等机会应当适用于婚姻破裂的阶段,而不是他称为"正常的充满爱的婚姻"阶段。

艾里斯·玛丽恩·杨(Iris Marion Young)也对轻易地把机会平等原则应用于家庭提出重要异议,她批评说,这将把家庭内部复杂的不公还原得几乎只剩下分配不公。② 她认为这掩盖了性事与生育之类的正义问题,它们在分配范式中都不容易被考虑到。这更强化了我的观点,即应该让不同于机会平等的某种其他正义原则来调节家庭关系。

对我提倡就业和薪酬公平的正当理由提出反对的第二种批评是,由于强调第二班,人们会过于狭隘地只关注传统的有孩子的异性恋家庭,这会忽略像同性恋那样的非传统家庭以及单亲家庭。奥肯的工作也同样受到了批评。

在回应这一批评时,我要强调一下,在北美,有孩子的异性恋家庭是很普遍的,当然也有其他类型的家庭,但它们在绝对数量上还是很少的。③ 同时还要注意,第二班现象不只对思考传统家庭的公平具有深远意义。例如,让我们看看单亲家庭。那些有工作的单亲家长,不论男女,无一例外地要在家中上第二班。然而,由于百分之八十以上的单亲家长

---

① Jeremy Waldron,"当正义代替友爱:对权利的需要",载于《自由权》(纽约:剑桥大学出版社,1993),第372页。
② Iris Marion Young,《众声喧哗》(普林斯顿大学出版社,1998),第98—99页。
③ 有关这一点的经典阐述还是Mary Jo Bane:《呆在这儿:二十世纪的美国家庭》(纽约:基本书局,1976)。

是女性,因此在职业竞争中遭受第二班负担的绝大多数人还是妇女。而且,这种状况还明显地跨越阶级和种族界线。

对特殊家庭给予特别关照,是不能简单地用平等机会模式应对家庭内部不公的另一个原因。对于思考家庭正义的部分哲学上的挑战,恰恰在于尊重家庭类型的多样性。比如威尔·金里卡(Will Kymlicka)就敏锐地指出:"如果假定正义就意味着父母双方要公平地抚养孩子,那就是已经假定了家庭正义理论尚需确定的许多内容。"①杜希拉·康奈尔(Drucilla Cornell)出于同样的原因,不赞同奥肯将机会平等原则应用于家庭。她说,"我跟奥肯的主要不同在于,我认为法律改革应强调我们作为自由人的平等地位,而她则强调改革应使妇女在异性婚姻中比男性更平等。"②她反对奥肯主要是因为后者建议,为了促进家庭中的平等机会,政府有必要强行对正常或理想的家庭作个界定。③

如果为了解决第二班给妇女带来的不公平,就热切地接受着眼于家庭的公共政策会使问题变得更为严重。例如,让我们关注一下玛莎·法茵曼(Martha Fineman)的观点,她认为家庭法应该取消以婚姻为中心的做法,而要以"母子结构"(the mother-child formation)为中心。④ 她呼吁女权主义者恢复"母性"与育子责任。法茵曼认为这将使人们重视妇女的劳动,特别是照顾孩子的劳动,并为她们在监护权与财政资助之类的家庭法争端中争取权利提供理由。然而这甚至使她的支持者都感到担忧,用莫利·尚利(Molly Shanley)和黛安娜·哈利佛德(Diane Harriford)的话来说就是:"她的主张面临两个风险,首先要阐明母亲的本质,其次会限制其他人承担家庭义务,而他们也认为自己具备并被法

---

① Will Kymlicka,"重思家庭",《哲学与公共事务》,1991年第20卷,第97页。
② Drucilla Cornell,《自由的关键:女性主义、性与平等》(普林斯顿大学出版社,1998),第67页。
③ Cornell,《自由的关键》,第26,90—91页。
④ Martha Fineman,《无性的母亲,有性的家庭以及其他二十世纪的悲剧》(The Neutred Mother, the Sexual Family, and Other Twentieth Century Tragedies)(伦敦:劳特利奇出版社,1995),第6—12页。

律赋予照顾儿童或其他受供养人士的永久责任。"①任何着眼于家庭的主张似乎都很难避免这样的指责,即它们在阐明家和家庭的某些本质方面有问题。

第三种批评指出我对家庭和劳动力市场的区分过于僵化。② 它认为这两者可以说是不能截然分开的,因为劳动力市场的结构正反映了家庭的结构。因此,正如我提到的,把作为调节性理想的机会平等三维模式限制在劳动力市场之内是不可能的。

我承认劳动力市场和家庭不能截然分开(事实上我的分析是基于下述主张,即家庭结构影响了妇女在劳动力市场的状况),但就法律和政策制定来说,它们还是有区别的。这一点在人们考虑立法限制时最为明显。在调控职场或劳动力市场时,那些通行的限制往往诉诸于经济效益以及类似想法,而另一方面,家庭更关心亲友关系、个人私事等等。拿吸烟为例,法律普遍禁止在职业场所吸烟,但是禁止的主要难点在于其产生的一系列经济后果(比如饭店和酒吧)。相反,据我所知,至少在北美,不存在任何法律禁止在家中吸烟,哪怕它们与职业场所中的禁令是同样合理的。还要注意到,鉴于家庭和劳动力市场这种密切的共生关系,我们有理由设想后者的变化最终会影响前者。这意味着反歧视行动和价值可比之类的政策最终会引起家庭的变化。但这有个实质性的问题,即,这些变化是否能减轻第二班带给妇女的负担。

最后,我所做的区分不是公共机构和私人机构的区分。我在本书中始终认为,家庭和劳动力市场都在公民社会体制之内,它们既不是政府的一部分,也不是私人领域的一部分。因此我并不是说,机会平等三维模式只应该调节公共体制,而是说,在出现机会竞争时,可以用它来调节机会的分配。而家庭,无论以怎样特殊的形式存在——传统家庭、同性

---

① Diane Harriford 与 Mary L. Shanley,"修订家庭法",《法律与社会评论》,1996 年第 2 期第 30 卷,第 437—438 页。
② 在此承蒙玛莎·法茵曼对我的批评。

恋家庭、单亲家庭、大家庭、多偶家庭等等——都不是一个竞争场所。

第五节 结论

本章的论证思路很简单。首先,我分析了两个众所周知的性别差距——工资差以及高层职位雇佣和晋升差距,并追溯了其原因,即,参与劳动力市场竞争的妇女回到家中还要值第二班,在她们有小孩时更是如此。然后,我指出第二班对妇女是不公平的,因为它不符合三维模式有关风险公平与背景公平的要求。接下来,我提出了基于反歧视行动和价值可比原则的就业与薪酬公平方案,以此矫正这种劳动力市场的不公平。最后,我提倡通过着眼于职场的政策间接解决第二班问题,反对调节男女家务劳动分配的直接措施,理由是家庭不属于竞争场所,不应受到平等机会模式的规范调节。

最后一点值得以另一种方式阐述。霍克希尔德在对第二班的研究中发现,美国有20%的双职工家庭是男女双方共同承担家务劳动的。这促使她推断这些家庭与众不同的原因。[①] 她得到的一般答案是,有丈夫分担家务的女人是"幸运的"。但霍克希尔德发现了令人困扰的不对称现象,在其余80%的家庭中,妻子承担了多得多的家务,而丈夫却不被认为是幸运的,这种现象简直就是正常而又典型的。霍克希尔德对此得到的一个重要推论就是:公民社会面对大量妇女要求工作的变化,劳动力市场能够迅速适应,而家庭则远为抱残守缺。我从这一推断中得出的结论是,一旦人们确信第二班不利于女性去竞争工作之类的机会,那么通过反歧视行动和价值可比之类的着眼于职场的公共政策来矫正第二班的消极影响,会比直接改造家庭有希望得多。

[①] Hochschild,《第二班》,第 xi—xiii 页。

第九章 离婚后的平等机会

第一节 导论

在自由平等主义的女权主义者当中,过去二十年里,没有什么问题能像20世纪70年代早期以来的离婚法改革所导致的经济和社会后果那样,激起人们对性别不平等及其相关法律制度的严厉质疑。这些改革1970年从加利福尼亚州开始,随后十多年几乎在美国和加拿大到处都获准生效,它们结束了过去离婚必备的法定要求,即双方之一必须被发现犯有过错。① 这些改革的最初后果是离婚率的急剧上升,到什么程度才会平稳下来迄今还是个未知数。一些保守主义者反对更宽松的离婚法,视此为对传统家庭结构的一种威胁,而许多平等主义者则视此为进步,尤其从妇女的角度看更是如此,因为这为砸碎不幸而又压抑的婚姻枷锁

---

① 加利福尼亚于1970年引人注目地废除了所有基于过错的离婚理由。当时许多其他的法律主管机构尽管支持加州的无过错离婚法案,却仍然保留了以过错为基础的离婚模式。不过如今在离婚申请中这些基础其实几乎不再有什么意义。

提供了机会。① 女性要求离婚的概率一直比男性高得多,这种改革使离婚申请更为容易,也增加了它们的成功率。

与此相应的是有关贫困变化的发现。20 世纪 70 年代早期,美国和加拿大的贫困率都处于历史最低水平,然而从 70 年代中期开始,尽管经济时有增长,大多数标准指标的贫困率却开始上升,并且一直没有显著的下降。贫困的新面目据说是因为穷人中的妇女儿童比以前占有了高得多的比例。在美国,大约 40％的穷人都是儿童,②在成年穷人中至少有三分之二是妇女,加拿大的情况也相似。③ 这种贫困的新情况很快被贴上"贫困女性化"的标签。④

80 年代中期,几位学者,最著名的是勒诺尔·维茨曼,把这两种新情况联系起来——无过错离婚法改革和贫困女性化。不过,在美国和加拿大,那时认为这两者之间有某种联系的观点其实已不再稀奇。⑤ 原因在于几乎每一份细致的分析都揭示单亲家庭的贫困率非常高,并呈上升趋势。因此,既然离婚产生了单亲家庭,贫困水平就有可能受离婚率的影响。维茨曼在她 1985 年出版的《离婚革命:美国妇女儿童遭受的意料不到的社会经济后果》中作了新颖的论证,即,离婚后的经济分割(post-

---

① 丽莎·C.包华(Lisa C. Bower)很好地表述了这一点,参见《令人不安的"女人":无过错离婚与离婚仲裁中竞争的主体性》,载于 Leslie Friedman Goldstein 主编,《女性法学:差异论争》(新泽西:罗曼与利特菲尔德出版社,1992),第 213—217 页。
② 参见丽贝卡·布兰克,《掌握国家》,平装本(拉塞尔塞奇/普林斯顿大学出版社,1997),第 16—17 页。
③ 例如 2000 年多伦多竞选活动中提出的加拿大儿童贫困年度报告。
④ 芭芭拉·弗兰西斯·福克斯·皮文(Barbara and Frances Fox Piven),"贫困女性化",《争鸣》(Dissent),1984 年春季号,第 162—170 页。
⑤ 例如,参见 Mary Jane Mossman 与 Morag MacLean,"家庭法与社会福利:迈向新的平等",《加拿大家庭法》,1986 年第 5 卷,第 81—89 页;Terry Arendell,"当代美国女性与离婚经济学",《印痕》(Signs),1987 年 13 卷,第 121—123 页;Janice Peterson,"贫困女性化",《经济学问题》,1987 年第 21 卷,第 331—332 页。

divorce economic settlements)①是贫困女性化的主要原因。维茨曼宣称,在加利福尼亚无过错离婚案例中,男女之间存在着明显不平等的经济后果。她似乎发现"离婚妇女和她们的孩子在离婚后第一年的生活水准下降了73%,而离婚男人的却上升了42%"。② 尽管她这种独到的发现受到了广泛质疑,而且她本人也已公开承认这可能不准确。但无过错离婚的确在男女之间导致了相当不对称的经济后果这一点现在似乎确实得到公认。③ 维茨曼著作的显著特征是,她把不对称归因于无过错离婚法的制定和实施。正如她指出,"这些调整离婚的法律在形成离婚的经济社会后果方面发挥了强有力的作用",④因而无过错离婚法改革在很大程度上要为"离婚妇女及其子女的贫困化"负责也就毫不奇怪了。⑤ 她提出的不同意见是,通过修改有关离婚后经济分割的法律,贫困女性化将会减轻。

这项异议激起了诸多不同反应。像海尔马·凯和赫尔伯特·雅各布等一些人,基于无过错离婚法律条款在美国的多样性,对任何有关无

---

① 本书多次出现 post-divorce economic settlement(s), economic settlement(s) after divorce, post-divorce settlement(s)或 divorce settlement(s),前两个词语特指离婚后经济方面的分割,意思相同;后两个词语有时特指离婚后的经济分割,有时指更广泛的分割,译者根据上下文需要,分别译为"离婚后经济分割"、"离婚经济分割"、"离婚后的分割"、"离婚分割"等。——译者注
② 勒诺尔·维茨曼,《离婚革命》(纽约:自由出版社,1985),第362页。
③ 下列论著是这类异议中最有说服力的。Saul D. Hoffman and Greg J. Duncan,"离婚的经济后果是什么?",《人口统计学》1988年第25卷,第641—645页;Herbert Jacob,"换个视角看无过错离婚与女性离婚后的收入状况",《法律与社会评论》1989年第23卷,第95—116页;Gene E. Pollock and Atlee L. Stroup,"黑人离婚的经济后果",《离婚与再婚》1996年第26卷,第49—67页;Stephen Sugarman,"离婚中的利益分割",载于Stephen Sugarman与Herma Hill Kay主编,《十字路口的离婚改革》(纽黑文:耶鲁大学出版社,1990),第131—135页。有关这种论争的政治维度的分析请参看 Susan Faludi,《强烈反响》(纽约:道尔布迪出版公司,1991),第19—25页。
④ 勒诺尔·维茨曼,"将法律重新带回来",《美国律师基金会研究期刊》,1986年第4卷,第791页。
⑤ 维茨曼,《离婚革命》,第xi页。

过错离婚法的消极后果的泛泛而论都提出了质疑,①因为这种多样性使人难以把离婚对妇女儿童产生的所谓不良后果归因于70年代的法律改革。② 另一些人在这种异议中发现了对曾经只强调过错的离婚法的怀旧气息。③ 还有许多人则针对现存各种无过错方面的法律条文提出了各式各样的专门的修改和补充意见,以调节经济分割。有的大致打着婚姻财产的旗号,诸如扩展它的定义,使之包括职业资产(career assets)、学位、职业地位和良好愿望;有的重新规定赡养费;有的要修改夫妻财产共有制。有人强调司法改革,探究对法官给予更加严格的指导,以减少草率判案。还有人要求提高非抚养人(通常是父亲)的儿童抚养费的水准和实施力度。一些更加雄心勃勃的建议则提出要补偿操持家务者赚钱机会的损失,要把母子关系置于家庭法的中心,要在离婚双方之间分享收入。④ 这些建议的影响交织在一起,随各地司法裁决的不同而差异巨大。家庭法律制度的多样性使得认同任何补救现行制度缺陷的特定的法律改革都很困难。

本章目的首先是远离有关离婚法改革的基本问题,力图重新思考一个更广泛的规范性问题,即,怎样才是公正的离婚后的经济分割。在从事"经验"研究和诊断法律改革的热潮中,这个问题一直被忽略了。⑤ 而

---

① Herma Hill Kay,"平等与差异:透视无过错离婚及其后果",《辛辛那提大学法律评论》,1987年第56卷,第55—77页;Herbert Jacob,"无过错之错",《美国律师基金会研究期刊》,1986年第4卷,第773—780页。
② 例如,在Brett R. Turner,《公正地分配财产》第二版(科罗拉多泉:谢泼德/麦格劳希尔出版社1994年)中,这种无过错离婚法的不同特征是明显的。
③ Marsha Garrison,"离婚的经济学",载于《十字路口的离婚改革》,第75—101页。
④ 参见C. Funder,"澳大利亚:改革方案",载于Maclean and Weitzman,《离婚的经济后果》;Martha Fineman,《无性的母亲,有性的家庭以及其他二十世纪的悲剧》(The Neutred Mother, the Sexual Family, and Other Twentieth Century Tragedies)(伦敦:劳特利奇出版社,1995);June Carbone,"收入分配:按社区重新定义家庭",《休斯顿法律评论》1994年第31卷;J. Thomas Oldham,"在美国离婚的经济后果",载于A. Bainham, D. Pearl, Ros Pickford主编,《家庭法前沿》(英国奇切斯特:约翰·威利出版公司,1995)。
⑤ 在此具有代表性的是梅薇思·麦克莱恩(Mavis Maclean)和勒诺尔·维茨曼的《问题简介》,载于Maclean and Weitzman,《离婚的经济后果》(牛津:克拉伦登出版社,1992),第3页。

我的观点是,只有确切地回答了这个问题,我们才能着眼于促进更显著的性别平等,向现行离婚法提出合理而富有建设性的改革建议。

在对有过错离婚协议作出一些评论之后,我将概述有关公正的离婚后经济分割的三种主要观点及其不足。然后利用本书前面论述的作为调节性理想的机会平等三维模式来对公正分割提供替换性的观点,该观点更适合于我们对离婚的规范性意见的一系列考虑。最后,通过考察夫妻财产分割的两个中心问题(家庭住房处置和职业资产评估),我将进一步为这种离婚的平等机会观点辩护。

第二节 过错离婚法有什么问题?

20世纪70年代整个北美离婚法自由化的基本特征是推行无过错离婚。在此改革之前,离婚法规定,若要解除婚姻,至少应有一个当事人被发现有过错。现在很清楚的是,这项改革的主要动力在于,人们为了在离婚案中提供犯有过错的证据,广泛地采纳欺骗和伪证的方式。① 大多数法律改革要么产生了纯粹的无过错离婚制度,比如说加利福尼亚;要么是混合制度,比如说加拿大,它仍然把过错作为离婚的一个根据,但也认同无过错的理由。② 实际上,在所有解除婚姻的判案中,无过错迅速成为主要的根据。

从离婚后的经济分割来看,推行无过错离婚又产生了一个有趣的问题。从历史角度看,查出离婚当事人之一犯有过错对经济分割具有重要意义,因为实际分割会产生惩罚功能——事实上,谁犯错以及过错的特征有助于判定分割的性质。例如,赡养费通常并不判给犯错的配偶。③

---

① Herbert Jacob,《无声的革命:美国离婚法的变革》(芝加哥大学出版社,1988),第3、4章。
② 至于纯粹的和混合的离婚制度之间的区别,请参见Kay,《平等与差异》,第55—77页。
③ Oldham,《美国离婚的经济后果》,第107页。

这跟过失在汽车保险中所起的作用明显相似。① 在基于过失的汽车保险制度中,事故的经济责任可以根据谁犯过失来判定。无过失汽车保险显然需要某种不同的标准来判定交通事故中的经济责任。类似地,无过错离婚也需要某种其他根据在双方之间达成经济分割。

这个关键性的规范性理由却常常被下述历史性争论弄得模糊不清,即,根据过错判定离婚后的经济分割对妇女究竟是否具有良好的经济结果。在基于过错的制度中,妇女在有些情况下生活确实很艰难。例如,妻子通奸往往得不到任何赡养费或经济资助。但根据维茨曼的研究可知,在加利福尼亚,如果妇女未犯过错,她们过得非常好:

> 1968年,在旧的基于过错的法律之下,妻子作为"无辜的"原告,一般能获得大部分财产。在旧金山,五分之四的离婚案中妻子获得一半以上(也就是60%甚至更多)的财产,洛杉矶有五分之三的案子也是如此……1968年,在旧金山财产平分的只占12%,洛杉矶是26%。而在1968至1972年间的无过错离婚法之下,这个比例在旧金山从12%上升到59%,在洛杉矶从26%上升到64%。②

一般而言,尽管简单地回答妇女利益通过基于过错的经济分割是否得到很好的保护这个问题是值得怀疑的,然而一旦涉及什么是公平或公正的分割这个规范性问题,不再考虑过错这一点还是发挥了主要作用。实际上,政治界和法律界已达成广泛的一致意见,认为有关公正的离婚经济分割的合理理论必须诉诸过错之外的原则。我将在这样的背景下为离婚后的机会平等化原则辩护。

一、三种主要的离婚方法

作为对基于过错而离婚的经济分割目标的响应,区分三种对公正分

---

① 尽管在无过错离婚和无过失车险之间有一种观念上的类似,但它们决策过程的起点是不同的。参见Jacob,《无声的革命》,第64页。
② 维茨曼,《离婚革命》,第73—74页。

割问题的不同回答是很重要的,它们在法院、立法部门和学术讨论中也相当流行。每种回答都说明了经济分割的基本目标应该是什么,并且视法律改革为促进这个目标的适当途径。这三种方法我分别称其为:一刀两断法(clean break approach)、脱离伙伴关系的方法(dissolving partnership approach)以及平等生活水准的方法(equal living standards approach)。我将表明没有一种方法经得起认真的推敲,因此确实需要其他方法来解决离婚后的经济分割问题。

二、"一刀两断"法

通常从社会角度看,离婚的基本目标也许不过是夫妻双方一刀两断,每一方都应该能够重新开始,自由地建立新的伙伴关系,也许还会再婚,因此公正的离婚经济分割就应有助于每一方自食其力。正如最近退休的加拿大最高法院法官克莱尔·休卢克斯·杜贝所解释的,"离婚者之间的'一刀两断'如有可能的话,也许是理想的解决方式,因为这使每个当事人无须对前家庭承担经济责任,从而有助于他们继续各自的新生活。"①

相反地,在一群女权主义法律和政治理论家那里,包括玛莎·法茵曼,玛莎·米露,苏姗·摩勒·奥肯,黛博拉·罗德以及勒诺尔·维茨曼,她们认为这种方法基于一个错误的想法——她们不同意所谓公正的离婚经济分割就是为了促进每个当事人自力更生的分割。② 对公正的离婚分割来说,一刀两断法的根本问题在于它错误地认为离婚女人跟离婚

---

① Claire L'Heureux-Dube,"离婚的经济后果:从加拿大看",《休斯顿法律评论》,1994 年第 31 卷,第 479—480 页。
② Martha Fineman,"实现平等:意识形态、矛盾与社会变化",《威斯康辛法律评论》1983 年第 4 期,第 790—886 页;Fineman,"迷惑人的平等",《美国律师基金会研究期刊》1986 年第 4 卷,第 781—790 页;Fineman,《平等的幻象》(芝加哥大学出版社,1991),第三章;Deborah Rhode,《正义与性别》(哈佛大学出版社,1989),第 149—150 页;Deborah Rhode and Martha Minow,"改革问题,质疑改革:关于离婚法的女权主义视角",载于《十字路口的离婚改革》;Okin,"离婚后的经济平等",《争鸣》1991 年夏季号,第 383—387 页;《正义、性别与家庭》(纽约:基础读物出版社,1989),第 7 章;Weitzman,《离婚革命》,尤其第 4、6、7 章。

男人处于同等情况。正如法茵曼指出的:

> 因为她们和前配偶在同样的标准和条件下承担责任。但离婚中的平等对待只有在双方都能同等地获得生活来源的情况下才是公正的,而实际上许多妇女并没有这种经济优势。①

维茨曼也以同样的口吻说:"'平等'对待妇女的离婚法,认为所有女人在家庭破裂后都能不需要前夫或社会的资助而生存,这样的法律只会扩大男女之间的鸿沟,甚至造成更大的不平等。"②

考虑到涉及孩子以及长期婚姻之后的离婚,一刀两断法的批评者指出离婚男女的处境差异朝两个方向发展。一个方向对离婚来说是特有的,其中有两点考虑特别重要。首先,妇女通常拥有婚生子女的监护权,从而付出了抚养孩子的大量间接费用,而这会影响她们轻松地从事自食其力的工作。(还有些直接费用几乎未被无监护权的一方所付的抚养费计算在内。)其次,在育有子女的婚姻中,夫妻双方为丈夫投入的人力资本通常比妻子多,因此为男人提供了更大的赚钱机会。③ 另一方向则突出了社会性别不平等的更广泛背景,这包括前面章节中讨论过的男女在工作中的各种差距,比如说性别工资差距。鉴于这些处境差异,一刀两断法就有失公正,因为这给妇女的婚姻破裂带来了不堪承受的重担。

一刀两断法似乎还与儿童监护规定的新趋势不一致,尤其与日益增多的共同监护模式不一致,因为这种模式以原配偶之间的持续关系为前提。当然,在还不清楚共同监护是否最有利于小孩时,就它们挑战传统的男女角色而言,这种儿童监护模式似乎的确促进了性别平等。④

---

① Fineman,《实现平等》,第 830 页。
② Weitzman,《离婚革命》,第 362 页。
③ 奥尔德姆(Oldham)在《在美国离婚的经济后果》中引证说:"不工作的人一年在资历权益(seniority rights)和加薪方面损失将近 2%,而在人力资本贬值方面达到 5%。"参见第 113 页。
④ Diane Harriford and Mary J. Shanley,"修订家庭法",《法律与社会评论》,1996 年第 30 卷,第 437—445 页。

三、伙伴关系类比

替换一刀两断法比较流行的做法是对婚姻伙伴关系和商业伙伴关系进行类比。这个方法把公正的离婚经济分割问题置于其次,而首先关注正确表述已婚男女的平等关系这个更加根本的问题。其基本策略是优先确认婚姻应该是什么样的关系,由此推断婚姻解体后公正的分割是怎样的。特别是社会法律学者普遍认为,正确理解的婚姻应该被视为两个平等主体之间合法的伙伴关系,这类似于商业中的伙伴关系。如此理解婚姻,则公正的经济分割不过是对终结伙伴关系的规则的一种运用。既然终结商业伙伴关系的法律规则已经很好地制订了,而婚姻正是一种类似的关系,那么同样的规则应该也可以用于婚姻关系的解除。

主张婚姻应被视为一种平等伙伴关系这个观点的重要假定是:离婚所导致的男女之间许多不对等的经济后果源于未认识到婚姻就是这样一种关系。这里的逻辑是,如果将要解体的婚姻被法院视为一种平等伙伴关系,那么维茨曼和其他人所强调的许多不公平的离婚的经济后果就会消失。例如,詹姆斯·麦克林登指出,婚姻"应被视为一种伙伴关系,一旦解散,配偶和孩子们理应以同等生活水准抽身而出"。[1] 其他人像亚拉·辛格提出"一种婚姻投资模式",并从中得出这样的原则,即,离婚后的收入应该在与婚龄等长的时间内平分。[2] 还有人,如琼·克罗斯科弗,把婚姻描述成一种伙伴关系,以便"经济分割的目的是确保在婚姻结束时,因为这段历程,不会有人痛哭有人大笑"。[3] 因此表面看来,婚姻应被视为平等伙伴关系这个观点的含意,对于什么形成公正的离婚经济分割

---

[1] James McLindon,"分手但要平等:女性离婚的经济困境",《家庭法季刊》,1987 年第 21 卷,第 396 页。
[2] Jana Singer,"离婚改革与性别正义",《北卡罗来纳法律评论》,1989 年第 67 卷,第 1114—1118 页。
[3] Joan Krauskopf,"财产分割理论/离婚赡养费:探寻困境的解决之道",《家庭法季刊》,1989 年第 23 卷,第 256 页。

这个规范性问题似乎颇为重要。

然而,经过更仔细的考察,我认为这里的各种伙伴关系类比是有问题的,并且最终会循环论证。我反对的不是把正常的理想婚姻描述为平等的伙伴关系,这个理想其实历史悠久,影响卓著,可以追溯到一个多世纪前约翰·斯图亚特·密尔的自由主义的女权主义那里。① 可是,优先确认婚姻特征的策略似乎是一种极端的本质论,它预先假定所有婚姻都具有共同的本质。但实际上,就像本质主义者界定家庭构成的例子那样,②所有婚姻都有共同本质这一点是很可疑的。③ 具有讽刺意味的是,密尔在婚姻和商业伙伴关系之间进行类比,恰恰是要阐明法律欲精确地规定结婚双方的权利和义务这一企图的荒诞性。密尔推断,每一例婚姻像商业伙伴关系那样也都是不同的,从而不可能由法律预先划分权利④。无论如何,我最终还是发现任何伙伴关系类比都无济于事,因为在伙伴关系解散之后还设想伙伴之间的任何义务,都是在循环论证。当然,大多数生意伙伴关系不是这样。正如伊拉·马克·埃尔曼在批评这种类比时所强调的:"一旦完成伙伴关系清算,伙伴之间就再也不负有义务了。"⑤然而这似乎恰恰支持了一刀两断法,而不是对公正的离婚经济分割的另一种替代方法。

四、离婚后的生活水准平等化

在女权主义的法律和政治哲学家那里,解决离婚经济分割问题最具

---

① John Stuart Mill,《女性的顺从》1869 年版,重印于 Lesley Jacobs 与 Richard Vandewetering 主编,《约翰·斯图亚特·密尔的〈女性的顺从〉:其同时代和现代的批评家》(纽约德尔玛:卡拉文出版社,1999),第 94—96 页。
② Will Kymlicka,"重新思考家庭",《哲学与公共事务》,1991 年第 20 卷,第 83—86 页。
③ 关于婚姻多样性以及假设单一模式的问题的杰出讨论,请参见 June Carbone and Margaret Brinig,"重新思考婚姻:女权主义思想、经济变革与离婚改革",《杜兰法律评论》,1991 年第 65 卷,第 953—1010 页。
④ Mill,《女性的顺从》,第 95 页。
⑤ Ira Mark Ellman,"离婚赡养费理论",《加利福尼亚法律评论》,1989 年第 77 卷,第 35 页。又见 Sugarman,《离婚中的利益分割》,第 140 页。

吸引力的方法就是坚持双方离婚之后在一段时期内生活水准平等化。① 在这方面苏珊·奥肯的影响力尤大,她曾指出,"离婚后的安排应以双方家庭生活水准平等化为目标"。② 最近,杜希拉·康奈尔再次强调离婚后的生活水准平等化应该成为追求性别平等的一个基本成分。③ 这个方法在关心离婚法改革的律师那里也颇受追捧。例如,在1996年有关修订加拿大离婚法案儿童抚养费条款的民意征询期间,加拿大律师协会也明确地诉诸于生活水准平等化的正常理想,呼吁修正法律"以确保监护和非监护方生活水准相当"。④

致力于生活水准平等化,是维茨曼的实证研究对建立公正的离婚经济分割理论产生深刻影响的明显例证。我在本章开头提到,维茨曼发现男女离婚后在生活水准上存在显著差异。男人的生活水准迅速提高,而妇女儿童的则急剧下降。维茨曼坚持认为这个结果是不公平的,因为它背离了下述公正要求,即,离婚后的经济分割应该让主要当事人获得同等生活水准。她可能是第一个明确阐述这一观点的人,在1985年她就说道:"(对经济分割来说)我们需要新的标准,它基于配偶双方的结果平等……也就是说,双方离婚后在生活水准上的平等。"⑤

然而,从哲学角度看,异乎寻常的是缺少对离婚后生活水准平等化这个观念的审思式研究。当人们拒绝了这种离婚分割标准而偏爱其他标准时,奇怪的是这种平等观点竟一直未得到认真检视,更别说大量出现在过去三十年来讨论经济正义的哲学家和经济学家的相关文献中了。

这种方法的一个基本特征是,坚持认为在评估生活水准时,双方家庭之间的比较必须包括公正的比较性标准,而不是绝对的或基本的最低

---

① 把这作为主要方法的还有 June Carbone,"收入分配:按社区重新定义家庭",《休斯顿法律评论》1994年第31卷,第372页。
② Okin,《离婚后的经济平等》,第386页;又见《正义、性别与家庭》,第179、83页。
③ Drucilla Cornell,《自由的关键:女权主义、性与平等》(普林斯顿大学出版社,1998),第93页。
④ "成本效益分析敦促改变支助原则",《多伦多环球邮报》,1996年10月25日。
⑤ 维茨曼,《离婚革命》,第104—105页。

标准。这跟经济正义评估中众所周知的最低水平的标准相反。例如,1948年世界人权宣言第25条表示:"任何人都有权享受足以维持自己和家人健康与福利的生活水准,包括食物、衣着、住房、医疗和必要的社会服务。"①维茨曼和奥肯等人不仅要求离婚后的两个家庭拥有"足够的"生活水准,而且把重点集中于水准的平等化。他们这样做的原因是不言而喻的,即,如果我们采用比较的视角,就会发现离婚后男人和妇女儿童之间生活水准的不平等令人深感不安。然而可悲的是,在离婚初期,如果没有一定程度的公共援助,双方任意一家都不能获得足够的生活水准。像维茨曼那样突出男女之间的不平等,往往遮蔽了这种悲剧。②

跟足够的生活水准相比,谈论可比较的生活水准让人不安的部分原因产生于经济学家和哲学家半技术性的争论。争论之一就是,在个人之间进行生活水准的比较是否可能。经济学家对这种比较的怀疑态度十分盛行。③ 然而,能够进行这样的比较,而且也确实有可以这么做的法律机制,这是任何这类站得住脚的主张(即生活水准平等化是公正的离婚分割的适当目标)的基本要求。相关的争论围绕着如何衡量生活水准的问题。恰当的衡量标准是像幸福或满足喜好这样的主观标准呢,还是像收入、财产和资源这类更客观的标准呢?维茨曼常常只把收入和生活水准等同起来。④ 不过其他人,比如奥肯,虽然在别的方面赞同维茨曼,却

---

① 斜体部分系笔者所为。参见 David Copp,"适当生活水准权",载于 Ellen Fankel Paul, Fred Miller, Jeffrey Paul 主编,《经济权利》(纽约:剑桥大学出版社,1992)。
② 简·帕金汉姆(Jane Pulkingham)对此作了精彩的论述:"私人困难,私人解决:离婚妇女的贫困与扶养实施和儿童监护决定的政治学",《加拿大法律与社会杂志》,1994年第9卷,第73—97页,以及"分居与离婚父母财政状况调查:对家庭法改革的启示",《加拿大公共政策》,1995年第21卷,第1—19页。
③ 阿马蒂亚·森(Amartya Sen)在《选择、福利和措施》(牛津:巴西尔·布莱克韦尔出版公司,1982)第9,12章通过这样的比较对标准问题提供了一个可以理解的评论以及一些可能的解答。又见其相关论文,载于 Jon Elster 与 John Roemer 主编,《人与人之间的财富比较》(剑桥:剑桥大学出版社,1991)。
④ Sugarman,《离婚中的利益分割》,第150页。

拒斥这种等同,因为这不足以使监护方在个人生活水准上获得良好的结果。① 这个观点更为复杂,它不仅认为抚养儿童既有直接的也有间接的费用,而且后者总被忽视,还认为有些抚养儿童的工作被低估恰恰是因为它们主要是由妇女做的。② 阿马蒂亚·森曾提出一些对许多妇女来说其他需要考虑的重要因素,这些考虑由于只注意收入也被忽视了,它们包括:

> 获取营养的能力(比如说,因为怀孕和新生儿护理的需要)、获得安全(例如在单亲家庭中)、拥有满意的工作(例如常规的"女性职业")、早日在个人职业中获得声誉(例如,因为家庭生活的不对称性要求)。③

可是,如果运用有别于收入的客观标准,则难以确认某个特定的善或一系列善——假若不去探究祈求这些而不是其他善的道德基础的话。④

衡量生活水准的主观标准也存在争议,特别是男女平等成为人们所关心的基本问题时。在第三世界研究严重的贫困和饥荒的发展经济学家发现这种主观标准包含性别偏差,实际上,发展中国家的女性通常比男性更容易满足于较少的食物、卡路里等等。⑤ 这意味着它是适应性调节偏好的结果,伊索寓言在狐狸和葡萄的故事中对这种现象作了著名的阐述。因此,运用幸福或满足喜好这类主观标准最终在道德上是令人难以接受的,因为它会表明妇女比同一处境中的男人获得更少资源是正当的。

从更一般的哲学观点看,离婚后生活水准平等化更成问题之处在于它置于其中的结果平等框架。前文所述的维茨曼很清楚这个框架,而奥肯和康奈尔之类的政治和法律哲学家则似乎忽略了这一点。正如我们在第二章所看到的,在有关平等主义正义的哲学论争中,所谓结果平等

---

① Okin,《离婚后的经济平等》,第 384 页。
② L'Heureux-Dube,《离婚的经济后果》,第 470—471 页。
③ Amartya Sen,《重新考察不平等》(哈佛大学出版社,1992),第 113 页。
④ Thomas M. Scanlon,"人际比较的道德基础",载于 Jon Elster 与 John Roemer 主编,《人与人之间的财富比较》(剑桥:剑桥大学出版社,1991)。
⑤ Jean Dreze, Amartya Sen,《饥饿与公共行动》(牛津:克拉伦登出版社,1989),第 4 章第 3 节。

的公平原则遭到了相当大的挑战,在这里也是如此,它把生活水准平等化作为经济正义的最高目标。这种原则似乎不能区分给个人生活水准带来消极影响的不同因素,它们一方面产生于残疾或能力缺陷,另一方面产生于奢侈嗜好或偏好。然而这种区分对于讨论公正的离婚分割具有根本意义。批评一刀两断法的女权主义者通常只认为那种方法未能充分认识妇女被婚姻羁绊到何种程度,这种有意的比较不过是为了突出妇女因执着于婚姻而遭受巨大损失,男人虽也会像女人那样因执着于婚姻而受损,却不会为婚姻所累。

此外,还有一个重要问题:要求离婚后的生活水准平等化也许不易于感受到个体间抱负的变化,从而有可能使人产生如此荒谬的结论——可以惩罚怀有更大抱负的人。例如,设想某人在离婚后决定努力工作,结果可观地增加了收入。按照生活水准平等化的准则,任何这类收入增长都应该在双方之间重新分配,即便这增长来自离婚后的其他因素。①反之,设想某人离婚后的行为选择显著地减少了自己的收入,那么在同样准则下,让"无辜"的另一方承受生活水准的下降也成为合理的。

五、平等机会的方法

作为对前述三种不是基于过错的主要方法的替代,我提出平等机会的方法:公正的离婚后经济分割是为双方提供平等机会的分割。平等机会方法的基础是相信离婚可以被视为双方之间的竞争。因此,跟在家庭中不同,在离婚经济分割中运用作为调节性理想的机会平等三维模式是合理的。就像全书所讨论的这种模式的其他应用那样,这里的核心理念是,离婚分割应该受到三种公平的调节——程序公平、风险公平、背景公平——以确保双方在离婚时的机会平等。

离婚分割的平等机会方法和传统的基于过错法之间有不少差别,这

---

① Carbone,《收入分配》,第 388 页。

最显著地体现在风险公平问题上。过错分割法往往使离婚竞争中的风险变得太大，这明显地反映在前文提到的实际中——如果妇女对婚姻解体负有责任，她就得不到任何赡养费。基于过错的儿童监护权的判定甚至更加严酷。过错离婚通常不采纳平衡的方式，而是信奉赢者通吃的惩罚性思维。平等机会方法则构想与风险公平理想更一致的经济分割。

当然这也意味着平等机会方法同样认真考虑到离婚经济分割对男人的某些不公正，特别当他们是非监护方的时候。有两个问题特别有益于说明这一点。第一个涉及非监护方探视子女的问题。经常听说监护方（大多是妇女）通过限制或拒绝前配偶探视子女的方式来惩罚他们，这导致人们呼吁改革离婚法，以更好地保障探视权。然而这些问题并不总能得到妥善对待，尤其是要求把探视和儿童抚养费联系在一起时，依我从公平风险的角度看，在离婚分割中提出非监护方探视子女的问题是不可取的。有些像探视子女之类的事情，实在太重要了，从而不能包括在有赢有输的竞争性离婚程序之中。第二个涉及男人离婚后再婚或重组家庭的机会问题——无论是异性恋、同性恋还是诸如此类。女人再婚的机会已经得到广泛讨论，对此有个共同的看法是，再婚是妇女儿童摆脱贫困的最好途径，其实有时候她们似乎是"被迫"再婚的。几乎无可置疑的是，妇女有相当多的机会再婚，不清楚的倒是她们是否选择不再婚。我们可以提出离婚后经济分割对男人再婚机会的影响问题，特别是当法院判令他们承担大笔儿童抚养费和原配赡养费时。[1] 要追求离婚后的平等机会，就应切实关注这一问题，即，要求公正的经济分割必须同样考虑会再婚的男人的机会。

---

[1] 这个问题也有其他人探讨过，包括 Oldham，《在美国离婚的经济后果》，第 117 页；Martha Minow 与 Mary Lyndon Shanley，"相关的权利和责任：以自由主义的政治观和法律重新考察家庭"，《希帕蒂娅》，1996 年第 11 卷，第 22 页；Iris Marion Young，《众声喧哗》（普林斯顿大学出版社，1998），她在第 111 页评论道："如果说法院一致裁决儿童抚养费还是把儿童利益置于首位的话，那么当它们有时候让离开原来家庭的一方（通常是男方）承担过多则是不公正的，由于这些限制，他们将不能组建或进入新家庭，或者不能做出其他的人生选择。"

不过，对建立公正的离婚经济分割理论贡献最深远的还是平等机会法的背景公平这个维度。尽管它在这方面通常没有什么特色，然而大多数女权主义者在探讨是什么构成公正的离婚经济分割时，关注的中心却是背景公平。地位平等原则要求在竞争性离婚中男女双方享有同等地位。在离婚中背景公平和地位问题至少体现在三个突出方面：（1）婚姻期间家务劳动是怎么分配的？（2）离婚后谁是监护方？（3）劳动力市场中的性别劣势对双方离婚后的起始位置有什么影响？这三个问题在美国和加拿大大多数有关性别不平等的分析中都占中心地位。下面我将逐一予以讨论。

第一个问题在前文对"一刀两断"法的批评中就着重提过。它围绕着这样的事实，即妇女在婚姻期间为了家庭利益更有可能牺牲她们在劳动力市场中的机会。这在前一章提及所谓第二班现象时已有阐述。此外，有小孩的家庭更倾向于在男人身上投入"人力资本"。最终，男女在离婚时几乎不可能在同一起点进入劳动力市场。根据平等机会的方法，离婚经济分割应该提供一定的收入分成，以补偿双方之间的这种背景不平等。显然，有小孩且婚期越久，收入分成的份额就越高。不过，明确界定收入分成的目标是很重要的——就是说，它是为弥补起始位置不利而设定的。① 因此，收入分成的重点既不是惩罚性的，也不是要使双方获得平等的生活水准。

离婚后监护方的费用产生了背景公平的第二个突出问题。② 监护费既有直接的诸如食物、住房、衣着等物质上的，也有间接的，这是指个人在劳动力市场可以获得的东西——比如说加班费——由于儿童监护责

---

① 这种分析的一个重要结果是，在有些情况下，比如说短期婚姻，追求离婚后的机会平等的最佳策略可以是一刀两断。这类情况下一刀两断法与机会平等法的区别与为什么有关，而与怎么样无关。
② 本章主要探讨离婚后的经济分割问题，而不是离婚的所有方面。监护权判定本身也可以提出有关背景公平的突出问题——例如，偏袒主要照顾者对男人不公正吗？——它们完全独立于经济问题之外。

任而大打折扣。假定妇女在多数情况下都是监护方,那么弥补这些费用的缺失就造成一种系统的性别劣势。儿童抚养费显然是用来补偿监护方在照顾儿童方面的一些直接费用,但它们不包括那些间接费用——从竞争稀缺资源和其他机会的起始位置或地位来说,离婚后监护方的责任拖累了他或她。追求机会平等的公正的经济分割也要考虑这种背景的不公平。

当离婚父母共同监护子女的情况增多时,在公正的经济分割中这种背景公平的意义似乎会减少。毕竟,共同监护看起来在双方之间更平等地分配了照顾儿童的直接和间接费用。至于实际上它是否的确有这样的效果,当然是个经验性问题。不过,不夸大共同监护的作用还是挺重要的。1986年,加拿大11.6%的儿童抚养费由离婚双方共同承担,1990年是14.3%,妇女单方监护获得的抚养费占72%,1990年是73.3%,男人单方监护的抚养费为15.3%,但1990年只有12.2%。因此简·帕金汉姆评论道:"尽管在共同抚养费上的确有小幅上升的趋势,但这种增长是以父亲而不是母亲的单方监护的减少为代价的。实际情况是,本来可能被判单独监护的父亲现在正变成共同监护,单独监护的母亲的比例却没有下降。"①换言之,如果这个趋势持续下去,共同监护就不可能在离婚导致的第二种背景不公平方面作出什么贡献。

平等机会法要提出的第三种背景公平与第八章探讨的劳动力市场中更普遍的性别不平等有关。例如,性别工资差距的最终后果是,离婚后女性当家家庭的就业收入很可能比男性当家的少得多。实际上,一旦婚姻解体,总的来说,女人在起始位置比男人更有可能面临经济困境。

值得注意的是,平等机会法由于强调背景公平而能够解释这种性别劣势的道德意味。不像在此讨论的其他两种背景公平问题,这里适当的补救办法不是受理离婚经济分割的"私法",而是在第八章已经讨论过的

---

① Pulkingham,《私人困难,私人解决》,第 90—99 页。

就业与薪酬平等这类公共政策。离婚后平等机会法所要争取的是解决性别不平等的公共政策和用以改革离婚经济分割的家庭法之间的连续性。这跟生活水准平等化的模式形成了鲜明对比。在对维茨曼的批评中有个共同的主题是,她的主张似乎要靠利用个人收入——比如说加强儿童抚养费的落实——来解决社会上基于性别的经济不平等。① 这可以从她的发现中用逻辑推断出来,因为它们其实暗示了主要问题在于离婚双方之间经济资源的分配。因此据其所述,问题可以通过在双方之间重新分配资源得到解决,从而似乎没有理由利用公共政策以实现价值可比和反歧视之类的就业平等。

平等机会法还有个优势值得注意。我们知道,生活水准平等化一个最严重的困境是比较生活水准的技术性问题。为什么平等机会法就没有类似困境呢？一般说来,这里所争论的平等主义理论是第二章第三节所描述的指标问题。指标问题提出我们怎样才能聚集多种多样的善——生活水准、机会或其他尺度——以便对每个人都有完备的份额标准。我已指出三维模式通过对个人竞争起调节性理想作用而避开了这个问题,并避免把个人机会集中到公民社会的竞争中来。在离婚的例子中,这意味着在实践中要选择某些特定的有限机会——比如说劳动力市场、发展新的关系、住房等等,并在所有这些领域中一个一个地比较离婚双方的实际处境。另外,机会平等方法的调节性任务是评估离婚双方的机会差异是否与程序公平、风险公平以及背景公平一致。

六、离婚时的婚姻财产分割

当我们考察婚姻财产分割时,平等机会方法的优点及其与前述三种主要方法的对比就很清楚了。关于离婚一个为人所熟知的事实是,可以分割的财产微乎其微。通常最有价值的财产是(负有大量抵押贷款的)

---

① Lesley Jacobs,《权利与掠夺》(牛津:牛津大学出版社,1993),第 206—211 页。

夫妻共有的住房,这在有关经济分割的离婚法实践中具有独一无二的地位。事实上,当住房从法律上来说无异于任何其他夫妻财产时,对它的分割就受制于某些特别的考虑,即主张住房其实不同于任何其他东西。布雷特·特纳在其主要的法律文本《公平分配财产》中讨论夫妻住房时,明显地反映了这一点。特纳坚称:

> 法院未对夫妻住房的定性和估价提供任何专门的法律规则,因此夫妻住房也应根据适用于其他资产的相同法律原则来定性、估价。①

他接着强调,在某些情况下,一方特别需要仍然住在原有房子里。他着重指出三种情况:(1)一方对小孩拥有监护权;(2)残疾;(3)受另一方虐待。② 他的要点是,当这些特殊需要存在时,法院应该要么把住房的所有权判给该方,要么判该方限期使用——例如,住到小孩长大成人。姑且不管特纳为什么一开始就坚持认为住房不过像所有其他夫妻财产一样,真正的问题是,为什么这些特殊需要在离婚后的分割中具有某些规范性价值或紧迫性。由于我认为第二和第三种情况——配偶残疾和遭虐待——是有过错离婚制度的残余,因此我将仅仅关注配偶对小孩有监护权的第一种情况。

夫妻住房分割应该受到一方特殊需要的限制,这个观点在那些关心经济分割中的性别平等人士那里非常流行。例如,梅薇思·麦克莱恩和维茨曼就说:"如果有小孩的话,住房分割的基本原则是把住房判给小孩。"③维茨曼对加利福尼亚州无过错制度的一个主要批评是,监护方的特殊需要在离婚后的住房分割中没有地位。④ 她发现法院总是倾向于简

---

① Turner,《公正地分配财产》,第 435 页。
② 同上,第 436—437 页。
③ Mavis Maclean 与 Lenore J. Weitzman,"路在脚下:政策议程",载于《离婚的经济后果》,第 421 页。
④ Weitzman,《离婚革命》,第 86—96 页。

单地判令双方变卖住房、平等地分割资产。维茨曼抨击这个倾向,因为她相信这特别不利于儿童及其监护人(大多数为妇女)。确切地说,她是指当法院只是判令变卖住房时,妇女儿童的生活水准将显著下降。她在加利福尼亚无过错离婚法和英国家庭法之间作了比较,后者在住房分割方面更有可能考虑配偶的特殊需要,尤其是涉及小孩时。按照维茨曼的说法,竞争性地看待公正的离婚经济分割在这里是有危险的。她写道:"英国的制度力图如此分割家庭资源以便为离婚的夫妻提供大致平等的生活水准。这个制度中的正义意味着,带有小孩的母亲通常仍然住在原有的房子里。"①

维茨曼试图表明,有关家庭住房特殊需要的考虑是如何产生于她的信念的,这个信念是:公正的离婚后经济分割应该追求双方平等的生活水准。然而这个方法有几个主要问题。第一个涉及她对英国家庭法的描述的准确性问题。更确切地说,它所关心的不是为离婚双方提供平等的生活水准,而是足够的生活水准。②(英国法律诉诸于我曾归结为生活水准的绝对理念,而不是个人生活水准的比较。)第二个主要问题是,从生活水准平等化的角度看,下述观点是值得怀疑的,即,让住房为其中一方所有总是公平的。原因在于,出让住房的一方将很可能(至少在一开始)搬入更小更便宜的住处——比如说一套很小的公寓。那么这似乎会造成这一方生活水准的显著下降,而住在原有住房的一方却没有相应的下降。难道这不意味着双方生活水准的明显不平等吗?

坦率地说,我认为只有在把生活水准等同于收入时,这才不明显。但正如我在先前提到的,我们有令人信服的理由拒绝任何这种模棱两可的表述。

离婚分割的平等机会方法能够更好地解释为什么监护方的特殊需

---

① Weitzman,《离婚革命》,第 95—96 页。
② 参见 John Eekelaar 与 Mavis Maclean,《离婚赡养费》(牛津大学出版社,1986)。

要使法院有正当理由要么把原住房判给该方,要么判该方限期使用。(记住,既然住房通常是按揭的,那么监护方一般要承担还贷责任。)实际上,这种情况涉及背景条件问题,它们影响双方离婚后获得新居的机会。当前有争议的是监护方的直接和间接费用问题。由于家庭成员居多,直接费用最明显地包括需要更大的居住空间。监护方的间接费用往往更不被人注意。如果我们观察获得银行按揭买房的要求,就会发现这种费用得到清楚的说明。大多数银行把抵押贷款的审批建立在工资的基础上。正如我们在第八章所讨论的,对许多监护方来说,问题在于他们为了履行第二班义务而放弃工资。对离婚双方来说,儿童抚养费和赡养费等等只是用来部分地弥补监护方的这种工资损失和直接费用。银行在审批贷款时一般不愿考虑这种收入,估计是因为他们很清楚这容易招致无力还贷的风险。相应的问题出来了。由于承担监护年幼子女的责任,离婚的一方在离婚后牺牲或减少了购买新房的机会,非监护方则无此损失。(复杂的是儿童抚养费对其工资收入的影响。)从机会平等的视角看,把家庭住房(哪怕有大量贷款)判给监护方作为离婚后经济分割的组成部分,可以视为帮助离婚双方机会平等的一种调节手段。

除了家庭住房所有权问题之外,夫妻财产分割的另一个主要争议是所谓职业资产的处置问题。个人职业资产是指"他们的收益能力以及职业收益和权利(诸如养老金、医疗保险、社会保障等)"[1]。维茨曼等人有关无过错离婚的经济后果研究的一个重要主题是,尽管就传统的现金之类的财产形式来说,离婚双方似乎没有什么可分的,但这容易产生误导,因为它忽略了职业资产。正是在这方面,也即双方的收益能力方面,大多数夫妇都给予大量投资。结论是,在财产分割中应认真考虑职业资产。

这个主张在有影响的政治哲学家[2]和离婚法改革的提倡者那里广泛

---

[1] Lenore J. Weitzman,"婚姻财产:它在美国的转换与分配",载于《离婚的经济后果》,第85页。
[2] John Rawls,《公平正义:重新陈述》(哈佛大学出版社,2001),第167页。

流行。对某些职业资产来说,例如在婚姻期间获得的退休金,将它们包括在夫妻财产中,现在已成为法律规范。① 更大的难题在于婚后获得的学位和专业执照是不是属于夫妻财产。比如说,一方在婚姻过程中获得的法律学位应该包括在夫妻财产中吗?在实践中对该问题有三种不同的立场。一个极端是全盘否定在离婚夫妇的财产中考虑任何学位因素,另一极端则是全盘肯定。中间立场认识到一方对另一方获取学位所作的贡献,因而主张在夫妻财产分割中寻求某种弥补措施。

生活水准平等化方法采取什么样的立场呢?维茨曼当然喜欢第二种极端立场。② 这其实将意味着在双方之间分享其中一人的未来收入。(可以推论)这么做,离婚双方的生活水准就可以平等化了。但这有两个主要问题。其一是,如果把裁决部分地建立在有学位一方未来收入的基础上,那么在财产分割和赡养费或儿童抚养费之间就不再有什么区别。③ 其二是,基于未来收入的裁决显然是对有学位者的一种"奴役",以至于该方实际上将被迫在既定的岗位(比如法律岗位)上劳动,从而不得不放弃拒绝或选择另一份报酬更少的职业的机会。④ 举例来说,假如一位拥有医学学位的人未来五年预计有五十万美元的收入,由于学位在婚后获得,其前配偶被判享有该收入的相当一部分。在这种情况下,可以设想此人不能自由选择其他产生不了这样一笔收入的职业,无论是为"无国界医生"之类的人道主义组织工作还是选择医疗之外的其他工作,比如说街头画家。

欲行法制改革的立法机构以及法院当然一直倾向于采纳中间立场。⑤ 该立场承认婚姻期间获得的学位对增加职业资产的重要性,但不主张另一方有权分享拥有学位一方的未来收入。主要做法是让学位方

---

① Weitzman,《婚姻财产》,第112页。
② 同上,第138页。
③ 参见《罗伯茨夫人诉罗伯茨》(Roberts v. Roberts),670 N. E. 2c 72 (Ind. App. 1996) at 75。
④ 与此类似的是罗纳德·德沃金的批评,他指出竞卖天资和技能实质上是"奴役天才",参见其"什么是平等?第二部分:资源平等",《哲学与公共事务》,1981年第10卷,第312页。
⑤ 参见 Weitzman,《婚姻财产》,第132页。

承担为获得学位而产生的诸如助学贷款之类的债务,哪怕这些债务通常是夫妻财产的组成部分。从作为调节性理想的机会平等三维模式的角度看,离婚经济分割中更紧要的问题是未获学位方机会的丧失。因此如果一方在婚姻期间获得学位,那么从逻辑上说离婚经济分割的一个目标就是要为另一方提供相同的机会。这意味着像有学位方那样,另一方也享有实现那种机会的费用——例如学费、书本费、生活费等。在实践中,一方可以一次性付清另一方所需的总费用,作为离婚分割的一部分。但这笔费用不是对该方未来收入的索要——这把它与赡养费与儿童抚养费区别开来——而是意在实现离婚后双方的机会平等。

第三节 结论

最后一章像先前各章一样,意在表明作为调节性理想的机会平等三维模式的作用和洞见。我已证明婚姻解体后最公平的经济分割是促进离婚双方机会平等的分割。这种方法追求的不是双方在生活水准上的结果平等,而是平等机会模式所强调的三个方面的公平——程序公平、风险公平、背景公平。许多召致女权主义者批评现行离婚法的问题其实都是背景公平的问题,因而可以囊括在离婚的平等机会方法之中。进一步,我们要阐明这种平等机会模式正方兴未艾,一方面表明它如何能够细致入微地解决像离婚这类法律改革方面的具体问题,另一方面表明它如何使平等主义者在一系列有关种族、阶级和性别的社会政策问题上具有一致观点,这些问题体现在包括公民社会的反歧视行为和标准化测试、福利改革和普遍的卫生保健、工资和就业平等以及离婚法等各种各样的制度之中。

译后记

本书的翻译出版可谓一波三折,最初是十年前东北地区一家出版社委托我翻译的,中间辗转几家出版社,最终江苏人民出版社慧眼识书,捷足先登。全书由我与复旦学友方秋明合译,我负责本书前5章,他负责后4章,此后,两人互相校译,并屡次讨论对个别译法的意见,最后全书由我统稿校订。由衷感谢下列为此书翻译提供了诸多帮助的同仁及好友:吉林大学行政学院彭斌博士、不幸英年早逝的杜克大学史天健教授、明尼苏达大学方强教授、旅美华人郑存柱先生、本书责任编辑石路先生等。

书中个别概念的翻译或许仍有争议,其考量如下,敬请读者批评指正。

本书最重要的概念是 the three—dimensional model of equal opportunities as a regulative ideal,初译为"作为调节理念的三维平等机会模式",后译为"作为调节性理想的机会平等三维模式"(这个概念第一次出现时如此翻译,后面的一般简译为"三维模式")。regulative ideal,既有"规范性尺度",也包含着作为一种"调节、矫正"之标准的涵义。我们参考了邓晓芒和杨祖陶先生的经验,他们在《纯粹理性批判》中把康德的

regulative principle 译为调节性原则(或原理),意指调节存有的关系,故最终我们译为"调节性的理想",如果前面有 normative,则译为"规范的调节性理想"。我们之所以使用"机会平等三维模式"这一译法,一是因为全书的主旨就是讨论机会平等问题,虽然从字面上看确实是"平等机会",但其理论本质上还是属于机会平等理论范畴;二是因为机会平等还是口号"机会要平等"的简称,符合作者本人的宗旨。

第二章中的 Equal Opportunities 是作者特意强调的一个概念,即作为复数的多种平等机会,而不是作为单数的、单质的、一维的平等机会,故译为多种或各种平等机会。

第三章的标题 Equal Opportunity without Natural Inequalities 翻译起来颇费周章,natural 本意是"自然的,天生的",本章 natural inequalities 一词是指天生的不平等,但本书作者认为一切不平等都是社会制度选择设计的结果,故不存在天生的不平等,为了与社会的不平等相对应,同时也为了与国内其他译著保持一致,我们最后使用了"自然不平等"的译法。

第五章的 race-conscious 有多处译为"族群意识"而不是"种族意识",这是因为在汉语语境中,"种族意识"带有贬义性质,而作者在第五章是把该词作为中立的描述词来使用的,并无道德评价的含义,但在其他章节,我们根据上下文语境则交替译为"种族意识"或"族群意识"。

全书及注释中有关法律案件的诉讼名、卷号、注释及法律条款的说明,一般都在中文译出部分之后保留英文原文,以方便读者查找。至于作者反复讨论的几个案件,根据我们所查资料,以译者注的方式作了说明。这主要出现在第六、七、八、九章等。

书中所提到的一些人名,一般采用与国内著作通行的译法、译名为准,但无论是否已经有习惯译名,一律用括号将其英文名标在译名后,以免读者误解。同样,对于一些重要的概念和容易引起歧义的概念,也作类似的处理,将英文用括号直接标示在其后。

原书的注释,为方便读者查找原文,本没想译出。但最初的要求如此,只好遵守合同要求。

刘宏斌

2018 年 1 月

凤凰文库书目·政治学前沿系列

《公共性的再生产:多中心治理的合作机制建构》 孔繁斌 著
《合法性的争夺:政治记忆的多重刻写》 王海洲 著
《民主的不满:美国在寻求一种公共哲学》 [美]迈克尔·桑德尔 著 曾纪茂 译
《权力:一种激进的观点》 [英]斯蒂芬·卢克斯 著 彭斌 译
《正义与非正义战争:通过历史实例的道德论证》 [美]迈克尔·沃尔泽 著 任辉献 译
《自由主义与现代社会》 [英]理查德·贝拉米 著 毛兴贵 等译
《左与右:政治区分的意义》 [意]诺贝托·博比奥 著 陈高华 译
《自由主义中立性及其批评者》 [美]布鲁斯·阿克曼 等著 应奇 编
《公民身份与社会阶级》 [英]T. H. 马歇尔 等著 郭忠华 刘训练 编
《当代社会契约论》 [美]约翰·罗尔斯 等著 包利民 编
《马克思与诺齐克之间》 [英]G. A. 柯亨 等著 吕增奎 编
《美德伦理与道德要求》 [英]欧若拉·奥尼尔 等著 徐向东 编
《宪政与民主》 [英]约瑟夫·拉兹 等著 佟德志 编
《自由多元主义的实践》 [美]威廉·盖尔斯敦 著 佟德志 苏宝俊 译
《国家与市场:全球经济的兴起》 [美]赫尔曼·M. 施瓦茨 著 徐佳 译
《税收政治学:一种比较的视角》 [美]盖伊·彼得斯 著 郭为桂 黄宁莺 译
《控制国家:从古雅典至今的宪政史》 [美]斯科特·戈登 著 应奇 陈丽微 孟军 李勇 译
《社会正义原则》 [英]戴维·米勒 著 应奇 译
《现代政治意识形态》 [澳]安德鲁·文森特 著 袁久红 译
《新社会主义》 [加拿大]艾伦·伍德 著 尚庆飞 译
《政治的回归》 [英]尚塔尔·墨菲 著 王恒 臧佩洪 译
《自由多元主义》 [美]威廉·盖尔斯敦 著 佟德志 庞金友 译
《政治哲学导论》 [英]亚当·斯威夫特 著 佘江涛 译
《重新思考自由主义》 [英]理查德·贝拉米 著 王萍 傅广生 周春鹏 译
《自由主义的两张面孔》 [英]约翰·格雷 著 顾爱彬 李瑞华 译
《自由主义与价值多元论》 [英]乔治·克劳德 著 应奇 译
《帝国:全球化的政治秩序》 [美]麦克尔·哈特 [意]安东尼奥·奈格里 著 杨建国 范一亭 译
《反对自由主义》 [美]约翰·凯克斯 著 应奇 译
《政治思想导读》 [英]彼得·斯特克 大卫·韦戈尔 著 舒小昀 李霞 赵勇 译
《现代欧洲的战争与社会变迁:大转型再探》 [英]桑德拉·哈尔珀琳 著 唐皇凤 武小凯 译
《道德原则与政治义务》 [美]约翰·西蒙斯 著 郭为桂 李艳丽 译
《政治经济学理论》 [美]詹姆斯·卡波拉索 戴维·莱文著 刘骥 等译
《民主国家的自主性》 [英]埃里克·A. 诺德林格 著 孙荣飞 等译

《强社会与弱国家:第三世界的国家社会关系及国家能力》 [英]乔·米格德尔 著　张长东 译
《驾驭经济:英国与法国国家干预的政治学》 [美]彼得·霍尔 著　刘骥 刘娟凤 叶静 译
《社会契约论》 [英]迈克尔·莱斯诺夫 著　刘训练 等译
《共和主义:一种关于自由与政府的理论》 [澳]菲利普·佩蒂特 著　刘训练 译
《至上的美德:平等的理论与实践》 [美]罗纳德·德沃金 著　冯克利 译
《原则问题》 [美]罗纳德·德沃金 著　张国清 译
《社会正义论》 [英]布莱恩·巴利 著　曹海军 译
《马克思与西方政治思想传统》 [美]汉娜·阿伦特 著　孙传钊 译
《作为公道的正义》 [英]布莱恩·巴利 著　曹海军 允春喜 译
《古今自由主义》 [美]列奥·施特劳斯 著　马志娟 译
《公平原则与政治义务》 [美]乔治·格劳斯科 著　毛兴贵 译
《谁统治:一个美国城市的民主和权力》 [美]罗伯特·A.达尔 著　范春辉 等译
《论伦理精神》 张康之 著
《人权与帝国:世界主义的政治哲学》 [英]科斯塔斯·杜兹纳 著　辛亨复 译
《阐释和社会批判》 [美]迈克尔·沃尔泽 著　任辉献 段鸣玉 译
《全球时代的民族国家:吉登斯讲演录》 [英]安东尼·吉登斯 著　郭忠华 编
《当代政治哲学名著导读》 应奇 主编
《拉克劳与墨菲:激进民主想象》 [美]安娜·M.史密斯 著　付琼 译
《英国新左派思想家》 张亮 编
《第一代英国新左派》 [英]迈克尔·肯尼 著　李永新 陈剑 译
《转向帝国:英法帝国自由主义的兴起》 [美]珍妮弗·皮茨 著　金毅 许鸿艳 译
《论战争》 [美]迈克尔·沃尔泽 著　任辉献 段鸣玉 译
《现代性的谱系》 张凤阳 著
《近代中国民主观念之生成与流变:一项观念史的考察》 闾小波 著
《阿伦特与现代性的挑战》 [美]塞瑞娜·潘琳 著　张云龙 译
《政治人:政治的社会基础》 [美]西摩·马丁·李普塞特 著　郭为桂 林娜 译
《社会中的国家:国家与社会如何相互改变与相互构成》 [美]乔尔·S.米格代尔 著　李杨 郭一聪 译　张长东 校
《伦理、文化与社会主义:英国新左派早期思想读本》 张亮 熊婴 编
《仪式、政治与权力》 [美]大卫·科泽 著　王海洲 译
《政治仪式:权力生产和再生产的政治文化分析》 王海洲 著
《论政治的本性》 [英]尚塔尔·墨菲 著　周凡 译
《政治中的历史与幻觉》 [英]雷蒙德·戈伊斯 著　黎汉基 黄佩璇 译
《国家权力与社会势力》 [美]乔尔·S.米格代尔 阿图尔·柯里 维维恩·苏 主编　郭为桂 曹武龙 林娜 译
《政教分离与良心自由》 [加拿大]若瑟兰·麦克卢尔 查尔斯·泰勒 著　程无一 译